本书出版得到国家“双一流”建设学科和辽宁省一流学科辽宁大学应用经济学资助

国 民 经 济 评 论

REVIEW OF NATIONAL ECONOMY

总第四辑（2018 年第 2 期）

中国财经出版传媒集团

图书在版编目（CIP）数据

国民经济评论．2018年．第2期/刘瑞，林木西，赵丽芬主编．
—北京：经济科学出版社，2019.4
ISBN 978-7-5218-0457-7

Ⅰ.①国… Ⅱ.①刘…②林…③赵… Ⅲ.①中国经济-国民经济发展-文集 Ⅳ.①F124-53

中国版本图书馆CIP数据核字（2019）第070190号

责任编辑：于海汛　冯　蓉
责任校对：蒋子明
责任印制：李　鹏

国民经济评论
总第四辑（2018年第2期）
经济科学出版社出版、发行　新华书店经销
社址：北京市海淀区阜成路甲28号　邮编：100142
总编部电话：010-88191217　发行部电话：010-88191522
网址：www.esp.com.cn
电子邮件：esp@esp.com.cn
天猫网店：经济科学出版社旗舰店
网址：http://jjkxcbs.tmall.com
北京财经印刷厂印装
787×1092　16开　11印张　210000字
2019年5月第1版　2019年5月第1次印刷
ISBN 978-7-5218-0457-7　定价：33.00元

目　录

国民经济战略与规划

国民经济运行

微观运行与规制

〔国民经济战略与规划〕

改革开放以来中国扶贫开发研究综述

曹 华　熊云飚　叶 晓*

摘　要：改革开放40年来，通过有计划、有组织和大规模的扶贫开发，使中国的扶贫开发事业取得了举世瞩目的伟大成就，也积累了丰富的理论和实践经验，中国的扶贫开发成为中国道路、中国经验和中国发展模式的重要组成部分。党的十九大报告中提出“让贫困人口和贫困地区同全国一道进入全面小康社会”，这是对中国扶贫脱贫提出的新任务、新要求。如何理解和实践新时期中国扶贫攻坚的战略思想，需要系统梳理改革开放以来扶贫开发的学术研究成果，揭示中国扶贫开发的基本特征、演进规律和存在的问题，以期提升现有的扶贫绩效，实现中国贫困治理的可持续性。

关键词：改革开放以来　中国扶贫开发　研究综述

由于扶贫开发具有长期性、艰巨性、复杂性，中国政府高度重视扶贫开发工作。改革开放以来，通过中国政府有计划、有组织和大规模的扶贫开发，中国的贫困人口大幅减少，1978～2017年，我国农村贫困人口共减少7.4亿人①，扶贫开发工作取得了举世瞩目的伟大成就。党的十八大以来，中国政府把扶贫开发工作摆在更加突出的位置，提出“精准扶贫、精准脱贫”战略。党的十九大报告明确提出：“让贫困人口和贫困地区同全国一道进入全面小康社会；确保到2020年我国现行标准下农村贫困人口实现脱贫，贫困县全部摘帽，解决区域性整体贫困，做到脱真贫、真脱贫。”可以看出，

---

* 作者简介：曹华（1971～　），云南昆明人，云南民族大学经济学院教师，教授、硕士生导师，研究方向：国民经济学、反贫困，电子邮箱：13529386689@139.com；熊云飚（1969～　），云南昆明人，云南民族大学经济学院，院长、教授、硕士生导师，研究方向：国民经济学，电子邮箱：13888192831@139.com；叶晓（1995～　），江西九江人，云南民族大学经济学院硕士研究生，研究方向：国民经济学，电子邮箱：884730839@qq.com。

① 资料来源：国家统计局住户调查办公室，扶贫开发成就举世瞩目，脱贫攻坚取得决定性进展，http：//www.gov.cn/xinwen/2018－09/03/content_5318888.htm，2018－9－3.

中国的扶贫开发是中国道路、中国经验和中国发展模式的重要组成部分①。为了实现贫困人口脱贫、贫困县摘帽和解决区域性整体贫困等扶贫开发战略目标，许多学者做了深入的研究和探讨：以扶贫为主题在 CNKI 上搜索改革开放后的文章，文献有 212121 篇，期刊 59137 篇，博硕士论文 3617 篇，会议文章 1044 篇；以扶贫为关键词搜索显示，文献有 1849 篇，期刊 1337 篇，博硕士论文 232 篇，会议 50 篇；以贫困为主题搜索显示，文献有 159748 篇，期刊 75288 篇，博硕士论文 8337 篇，会议 1929 篇；以贫困为关键词搜索显示，文献 3328 篇，期刊 2587 篇，博硕士论文 633 篇，会议论文 74 篇。现将改革开放以来，我国扶贫开发的研究成果进行分类综述，以期对新时期的扶贫工作研究提供相关的借鉴与启发。

一、中国扶贫开发的历程

1978 年至今，中国的扶贫开发经历从以解决温饱为主要任务阶段到巩固温饱成果阶段，具体来说，中国扶贫开发历程大致可分为以下五个阶段：改革开放推动扶贫工作阶段②（1978 ~ 1985 年）；大规模开发式扶贫阶段（1986 ~ 1993 年）；扶贫攻坚阶段（1994 ~ 2000 年）；综合开发阶段（2001 ~ 2012 年）；精准扶贫、精准脱贫阶段（2013 年至今）。

（一）改革开放推动扶贫工作阶段（1978 ~ 1985 年）

改革开放初期，中国农业发展滞后，农村居民总体收入水平较低，农村整体处于贫困状况。党的十一届三中全会召开后，我国农村普遍实行家庭联产承包责任制，农民获得土地经营权，生产积极性极大提高，农村温饱问题得到了较大改善。在此阶段，中国政府的扶贫措施主要包括：一是成立扶贫专项基金，例如，文建龙（2016）总结了这段时期国家一些扶贫措施，1980 年，中央财政设立“支援经济不发达地区发展资金”，专门支持老革命根据地、少数民族地区、边远地区和贫困地区发展；二是开展对口支援，例如，1982 年，中央政府开始有计划地对甘肃省定西地区、河西地区和宁夏回族自治区西海固地区进行“三西”扶贫开发建设，每年投入资金 2 亿元；三是实施项目帮扶，例如，1984 年，中央政府开始实行以实物形式的“以工代赈”扶贫活动，对贫困地区进行基础设施建设；四是给予政策倾斜，例如，1984 年，中共中央、国务院发布《关于帮助贫困地区尽快改变面貌的通知》，对 18 个贫困地区进行了重点扶持。这些扶贫措施都在相当大的程度上缓解了中

① 中国社会科学院扶贫开发报告课题组. 中国扶贫开发与全面建成小康社会［M］. //中国扶贫开发报告（2016），2016 年版。

② 资料来源：中国的农村扶贫开发，https：//baike. baidu. com.

国农村的贫困问题，1978～1985 年，中国农民人均纯收入增长了 2.6 倍，绝对贫困人口由 2.5 亿人减少到 1.25 亿人，平均每年减少 1786 万人①。

（二）大规模开发式扶贫阶段（1986～1993 年）

从 20 世纪 80 年代中期开始，中国改革重点转移到了城市，经济和城市发展均向东部地区倾斜。邓玲、吴永超（2016）通过研究发现，中国贫困地区面积大，贫困人口分布比较集中，区域性的贫困问题较为突出，如果仅采取救济型的扶贫策略不能从根本上解决问题。针对一些地区发展缓慢、一部分群众生产生活条件非常困难的情况，中国政府在全国范围内开始有计划、有组织、大规模地开展扶贫开发工作。在此阶段，中国政府的扶贫措施主要包括：一是转换扶贫方式，以开发式扶贫取代传统的救济扶贫；二是重视组织领导，国务院成立了专门的扶贫工作机构——国务院贫困地区经济开发领导小组（1993 年改名为国务院扶贫开发领导小组），组织开展农村开发式扶贫工作；三是政策强力推动，1986～1993 年，中国政府根据贫困现状确定了贫困标准，并确定了国家重点扶贫区域。黄承伟（2016）梳理了此阶段的扶贫开发政策措施。1984 年，中共中央和国务院联合发布《关于帮助贫困地区尽快改变面貌的通知》；1986 年，第六届全国人民代表大会第四次会议通过的《中华人民共和国国民经济和社会发展第七个五年计划》，将“老、少、边、穷地区的经济发展”单列一章。通过实施特殊的政策和措施，贫困地区人民生活水平显著提高，1986～1993 年，中国贫困县农民人均纯收入由 1986 年的 206 元增加到 1993 年的 483.7 元，绝对贫困人口由 1.25 亿人减少到 8000 万人，平均每年减少 640 万人②。

（三）扶贫攻坚阶段（1994～2000 年）

截至 1993 年底，中国农村仍有 8000 万贫困人口，这些贫困人口相对集中在中西部自然条件恶劣、社会发展严重滞后的地区，如西南大石山区、青藏高寒山区、西北黄土高原区、秦巴山区等地区。张新文、黄鑫（2017）研究成果表明，为解决中西部贫困地区的贫困问题，1994 年，中央在《国家八七扶贫攻坚计划（1994～2000 年）》中提出要“集中人力、物力、财力，动员社会各界力量，力争用 7 年左右的时间，基本解决目前全国农村 8000 万贫困人口的温饱问题”。在此阶段，中国政府扶贫措施主要包括：一是强化“造血式”扶贫，更加侧重于提高贫困地区和贫困人口的经济发展能力和人口发展能力。二是拓展扶贫资金来源渠道，例如，陈俊（2012）通过研究发现，国家进一步加大了专项扶贫贷款、社会扶贫资金投入的力度。三是积极推动社会扶贫，鼓励和动员各级党政机关、沿海省份和重要城市及国内外

①② 2010 年中国扶贫年鉴［M］. 中国财政经济出版社，2010：21.

其他机构广泛参与扶贫；推动上海、北京等大城市，江苏、浙江、广东等沿海较发达省份，开展对口帮扶工作。通过“造血式”扶贫，中国农村经济快速发展，农民生活水平不断提高，中西部地区贫困人口全面下降。截至 2000 年底，除了生活在生存条件极其恶劣地区的农村人口没有解决温饱外，扶贫攻坚的目标基本实现。1993 ~ 2000 年，中国贫困县农民收入由 1993 年的 483.7 元增加到 2000 年的 1321 元，绝对贫困人口由 8000 万人减少到 3209 万人，平均每年减少 613 万人①。

（四）综合扶贫开发阶段（2001 ~ 2012 年）

进入 21 世纪以来，根据农村贫困人口的分布状况和特点，中国政府将扶贫重点将放在贫困人口相对集中的中西部的少数民族地区、革命老区、边疆地区和一些特困地区。2001 年，中央颁布实施了《中国农村扶贫开发纲要（2001 ~ 2010）》，对 21 世纪初中国扶贫开发进行了全面部署。在此阶段，中国政府的扶贫措施主要包括：一是扶贫工作重点与瞄准对象做了重大调整，向德平（2011）认为，在此阶段，中国的扶贫工作重点县放到西部地区，由过去瞄准扶持贫困地区的贫困县向贫困村转变，实施整村推进项目，将扶贫资源倾向于到村到户；二是对开发式扶贫项目进行结构性调整，加强对贫困地区教育投资和劳动力培训，提高贫困地区和贫困人口的自身发展能力；三是抓好产业化扶贫，调整农业结构，培育贫困地区的增收产业；四是注重发展贫困地区的科学技术、教育和医疗卫生事业，强调参与式扶贫，大力推动贫困农村居民转移到城镇地区就业；五是积极动员社会各界参与扶贫开发，构建了专项扶贫、行业扶贫和社会扶贫互为支撑的大扶贫格局。通过这个阶段的扶贫开发，进一步巩固了温饱成果，中国贫困人口规模大幅减少，2000 ~ 2010 年，中国农村贫困人口从 9422 万人减少到 2688 万人，累计减少 6734 万人②。

（五）精准扶贫、精准脱贫阶段（2013 年至今）

2013 年，习近平总书记在湖南省十八洞村考察时，提出了“精准扶贫”理念，成为新时期中国扶贫工作的重要指导思想，也是中国扶贫方式的重大变革，中国扶贫开发工作从此进入了精准扶贫、精准脱贫的新阶段。2015 年，中共中央、国务院发布《中共中央国务院关于打赢脱贫攻坚战的决定》，提出“到 2020 年，确保我国现行标准下农村贫困人口实现脱贫，贫困县全部摘帽，解决区域性整体贫困。”在此阶段，中国政府的扶贫措施主要包括：

---

① 2010 年中国扶贫年鉴［M］. 北京：中国财政经济出版社，2010：21.

② 资料来源：凤凰国际智库，宣战 2020——中国扶贫报告，http：//www.360doc.com/content/17/0216/23/7449569_629584833.shtml，2016 - 10 - 17.

一是改变以区域作为扶贫的主要瞄准对象，实施"六个精准"的精准扶贫工作机制，即扶持对象精准、项目安排精准、资金使用精准、措施到户精准、因村派人精准、脱贫成效精准。二是大力发展特色产业脱贫，凤凰国际智库①（2016）通过研究认为，产业扶贫在县域层面发展县域经济，培育主导产业；村镇层面，增加公共投资，培育产业环境；贫困户层面，强化技能培训，培育自我发展的内生动力。三是实施易地搬迁，通过对生存环境恶劣地区的农村贫困人口实施易地搬迁安置，从根本上改善其生存和发展环境，实现脱贫致富。四是实施教育扶贫结对帮扶行动计划，促进贫困地区的教育事业发展，提升贫困地区人口素质和自我发展能力。五是改善贫困地区医疗卫生条件，保障贫困人口获得优质的医疗资源。六是强化生态环境保护和补偿扶贫，结合生态环境保护和治理，探索生态脱贫。通过精准扶贫、精准脱贫战略的有效实施，贫困群众生产生活条件得到明显改善，贫困地区建立很多特色优势产业实现增收。2016 年，中国共有 28 个贫困县"脱贫摘帽"；2017 年，中国共有 40 个贫困县"脱贫摘帽"②。

二、我国扶贫开发的重点和难点地区

（一）革命老区

长期以来，由于历史、社会和自然等多方面的原因，革命老区在生产、生活等方面处于相对落后的状态。在革命老区与全国其他地区的差距比较方面，王瑞民等人（2014）通过大样本的微观调查数据，对中国革命老区 9 省 19 县的贫困广度、深度、强度进行测算、比较表明：革命老区的贫困发生率远高于全国平均水平，且省际差异较为明显，收入分配不平等程度较高。因此，推动革命老区经济增长和社会发展，不仅具有经济意义，更具有政治和历史意义。学者们在对革命老区的扶贫开发进行研究时，大多以某一具体革命老区作为研究对象，本文主要梳理了具有革命老区典型代表性的江西革命老区、陕西革命老区的研究成果。

1. 江西革命老区

方立（1994）通过实地调研发现，随着社会主义市场经济体制的建立，江西革命老区的各种生产要素加速向发达地区流动，导致江西革命老区与其他地区的地区差别进一步扩大。张慧君（2013）通过分析赣南产业扶贫状况，认为产业扶贫应立足于当地的资源禀赋条件，充分利用自身比较优势，

① 凤凰国际智库，宣战 2020——中国扶贫报告，http：//www. 360doc. com/content/17/0216/23/7449569_629584833. shtml，2016 - 10 - 17.

② 国务院扶贫办：又有 40 个贫困县脱贫摘帽 [EB/OL]. http：//www. gov. cn/xinwen/2018 - 08/18/content_5314701. htm，2018 - 8 - 17.

形成一批有活力的产业，构建脱贫致富的内生性机制。李志萌、张宜红（2016）总结了赣南革命老区产业扶贫模式，指出产业扶贫是“造血式”扶贫。何筠、熊天任、胡海胜（2018）提出应充分利用绿色生态资源，大力推动旅游扶贫，走出一条经济发展和生态文明相互促进的江西革命老区产业扶贫开发之路。

2. 陕西革命老区

段树军（2015）通过研究发现，当前陕西革命老区精准扶贫过程中亟待解决的问题包括：基础设施建设成本高且建设资金缺口大，区域内政策“不公平”导致脱贫效果差异大，产业基础脆弱容易返贫，扶贫长效机制尚未建立等问题。赵纪河（2016）指出陕西革命老区区位条件独特，通道作用突出，但基础设施建设滞后，瓶颈制约十分严重；土地资源丰富，但水资源匮乏，生态环境整体脆弱；能源资源富集，优势产业初具规模，但发展粗放，集聚度低，结构单一；人文历史悠久，文化底蕴深厚，但体制机制制约明显，对内对外开放程度不高。白鹏飞、卢东宁（2017）通过对陕西革命老区发展红色旅游产业的调查发现，贫困农户在参与旅游扶贫过程中面临着农村基础设施落后、农户资金短缺、乡村旅游发展缓慢的问题。

（二）民族地区

解决民族地区贫困问题，促进民族地区全面发展，是中国扶贫开发工作的重要内容。改革开放以来，中国政府针对民族地区进行了卓有成效的大规模扶贫开发工作，民族地区经济社会得到了快速发展，但是当前民族地区与全国平均水平的差距依然较大，仍然是中国全面建成小康社会最大的短板。为确保 2020 年少数民族和民族地区与全国同步实现全面建成小康社会，2016 年 12 月 24 日实施的《“十三五”促进民族地区和人口较少民族发展规划》中，明确提出国家支持少数民族和民族地区发展、加强民族工作的总体要求、主要任务和重大举措①。

围绕着民族地区的扶贫攻坚工作，专家学者针对民族地区贫困的实际情况提出了很多有益的思考。刘进来（2011）对改革开放以来民族地区的扶贫阶段进行了划分：以救济式扶贫政策为重心的起步与曲折发展阶段；以体制改革推动扶贫政策为重心的恢复发展阶段；以有组织、有计划、大规模的开发式扶贫政策为重心的深入发展阶段；以扶贫攻坚为重心的快速发展阶段；以彻底解决贫困问题为重心的深化发展阶段。李天华（2017）总结了改革开放以来民族地区的扶贫政策演进阶段，大致分为：体制变迁带动、项目开发推进、“八七”扶贫攻坚、重点扶持特困地区和脱贫攻坚决胜五个阶段。庄

① 国务院．“十三五”促进民族地区和人口较少民族发展规划，https：//baike. baidu. com/item/，2016 - 12 - 24.

天慧、张军（2012）深入研究民族地区的致贫原因，指出民族地区的致贫原因主要是脆弱的生态环境、人口的增长与整体素质不高、经济的短板效应、薄弱的基础设施以及较低的社会保障水平等方面，由此提出民族地区的扶贫开发应与防灾减灾有机结合起来，让灾害治理与扶贫开发齐头并进、协同发展。李俊杰、陈浩浩（2015）通过研究发现民族地区扶贫开发的四个制约因素，即地理因素、人口因素、生产力因素和国家与民族地区之间的利益冲突因素，并提出民族地区扶贫开发工作的重点，即打破生态环境恶性循环；依据不同地区的综合承载能力，有区别地控制人口数量；加快民族地区教育事业发展；加大对民族地区的对口支援力度等。

（三）边境地区

由于地域、自然条件、历史发展等方面的原因，同其他地区相比，中国边境地区经济社会发展仍然相对滞后，贫困发生率普遍较高，是中国脱贫攻坚的重点和难点地区。改革开放以来，中国政府对边境地区进行扶贫开发的实施效果较为明显，边境地区经济社会得到进一步发展。特别是随着“兴边富民行动”的“十一五”“十二五”“十三五”规划的深入实施，以保基本、补短板为重点，着力实施强基固边、民生安边、产业兴边、开放睦边、生态护边、团结稳边，成效显著，边境地区的经济社会快速发展，人民生活水平明显提高，民族团结、社会稳定、边防稳固①。

改革开放以来，学者们对中国边境地区贫困问题的研究，主要放在政策实施和对策建议方面。吴建国（2001）总结了20世纪末中国边境地区反贫困的主要措施，包括：各级政府投入大量的扶贫资金，如：支援不发达地区发展资金、“三西（甘肃河西、定西、宁夏西海固）”建设专项资金、“少数民族地区发展资金”、老少边地区贷款、扶贫专项贴息贷款、牧区扶贫专项贴息贷款、边境贫困农场专项贴息贷款等；“以工代赈”计划；一系列促进边疆民族地区脱贫的优惠政策，如：对西藏实行免征农牧业税、向农牧民提供无息和低息贷款；扶贫企业享受国家规定的各类优惠政策等；多种对口扶贫工程。周平（2008）指出边境贫困问题不仅关系到国家的领土、主权，也关系到国家统一和强盛；不仅关系到现在，也关系到国家的未来，关系到民族的前途；对于国家来说，边境问题是全局性的、根本性的、战略性的问题。沙吾列·依玛哈孜（2016）总结了中华人民共和国成立以来，中国政府对边境地区扶贫政策的发展历程，包括：中华人民共和国成立初期形成“特殊帮扶措施”为重点的扶持政策；社会主义改造完成到改革开放时期形成和发展“照顾与倾斜政策”为重点的帮扶政策；改革开放到20世纪末形成和

① 国务院．兴边富民行动“十三五”规划，http：//www.gov.cn/zhengce/content/2017－06/06/content_5200277.htm，2017－5－28.

发展国家帮助为主对口支援为辅的“互援互助”支援政策；21 世纪以来形成和发展“加大扶贫开发支持力度”为重点的支援政策。陈敦山、王潇（2017）在国家安全视角下，分析了边境地区的扶贫工作，认为全面科学地开展边境地区的扶贫工作，既能促进边境地区的广大贫困群众脱贫奔小康，更能筑牢国家西部边境安全屏障。

（四）集中连片特困地区

《中国农村扶贫开发纲要（2011～2020）》指出“贫困地区特别是集中连片特殊困难地区发展相对滞后，扶贫开发任务仍十分艰巨；集中连片特困地区是我国扶贫攻坚的主战场；中央重点支持集中连片特困地区。”随着中国扶贫工作已经进入了攻坚期和最后的冲刺期，集中连片特困地区的脱贫工作事关中国能否实现在 2020 年全面建成小康社会。

当前，对集中连片特困地区的研究成果，主要集中在贫困特征和对策建议方面。饶华敏（2012）指出，集中连片少数民族困难地区生存环境恶劣，多为偏远深山和高寒地带；经济结构单一，经济基础差；教育程度低，人力资本不足；农村保障制度建设落后。韩斌（2015）通过研究发现，滇黔桂石漠化片区生态环境脆弱，自然灾害频发，基础设施薄弱，人力资本缺乏。王飞跃、魏艳（2014）认为，民族连片地区人口文化程度普遍偏低，且面临人口高出生率的困扰。杨海平（2017）认为，教育精准扶贫是帮助集中连片特困地区脱贫的必然选择。张玉强、李祥（2016）提出，应将精准扶贫与集中连片特困地区脱贫有效结合，统筹扶贫片区规划，开展精准扶贫项目，不断提高集中连片特困地区的贫困人口收入。常香荷（2017）提出集中连片特困地区扶贫工作的对策，即加速提升农民的素质；加快推动农业适度规模经营；大力发展农村生态经济；加大农村基础设施建设力度。

三、我国扶贫开发中存在的问题和原因

（一）扶贫观念方面

从扶贫主体来看，王剑、路远（1988）通过调研发现，部分基层干部认为由于脱贫后不能再享受优惠政策，因此不希望早日脱贫，甚至少报、瞒报实际财富，出现了争当贫困县、贫困乡的不良倾向。王均宁（2011）通过调研发现，各级政府在扶贫开发中存在观念误区，忽视智力扶贫，过度注重物质扶贫；过度注重扶贫效果的数据化；过度注重扶贫的短期效果。唐小梅（2013）通过调研发现，许多地方政府干部对扶贫工作的重要性、扶贫方式的转变认识不足，把扶贫工作当成是上级的指示、施舍和救济，将反贫困看成是人道主义帮扶，导致帮扶的积极性不高。

从扶贫对象来看，罗东山（1994）通过调研发现，由于贫困地区大多地理环境封闭、人文条件差、社会发育程度低、教育落后，导致贫困农户思想观念落后，给扶贫开发工作带来很大阻力。范宝亮（2016）通过调研发现，农村贫困户思想保守、传统，认为扶贫工作是地方领导的政绩工程，最终的考核不会考虑农户自身的贫困情况；认为扶贫工作是“扶富不扶贫”，贫困户自身往往得不到任何扶持；认为扶贫相关工作都是由“村两委”决定，个人参与起不到任何效果。

（二）扶贫政策方面

1. 扶贫政策设计方面

洪大用（2003）认为，由于扶贫政策设计者对贫困的相对性和长期性认识不足，导致对贫困问题缺乏系统性思考，进而导致反贫困政策在设计上具有明显的对策性、应急性特点。苗齐、钟甫宁（2006）通过对贫困发生率、贫困深度指数和贫困强度指数的测算，发现中国现行的扶贫政策设计虽然迅速减少了贫困人口数量，即降低了贫困发生率，但另外两个指标却有所恶化。张翼（2016）指出，中国扶贫政策的设计与当地社会发展战略结合不充分，导致扶贫项目单打独进；同时由于中央扶贫政策与基层政权建设、乡村社会建设结合不紧密，导致扶持政策不仅没有获得贫困农户的认同，有时导致相反的作用。

2. 扶贫政策执行方面

庄曙光（2016）通过调研发现，在精准扶贫政策的执行过程中存在“识别”不精准、致贫原因不精准、干部官僚化等问题。张欣（2017）指出，扶贫政策执行过程中未能考虑影响政策效果的多种因素，而以固定模式运用于所有政策环境中，从而导致扶贫政策实施效果不佳，例如，作为政策实施主体的村干部出于怕矛盾、怕风险、怕麻烦的原因，对扶贫政策采取消极和敷衍的执行态度；作为政策实施客体的贫困户，由于自身文化水平的限制，对扶贫政策了解不多甚至不了解。李金龙、杨洁（2017）通过研究发现，乡村干部因其拥有的自由裁量权而具有相当大的扶贫政策执行空间，导致了扶贫政策的执行扭曲，呈现出扶贫对象精准识别替换性执行、扶贫项目精准安排象征性执行、扶贫资金精准使用隐瞒性执行、扶贫措施精准到户附加性执行等问题。雷望红（2017）、易柳（2018）主要研究了精准扶贫政策的执行情况，发现存在识别不精准、帮扶不精准、管理不精准和考核不精准等问题。

3. 扶贫政策监督方面

胡艳丽（2017）认为扶贫政策的有效实施依赖于多元化的监督主体，但是首先，主体中的社会舆论监督、立法监督、司法监督没有充分发挥应有的作用；其次，扶贫政务信息公开的程度不高、不及时，行政监督依然停留在事后监督以及自上而下发起的下行监督，事前和事中监督以及上行监督方式运用较少。申秋（2017）指出，社会普遍认为扶贫政策从策划、颁布、实施和反馈都是政府主导的思想，忽略了社会和贫困者对政策执行监督的作用；同时，缺乏扶贫政策执行主体之间的相互监督。司静波、黄岩、赵志兴（2018）指出，当前精准扶贫政策实施中的监管，多数带有人治色彩，如从中央到地方多层次扶贫考核检查，省际、第三方等多角度查处违法违规等，这种监管很难摆脱自上而下的单向管控路径依赖。如果弃用这些措施，精准扶贫工作中的种种乱象很难有效遏制，过分依赖这些措施，又势必形成权力不断向上集中的局面，加大各级政府工作难度，也与简政放权的初衷相悖。

（三）扶贫资金方面

1. 扶贫资金来源方面

李含琳、韩坚（1998）总结了中国扶贫资金来源，主要有国家的扶贫资金、地方的扶贫资金、社会各界的扶贫援助以及海外的资金、馈赠援助；省级为主的地方扶贫资金分为地方政府的配套资金、地方政府的财政扶贫资金及东部沿海省市对中西部地方政府的支援三部分。康晓光（1995）通过研究表明，扶贫资金来源渠道过多造成扶贫资金的管理部门多、资金管理分散、缺乏统一规划和统筹安排，不利于集中财力解决扶贫攻坚的关键问题。李小云、唐丽霞、张雪梅（2007）通过调研发现，扶贫资金的来源和管理分散，多头管理，并且在资金的分配过程中平均分散使用，难以形成效益，大大降低了扶贫资金使用效果。冉光和、鲁钊阳（2008）通过实地调研发现，由于扶贫资金来自不同的主管部门，各部门间难以形成协调机制，导致扶贫资金配置不均。

2. 扶贫资金使用方面

万安虎、渠明廷（1992）通过研究发现，由于扶贫资金的运用缺乏协调性和整体计划性，导致很多扶贫项目资金短缺，出现投资暂停等问题。阎清河、景伟等（1993）通过实地调研发现，扶贫资金存在条块分割、各自为政、资金难以集中使用的问题，从而难以保证把有限的资金用在最关键、最迫切、最需要解决的问题上，难以发挥扶贫资金的最佳效益和难以确保扶贫项目投资的连续性。寇永红、吕博（2014）通过研究发现，扶贫资金在分配、管理和应用中存在管理和使用不规范、资金闲置、工程建设质量不高、虚报冒领、挤占挪用和损失浪费等问题。邓维杰（2014）通过实地调研发现，由于政府部门将扶贫资金主要投入在大型扶贫项目中，往往会忽略社道、入户路、供电等小型公共福利设施的建设，而小型公共福利基础设施的建设恰恰是影响农村产业扶贫的关键因素。刘静（2016）总结了中国各省级审计机关发布的扶贫资金审计结果公告情况，发现各地区在扶贫资金的使用和管理上存在着闲置浪费、弄虚造假、寻租腐败、目标偏离、效率低下等问题。

3. 扶贫资金监管方面

在扶贫资金监管方面，杨光平、杨勇军（2017），陈文美、李春根（2017）等学者通过研究发现，由于扶贫资金管理体系不完善、监管难度大、监管执行不严等诸多原因，导致违规、违纪、违法使用扶贫资金的事件层出不穷。林翰雄（2014）指出我国财政扶贫资金管理过程中，由于存在扶贫资金筹措制度不完善、扶贫资金使用制度不健全、扶贫资金监管制度不健全等问题，导致扶贫资金运行成本高。杨建敏、吉国玲（1990）通过实地调研发现，贫困地区存在扶贫管理人员素质低、财务管理机构不健全、扶贫资金管理制度和办法缺失、扶贫资金管理混乱等问题。

（四）扶贫方式方面

1. 整村推进方面

整村推进是扶贫开发的一种主要方式，有利于扶贫资金进村入户，有利于整合各类扶贫资源。常艳、左停（2006）通过实地调研发现，在整村推进中，一些贫困村在扶贫项目规划时没有充分考虑贫困户的需求，一些项目并非村里或农民申报的；瞄准精度不足，受益最大的是贫困村内收入水平中等或较高的群体，对为解决温饱问题的绝对贫困人口而言，由于存在“配套门槛”，所实施的扶贫项目帮助有限。黎娟（2009）通过实地调研发现，大部分整村推进工作还停留在对当地民众的基本生活水平和生产条件的提高上，对于政治等更多层面的要求往往被忽视。

2. 产业扶贫方面

产业扶贫作为扶贫开发的重要措施，在促进贫困地区发展、增加贫困农户收入、带动贫困农户脱贫致富等方面发挥着重要作用。但在产业扶贫实践中也存在一些问题，例如：胡振光、向德平（2014）指出龙头企业、农村经济合作组织和贫困农户难以与地方政府进行平等对话、协商，各主体间地位不平等及互动不足是当前产业扶贫在实践中遇到的主要瓶颈。陈希勇（2016）通过研究发现，实施产业扶贫过程中出现产业发展方向定位不准、产业发展政策支持不准、贫困户“摘帽”后出现“民富村穷”等问题。许汉泽、李小云（2017）发现，在产业扶贫项目申请时，条件相对较好的村庄容易获得扶贫资源和项目，偏离了精准识别的政策要求，也加剧了地区间的贫富差距；张琦（2017）通过实地调研发现，由于农村缺乏足够的劳动力、贫困农户参与热情不高、参与程度低、参与渠道受阻等原因，导致产业扶贫效果不明显，农民返贫现象严重。

3. 异地搬迁方面

异地搬迁有助于将生活在缺乏生存条件地区的贫困人口搬迁安置到其他地区，通过改善安置区的生产生活条件、调整经济结构和拓展增收渠道，帮助搬迁人口逐步脱贫致富。秦中春（2013）认为，当前我国农民在异地搬迁进城工作仍然面临着资金约束、土地约束和技术约束。贾璟琪、丁雪瑞、李富忠（2017）通过实地调查发现，迁出地的土地处于荒芜状态，造成了土地与山林等资源浪费；政府针对搬迁户所开展的技能培训大多以农业技术培训为主，而搬迁户进入城市后多参与企业务工，农业技术培训的技能与现代企业的用人要求不符合，影响搬迁户的就业机会与收入水平。占堆、李梦珂、鞠效昆（2017）通过实地调研发现，草场承包责任制度的施行导致广大牧区的现有草场已分割殆尽，预留的公共草场区域不仅有限且碎片化，牧区的异地搬迁工作面临着激烈的草场资源纠纷。陆铈凡等（2017）指出，异地搬迁存在扶贫资金投入难以满足群众需求、政策的持续性有待时间检验、考核体制有待完善等问题。

（五）扶贫人员方面

1. 贫困户方面

傅晨、狄瑞珍（2000）通过实地调研发现，贫困农户获得扶贫资源之后，并不将其作为生产性资本，而是作为消费性资源，从中获得扶贫资源给他们带来的消费满足。刘道平（2015）通过对贫困村的走访调查，发现部分贫困户自身懒惰成性，脱贫意愿低，且贫困户家庭经济基础薄弱，脱贫后因病、因灾、因学再返贫的现象也时常发生。唐丽霞等（2015）指出，由于存在“等靠要”和平均分配的思想，贫困农户对政策扶持的期冀也越来越大，自我救助的主动性不断减小，影响了精准扶贫的实施，甚至还出现了为争贫困户名额而产生矛盾的现象。梁土坤（2016）指出，随着城镇化进程推进和社会发展，精壮劳动力的外出使得贫困家庭常住人口结构向更加弱势化的方向发展，留守的人大多数为受教育程度不高的老弱病残群体，其获取精准扶贫相关信息的能力有限，直接导致贫困家庭在精准扶贫中参与度不足。

2. 扶贫工作人员方面

中国农村发展问题研究组（1982）通过调研发现，由于受年龄和文化方面的限制，农村基层干部队伍的思想素质和工作状态不能完全适应农村出现的新情况新问题。李甫春等（1987）指出，扶贫工作是一项特殊的经济工作，但扶贫办公室都是政府机构，工作人员也大部分是行政干部，他们普遍缺乏经营管理的能力。蒋乐民（1987）认为基层干部和群众普遍存在依赖国家救济的思想，帮扶人员也普遍存在“输血救济”的思想，而极少在增强贫困地区自身造血功能上花力气、下功夫；存在着扶贫人员不足、素质不高的问题。刘辉武（2016）通过调研发现，一些驻村干部在工作时难以放下“架子”去服务贫困群众；一些驻村干部由于工作时间不够，在扶贫工作时出现敷衍了事的情况。王宇等（2016）指出，扶贫工作人员意识仍然留有粗放式的扶贫逻辑与思维理念。黄希宇（2018）指出，有些扶贫工作者在本职工作与扶贫工作之间难以平衡，出现有的扶贫人员不择手段争取扶贫资源的现象。

（六）扶贫评估方面

20 世纪 80 年代中期，随着中国大规模扶贫工作的推进，扶贫统计监测应运而生。20 世纪 90 年代，国家统计局与扶贫办、财政部和农业银行等多家单位联合建立中国首个农村贫困监测与评估系统，开始了系统的扶贫监督评估工作。2000 年以前，有关贫困统计监测的研究成果一般主要集中在贫困统计监测体系的建立和完善上，例如：刘存信、唐圣玉（1995）认为在由计划经济体制向市场经济体制转型的过程中，应建立一套较为客观的贫困监测系统。窦立夫（1996）探讨贫困监测体系存在的问题。朱世博（1998）提出农村贫困监测系统良好运作的前提是建设完善的贫困监测调查网点。康晓光（1997）认为贫困监督体系中缺乏社会监督，特别是缺乏来自扶贫受益者（贫困人口）的监督，认为中国当前在贫困监测方面存在的主要问题有：贫困线确定缺乏一套科学规范的方法，带有极大的随意性；不能准确地估计全国和各地区的贫困发生率和贫困缺口；不能准确无误地确认贫困人口，“分辨率”较低；缺乏一套科学评价扶贫经费使用效率的指标体系，难以准确估计扶贫工作的进展；缺乏独立性，无法抵制各级地方政府的不正当干预，贫困统计信息失真极为严重。

21 世纪以来，专家学者进一步深入探讨贫困监测评估体系中存在的问题，例如，黄承伟（2004）在考察参与式村级扶贫规划工作情况后发现，在监测评价工作中存在着干部及村民参与意识弱、监测工作的重要性未被足够重视、必要的工作经费难落实、缺乏对参与式扶贫规划监测评价体系建设研究等问题，并提出需要建立有针对性和统一性的监测指标体系。李明灌（2004）指出与传统的扶贫规划设计相比，使用参与式方法、工具所确定的扶贫项目发展规划难以设计出令人满意的监测指标。周鸿（2004）认为当前中国城市贫困监测存在效用缺失问题，即实际的效用与理想监测的效用之间存在差距。蒋斌、谢勇（2005）通过对参与式扶贫监测评估项目机制的研究，发现村级监测评估仅停留在规划文本上，没有重视项目效果的评估，没有形成参与式的监测评估体系和方法。吴至琴、王艳杰（2012）通过调研发现，扶贫统计监测的数据存在准确性问题。吕学英（2014）通过对残疾人扶贫调研发现，中国残疾人扶贫统计监测工作中存在扶贫统计监测数据共享性差、扶贫统计监测范围的动态性和差异性大的问题。孙璐（2015）通过研究认为，从国家到省级再到地方层面，缺乏专业独立系统的扶贫项目评估机构、未建立统一扶贫绩效评估制度、缺少扶贫对象参与绩效评估机制。

四、未来我国扶贫开发的思路与对策

党的十八大以来，以习近平同志为核心的党中央把脱贫攻坚工作纳入“五位一体”总体布局和“四个全面”战略布局，把扶贫开发作为实现第一个百年奋斗目标的重点任务，做出了一系列重大部署和安排，例如：中央政府制定和实施了《中国农村扶贫开发纲要（2011～2020 年）》《中共中央国务院关于打赢脱贫攻坚战的决定》《“十三五”脱贫攻坚规划》《中共中央国务院关于打赢脱贫攻坚战三年行动的指导意见》等一系列规划和政策①。由此表明，中国政府将进一步采取超常规举措，以前所未有的力度推进脱贫攻坚。在这一思路指导下，许多学者纷纷提出今后中国精准扶贫攻坚的建议，具体有以下几个方面。

（一）扶贫理念方面

扶贫理念是实施扶贫行动的先导，改革开放 40 年来，中国扶贫工作取得的重大成就离不开扶贫理念与时俱进的转变与完善。王均宁（2011）提出从扶贫主客体两方面转变扶贫理念，即：作为扶贫主体，应从政府扶贫向社会扶贫的转变、从输血型向造血型的转变、从物质扶贫向智力扶贫的转变；作为扶贫对象的贫困户应从被动向主动转变、从单兵作战向集体互助转变、从物质需求向智力需求转变。唐小梅（2013）提出，基层干部、扶贫机构及非政府组织等扶贫主体应当更新理念，摒弃自身作为救助者的施舍意识或认为农民素质较低而忽视了农民的主体地位；扶贫主体应当以服务意识代替管理意识；充分尊重农民的参与主体地位。朱启臻（2017）提出“柔性扶贫”理念，即建立机动的帮扶机制、柔性的扶贫措施。张笑笑（2017）提出，扶贫开发应遵循共享发展的理念，在扶贫实践中实施精准扶贫脱贫的新方法，充分调动社会各方力量参与扶贫开发工作以及推进基本公共服务均等化。

（二）扶贫政策方面

从扶贫政策设计来看。洪大用（2003）提出，应系统地考虑和设计扶贫的长期政策，避免政策的短视。苗齐、钟甫宁（2006）认为，政策设计应较多地关注深度贫困人口，特别是最贫困群体，把贫困深度指数和贫困强度指数也作为考察扶贫工作效果的重要指标。张翼（2016）指出，应把扶贫政策与地方政权建设和社会建设相结合。

从扶贫政策执行来看。庄曙光（2016）认为应完善“驻村第一书记”

① 中共中央国务院关于打赢脱贫攻坚战三年行动的指导意见，http：//www. cpad. gov. cn/art/2018/8/20/art_46_88282. html，2018－6－15.

制度、加强地方新型智库建设、鼓励群众参与精准扶贫政策执行全过程等措施。李金龙、杨洁（2017）认为扶贫政策执行时，应强化地方性规范、提高村组干部的政策执行能力、加强政策的宣传等。张欣（2017）提出，应通过系统化和动态化的管理体制和机制来推动扶贫政策的有效执行。易柳（2018）认为应通过完善村民的政治参与能力、居住的自然环境、村干部的个人素质、基层治理协商监督机制以及扶贫政策执行的监督反馈与奖惩机制来提升农民的可行能力，从而促进精准扶贫政策的精准执行。

从扶贫政策监督来看。胡艳丽（2017）认为，应提升行政监督实效，明确监督的内容和职责，建立纪检、组织、审计等部门组成的审计工作联席会议制度；完善民主制度，拓展民主渠道，充分发挥人民群众的监督作用；建立健全行政监督法制化。司静波、黄岩、赵志兴（2018）提出，应动员和支持社会各界、新闻媒体、民间组织，以及广大农户参与监管，构建上下结合、官民共治、良性互动、开放透明的监管网络。高红玫、赵璐（2017）认为，应建立健全精准扶贫政策落实跟踪审计的制度体系，充分发挥跟踪审计的监督职能。

从扶贫保障政策来看。鄢光哲（2017）提出，应结合实际积极探索医疗救助的方法，通过统筹基本医保、大病保险、医疗救助、健康扶贫补充保险等保障措施，切实减轻农村贫困人口医疗费用负担。贺雪峰（2018）提出，应进一步健全农村社会保障制度，确保低保制度主要针对那些缺少家庭劳动力的农户以维持其基本生活保障；新型农村合作医疗为所有农户提供基本医疗保障；新农合＋大病救助致力于防止农户因病致贫；新型农村社会养老保险为所有农村老年人提供基本的养老保险；其他如残疾救助、特殊救助（如孤寡老人、孤儿等），应与上述政策配套，形成相互补充的完整健全的社会保障体系。公丕明、公丕宏（2017）提出，应多渠道增加农村贫困地区社会保障资金投入；积极稳健地建立和完善社会保障在中央与地方两个层次上的筹资模式，为农村贫困地区社会保障筹集充足资金；积极引导社会资金投入，如通过慈善基金和扶贫筹资等来拓宽农村贫困地区社会保障资金的筹集渠道。

（三）扶贫资金方面

从扶贫资金来源来看。李含琳、韩坚（1998）提出，应建立基金会统一组织管理扶贫资金，即出资人委托基金会来管理，实行基金会管理体制代替目前的分层管理体制。冉光和、鲁钊阳（2008）认为，应拓展资金来源，扩大扶贫资金投入规模，构建扶贫资金投入的协调机制；规范政府行为，确保扶贫资金专款专用；瞄准扶贫目标，选准扶贫项目，让有限扶贫资金效用最大化。胡祥勇、范永忠（2014）认为，应完善农村扶贫资金的管理体制，统筹安排各种不同来源渠道的扶贫资金；完善农村扶贫资金管理运行机制，建立资金需求有预算、资金来源有保障的制度。

从扶贫资金使用来看。万安虎、渠明廷（1992）提出，应整合扶贫资金，并加强扶贫资金的管理和监督。阎清河、景伟等人（1993）提出，应加强扶贫资金管理，在贫困县成立专门的扶贫资金管理和服务性经济组织，克服“重投放、轻管理”“重规模、轻效益”的资金使用倾向。聂永刚（2013）提出，应健全农村财政扶贫资金的管理机制，在扶贫资金下拨时，减少中间环节，给予基层部门一定的自主权；对整合资金不到位、管理不善、工作推进不力、实施效果较差，甚至造成项目不能按时按质完成的，应追究有关责任人的责任。寇永红、吕博（2014）提出，应积极开展扶贫资金绩效审计，着力揭示和反映分配不公、挤占挪用、损失浪费、损害贫困群众利益的问题。

从扶贫资金的监督来看。杨光平、杨勇军（2017）提出，应加强考核和监督，注重跟踪问效，完善现行的扶贫资金县级报账制，建立健全扶贫资金规范管理的长效机制。陈文美，李春根（2017）提出，应合理划分政府间职责，统筹整合扶贫资源，注重事前、事中、事后监管有效结合，提高扶贫监管主体的独立性，建立健全扶贫资金监管结果问责机制。林翰雄（2014）提出，应确立针对农村财政扶贫资金的综合绩效评估理念、完善与农村财政扶贫资金相配套的扶贫资金筹措制度建设、健全以扶贫绩效为导向的农村财政扶贫资金激励机制。谢艳云（2018）提出，应制定财政扶贫资金管理办法和审计制度，有计划地对项目前期准备、申报审批、实施管理和验收管护等各个环节进行实地检查、互查互审。

（四）扶贫方式方面

在整村推进方面。常艳、左停（2006）认为应瞄准绝对贫困人口，取消相关的“配套门槛”，建立科学的监测和管理体系，以便各级政府制定出合理的整村推进政策，保证整村推进的成功实施和纲要目标的如期达成。杨军（2006）提出，应改变单纯依赖政府甚至依赖地方领导的现象，调动广大贫困群众的参与积极性，制定更加优惠的政策，调动非政府组织、企业和个人参与“整村推进”，鼓励他们到贫困地区投资办厂、建基地公司，以及兼并收购、联营重组当地企业，带动贫困村发展。黎娟（2009）提出，在制定和实施村级规划和选择扶贫项目过程中，应始终坚持尊重群众意愿，发挥群众的积极性和主动性，推广参与式扶贫方法，保障贫困群众对扶贫项目的选择权、管理权、监督权。

在产业扶贫方式方面。胡振光、向德平（2014）提出，应构建产业扶贫主体间的良性互动关系，提高多元主体的参与能力。陈希勇（2016）提出，应将产业扶贫精准到户，并不断完善产业精准扶贫的政策支持。刘北桦、詹玲（2016）提出，应科学编制产业精准扶贫规划、选准特色产业、培育新型主体。许汉泽、李小云（2017）提出，产业扶贫项目在申请时，应特别注意对于条件比较差的贫困村的产业扶植和倾斜；在产业扶贫项目具体实行阶段，彻底取消扶贫项目的地方配套，尤其注意在整合项目之中的"隐性配套"问题，减轻基层社会负担。张琦（2017）认为应突破村庄边界，实施多个村庄连片扶贫开发。

在异地搬迁方面。王晓毅（2016）提出，产业发展和扩大就业是搬迁移民的核心工作，应将异地搬迁资金重点用于促进移民就业方面，从而实现从非自愿移民的安置方式向自愿移民的安置方式转变。贾璟琪等学者（2017）提出，应对搬迁户留下来的、退耕还林、生态建设的土地进行详细测量计算，并给予相应的补偿，同时将搬迁户作为劳动培训的重点对象，使之获得一技之长。陆铈凡等（2017）提出，应强化科学规划与对口培训，推动搬迁农户的充分就业；加大异地搬迁的资金和政策扶持力度；创新社区管理，解决搬迁农户的后顾之忧。

（五）扶贫人员方面

从贫困户来看。刘道平（2015）提出，在扶贫措施上，应将"精准扶贫"更加细化和具体化，绝不能实行"广撒胡椒面"的普惠政策，也绝不能使扶贫成为"养懒汉"的行动。唐丽霞、罗江月、李小云（2015）提出，应考虑精确到户所产生的组织、技术、人力资金和政治成本，并且应兼顾不同群体对扶贫政策的态度和反应。梁土坤（2016）认为，应全面宣传和落实扶贫政策，通过提高贫困家庭对扶贫政策的知晓度，进而增加贫困家庭参与精准扶贫的积极性。

从扶贫工作人员来看。中国农村发展问题研究组（1982）提出，应加大对扶贫工作人员的培训力度，提高他们经济管理的水平。蒋乐民（1987）提出，扶贫工作人员应在增强贫困地区自身造血功能上花力气、下功夫，树立自力更生求发展的思想，全力找出发展本地经济、改变贫困面貌的方法。秦清芝（2013）提出，应改革扶贫工作考核办法，将扶贫的考核与工作人员晋升联系起来。刘光顺（2017）提出，政府应选拔有能力、有魄力、清正廉洁的干部来组织落实扶贫项目。阴玮琳等（2017）提出，各级政府和机构应强化扶贫人员培训，提升各层次扶贫人员的素养；加快完善扶贫监督体系；对扶贫人员实施有奖有罚，严格实施奖惩制度。王静（2018）提出，应增加产业精准扶贫工作的人才供给，加强扶贫人员关于产业扶贫的业务培训。

（六）扶贫监测评估方面

康晓光（1997）提出，应尽快建立一套贫困监测指标体系并成立相应的扶贫监测机构。蒋斌、谢勇（2005）提出，应在财政、计划、统计、民政、扶贫、民委等部门，积极引进或培养具有参与式监测评估及社会性别敏感的政策研究和分析人才，同时加强政府扶贫系统内部的能力建设，通过在系统内部的各级人力培养课程中增加参与式监测评估及社会性别意识的学习，为参与式监测评估项目机制建立基础。周鸿（2004）提出，应逐步确立包括组织制度、经费制度、运作制度和信息制度等在内的贫困监测制度。吕学英（2014）提出，在扶贫监测评估工作中应完善扶贫对象的识别机制；提高扶贫统计监测工作的数据处理水平；加强各部门之间的沟通；实现全网覆盖，开发和利用数据资料。

（七）乡村振兴与扶贫开发方面

党的十九大提出实施乡村振兴战略，并写入《中国共产党章程》。2018 年 1 月 2 日实施的《中共中央国务院关于实施乡村振兴战略的意见》指出，乡村振兴，摆脱贫困是前提；必须坚持精准扶贫、精准脱贫，把提高脱贫质量放在首位，坚决打好精准脱贫这场对全面建成小康社会具有决定性意义的攻坚战①。乡村振兴战略提出以来，不少学者探讨了乡村振兴与扶贫开发的融合途径。吴国宝（2018）提出，未来三年将是我国精准脱贫攻坚和乡村振兴战略实施并存和交汇的特殊时期，应推动精准脱贫攻坚和乡村振兴战略互相支撑；将乡村振兴战略的思想原则融入脱贫攻坚；依托乡村振兴战略巩固脱贫成果。陆益龙（2018）提出，应建立乡村振兴与精准扶贫的长效机制。徐虹、王彩彩（2018）基于乡村振兴战略对精准扶贫工作提出的新挑战和新目标，探索了精准扶贫的可行路径。袁彪（2018）提出，应着重提升或者挖掘贫困农户的内生发展动力，以内生动力为源泉来走出一条乡村振兴发展的新路。王超、蒋彬（2018）提出，应从精准教育、精准发展、精准参与、精准协调、精准保障五个方面构建农村精准扶贫创新生态系统，助力乡村振兴战略的实现。

参考文献

[1] 文建龙．改革开放以来中国共产党的扶贫实践［J］．大庆师范学院学报，2016，36（1）：26－31.

[2] 邓玲，吴永超．论新时期我国扶贫开发工作的新变化及其路径创新［J］．理论探讨，2014（6）：81－84.

[3] 黄承伟．中国扶贫开发道路研究：评述与展望［J］．中国农业大学学报（社会科学版），2016，33（5）：5－17.

[4] 张新文，黄鑫．注意力视角中的扶贫政策演进与其发展［J］．开发研究，2017（6）：61－67.

[5] 陈俊．改革开放以来中共农村扶贫政策与实践研究［D］．南京师范大学，2012.

[6] 向德平．包容性增长视角下中国扶贫政策的变迁与走向［J］．华中师范大学学报

① 中共中央 国务院关于实施乡村振兴战略的意见，http：//www.scio.gov.cn，2018－2－6.

（人文社会科学版），2011，50（4）：1－8.
［7］王瑞民，刘和，付超力，吕之望．革命老区农村贫困问题研究——基于 9 省 19 县的微观数据［J］．中州学刊，2014（8）：93－95.
［8］方立．江西革命老区扶贫开发的现状、问题和建议［J］．理论导报，1994（1）：39－40.
［9］张慧君．赣南苏区产业扶贫的“新结构经济学”思考［J］．经济研究参考，2013（33）：65－72.
［10］李志萌，张宜红．革命老区产业扶贫模式、存在问题及破解路径——以赣南老区为例［J］．江西社会科学，2016，36（7）：61－67.
［11］何筠，熊天任，胡海胜．江西革命老区旅游精准脱贫的路径研究［J］．江西师范大学学报（哲学社会科学版），2018，51（3）：108－113.
［12］段树军．陕甘宁老区精准扶贫长效机制亟待建立［N］．中国经济时报，2015－10－29（7）.
［13］赵纪河．精准扶贫的理论分析与实践应对——以陕甘宁革命老区为例［J］．开发研究，2016（1）：113－118.
［14］白鹏飞，卢东宁．精准扶贫背景下农户参与红色旅游的路径与对策：以陕甘宁革命老区为例［J］．贵州农业科学，2017，45（7）：146－149.
［15］刘进来．论我国民族地区扶贫政策的演进与启示［D］．中南民族大学，2011.
［16］李天华．改革开放以来民族地区扶贫政策的演进及特点［J］．当代中国史研究，2017，24（1）：61－70，127.
［17］庄天慧，张军．民族地区扶贫开发研究——基于致贫因子与孕灾环境契合的视角［J］．农业经济问题，2012，33（8）：50－55，111.
［18］李俊杰，陈浩浩．民族地区扶贫开发的制约因素与基本思路［J］．中南民族大学学报（人文社会科学版），2015，35（6）：104－108.
［19］吴建国．20 世纪末叶中国边疆民族地区反贫困行动述评［J］．西南民族学院学报（哲学社会科学版），2001（3）：14－21.
［20］周平．我国的边疆治理研究［J］．学术探索，2008（2）：28－34.
［21］沙吾列·依玛哈孜．建国以来中国共产党支援边疆政策与实践研究［D］．吉林大学，2016.
［22］陈敦山，王潇．边疆安全视角下推进西藏扶贫工作的思考［J］．西藏发展论坛，2017（3）：53－57.
［23］饶华敏．乌蒙山集中连片少数民族困难地区贫困的脆弱性探讨［J］．经济研究导刊，2012（18）：132－133.
［24］韩斌．推进集中连片特困地区精准扶贫初析——以滇黔桂石漠化片区为例［J］．学术探索，2015（6）：73－77.
［25］王飞跃，魏艳．少数民族集中连片特困地区脱贫路径探讨——以贵州为例［J］．贵州民族研究，2014，35（2）：102－105.
［26］杨海平．集中连片特困地区教育精准扶贫模式探究［J］．中国市场，2017（1）：232－233.
［27］张玉强，李祥．我国集中连片特困地区精准扶贫模式的比较研究——基于大别山区、武陵山区、秦巴山区的实践［J］．湖北社会科学，2017（2）：46－56.

[28] 常香荷．集中连片特困地区精准扶贫的对策——基于吕梁山集中连片特困地区的分析［J］．宏观经济管理，2017（7）：73－77.

[29] 王剑，路远．既要抓物质扶贫 更要抓精神扶贫——由扶贫调查引起的思考［J］．青海社会科学，1988（4）：30－34.

[30] 王均宁．新农村视角下推进扶贫开发“双到”工作的思考——以 Z 市 X 村为例［J］．四川理工学院学报（社会科学版），2011，26（6）：10－17.

[31] 唐小梅．整村推进扶贫政策实施中的问题与对策研究［D］．西南大学，2013.

[32] 罗东山．当代中国的扶贫开发［J］．中南民族学院学报（哲学社会科学版），1994（4）：29－34.

[33] 范宝亮．我国农村精准扶贫存在的问题及对策分析［D］．山东师范大学，2016.

[34] 洪大用．中国城市扶贫政策的缺陷及其改进方向分析［J］．江苏社会科学，2003（2）：134－139.

[35] 苗齐，钟甫宁．中国农村贫困的变化与扶贫政策取向［J］．中国农村经济，2006（12）：55－61.

[36] 张翼．当前中国精准扶贫工作存在的主要问题及改进措施［J］．国际经济评论，2016（6）：77－85，6.

[37] 庄曙光．精准扶贫政策执行偏差问题研究［D］．深圳大学，2017.

[38] 张欣．精准扶贫中的政策规避问题及其破解［J］．理论探索，2017（4）：86－92.

[39] 李金龙，杨洁．农村精准扶贫政策执行的失范及其矫正——基于街头官僚理论视角［J］．青海社会科学，2017（4）：120－127.

[40] 雷望红．论精准扶贫政策的不精准执行［J］．西北农林科技大学学报（社会科学版），2017，17（1）：1－8.

[41] 易柳．精准扶贫政策的粗放执行及其治理：基于可行能力的视域——以鄂西 L 村为例［J］．华侨大学学报（哲学社会科学版），2018（1）：56－66，77.

[42] 胡艳丽．新疆扶贫政策执行过程中的行政监督问题研究［J］．中小企业管理与科技（下旬刊），2017（6）：47－48.

[43] 申秋．中国农村扶贫政策的历史演变和扶贫实践研究反思［J］．江西财经大学学报，2017（1）：91－100.

[44] 司静波，黄岩，赵志兴．“精准时代”精准扶贫政策实施偏差与纠偏路径［J］．农业经济与管理，2018（2）：5－9.

[45] 李含琳，韩坚．中国扶贫资金来源结构及使用方式研究［J］．农业经济问题，1998（4）：6－10.

[46] 康晓光．90 年代我国的贫困与反贫困问题分析［J］．战略与管理，1995（4）：64－71.

[47] 李小云，唐丽霞，张雪梅．我国财政扶贫资金投入机制分析［J］．农业经济问题，2007（10）：77－82，112.

[48] 冉光和，鲁钊阳．扶贫资金运用中存在的问题及对策研究——以 A 村 2002～2007 扶贫资金的运用为例［J］．南京社会科学，2008（9）：68－74.

[49] 万安虎，渠明廷．对提高扶贫资金使用效益的思考［J］．经济问题，1992（11）：43－44.

[50] 阎清河，景伟，李东，郭恩臣．扶贫资金使用中存在的问题与对策——对兴县扶贫

资金使用情况的调查 [J]. 经济问题, 1993 (11): 35 - 37.

[51] 寇永红, 吕博. 财政扶贫资金绩效审计工作现状及改进措施 [J]. 审计研究, 2014 (4): 19 - 22.

[52] 邓维杰. 精准扶贫的难点、对策与路径选择 [J]. 农村经济, 2014 (6): 78 - 81.

[53] 刘静. 完善扶贫资金审计的对策研究 [J]. 审计研究, 2016 (5): 38 - 43.

[54] 杨光平, 杨勇军. 当前扶贫资金监管存在的问题及建议——基于湖南省部分贫困地区扶贫资金专项检查的调研 [J]. 财政监督, 2017 (23): 14 - 17.

[55] 陈文美, 李春根. 财政专项扶贫资金监管: 问题与建议 [J]. 财政监督, 2017 (23): 5 - 8.

[56] 林翰雄. 农村财政扶贫资金管理的问题与对策研究 [J]. 经济研究参考, 2014 (29): 12 - 14.

[57] 杨建敏, 吉国玲. 试析扶贫资金使用中的问题及对策 [J]. 经济问题, 1990 (6): 26 - 28.

[58] 常艳, 左停. 中国整村推进扶贫工作的总结及评议 [J]. 甘肃农业, 2006 (1): 59.

[59] 黎娟. "整村推进" 扶贫开发模式的反思与完善 [J]. 农村金融研究, 2009 (9): 54 - 59.

[60] 胡振光, 向德平. 参与式治理视角下产业扶贫的发展瓶颈及完善路径 [J]. 学习与实践, 2014 (4): 99 - 107.

[61] 陈希勇. 山区产业精准扶贫的困境与对策——来自四川省平武县的调查 [J]. 农村经济, 2016 (5): 87 - 90.

[62] 许汉泽, 李小云. 精准扶贫背景下农村产业扶贫的实践困境——对华北李村产业扶贫项目的考察 [J]. 西北农林科技大学学报 (社会科学版), 2017, 17 (1): 9 - 16.

[63] 张琦. 农村产业扶贫中农民参与问题的思考——以山西省S村为例 [J]. 学理论, 2017 (1): 75 - 76, 79.

[64] 秦中春. 农民进城、政府角色与市场机制: 浙省个案 [J]. 改革, 2013 (3): 147 - 157.

[65] 贾璟琪, 丁雪端, 李富忠. 对山西省兴县精准扶贫中异地搬迁的思考 [J]. 农村经济与科技, 2017, 28 (13): 132 - 133.

[66] 占堆, 李梦珂, 鞠效昆. 西藏异地扶贫搬迁策略在农区的实践与牧区的困境 [J]. 西藏大学学报 (社会科学版), 2017, 32 (4): 137 - 142.

[67] 陆铈凡, 苏青帝, 姜润杰, 谢玉梅. 异地搬迁扶贫成效及问题分析——以安徽省金寨县为例 [J]. 中国市场, 2017 (14): 176 - 177.

[68] 傅晨, 狄瑞珍. 贫困农户行为研究 [J]. 中国农村观察, 2000 (2): 39 - 42, 80.

[69] 刘道平. 制约农村贫困群体进入全面小康的因素及对策 [J]. 农村经济, 2015 (7): 55 - 59.

[70] 唐丽霞, 罗江月, 李小云. 精准扶贫机制实施的政策和实践困境 [J]. 贵州社会科学, 2015 (5): 151 - 156.

[71] 梁土坤. 新常态下的精准扶贫: 内涵阐释、现实困境及实现路径 [J]. 长白学刊, 2016 (5): 127 - 132.

[72]. 农村发展中的几个新问题——“双包到户”后的安徽省滁县地区农村调查 [J]. 中国社会科学，1982 (3)：93 - 110.
[73] 李甫春，杨柳，陈珠荣. 关于民族地区扶贫工作企业化的探索 [J]. 民族研究，1987 (5)：1 - 9.
[74] 蒋乐民. 论当前农村经济和农村财政工作的几个问题 [J]. 财政研究，1987 (7)：15 - 25.
[75] 刘辉武. 精准扶贫实施中的问题、经验与策略选择——基于贵州省铜仁市的调查 [J]. 农村经济，2016 (5)：112 - 117.
[76] 王宇，李博，左停. 精准扶贫的理论导向与实践逻辑——基于精细社会理论的视角 [J]. 贵州社会科学，2016 (5)：156 - 161.
[77] 黄希宇. 突破扶贫政策的执行瓶颈 [J]. 人民论坛，2018 (2)：66 - 67.
[78] 刘存信，唐圣玉. 中国贫困监测系统研究 [J]. 调研世界，1995 (2)：65 - 68.
[79] 窦立夫. 扶贫工作的几个具体问题 [J]. 唯实，1996 (12)：50 - 49.
[80] 朱世博. 对建立农村贫困监测调查网点的几点认识 [J]. 中国统计，1998 (7)：28 - 29.
[81] 康晓光. 论中国反贫困的制度创新 [J]. 云南社会科学，1997 (2)：15 - 29.
[82] 黄承伟. 参与式扶贫规划的制定与实施案例研究——从龙那村看广西贫困村的扶贫规划 [J]. 贵州农业科学，2004 (3)：79 - 82.
[83] 李明灌. 参与式方法在社区扶贫发展项目设计中的应用及其效果评价 [D]. 中国农业大学，2004.
[84] 周鸿. 城市贫困监测的效用缺失及其优化 [J]. 求索，2004 (8)：25 - 27.
[85] 蒋斌，谢勇. 贫困村村民参与式监测评估项目机制探讨 [J]. 学术论坛，2005 (2)：79 - 82.
[86] 吴至琴，王艳杰. 我国扶贫统计监测的发展与思考 [J]. 经济视角（中旬），2012 (3)：93 - 95.
[87] 吕学英. 我国残疾人扶贫统计监测中的问题与对策 [J]. 中外企业家，2014 (27)：245.
[88] 孙璐. 扶贫项目绩效评估研究 [D]. 中国农业大学，2015.
[89] 朱启臻. “柔性扶贫”理念的精准扶贫 [J]. 中国农业大学学报（社会科学版），2017，34 (1)：126 - 129.
[90] 张笑笑. 共享发展理念指导下我国农村扶贫问题及对策分析 [J]. 现代化农业，2017 (6)：51 - 52.
[91] 高红玫，赵璐. 精准扶贫政策落实情况监督的有效路径——以跟踪审计为视角 [J]. 淮海工学院学报（人文社会科学版），2017，15 (4)：115 - 117.
[92] 中国青年报·中青在线记者鄢光哲. 推广兜底保障机制经验 落实健康扶贫政策 [N]. 中国青年报，2017 - 05 - 18 (6).
[93] 贺雪峰. 中国农村反贫困战略中的扶贫政策与社会保障政策 [J]. 武汉大学学报（哲学社会科学版），2018，71 (3)：147 - 153.
[94] 公丕明，公丕宏. 精准扶贫脱贫攻坚中社会保障兜底扶贫研究 [J]. 云南民族大学学报（哲学社会科学版），2017，34 (6)：89 - 96.
[95] 胡祥勇，范永忠. 中国农村扶贫资金使用效率实证分析 [J]. 中南林业科技大学学

报（社会科学版），2014，8（3）：76－80.

[96] 聂永刚．贵州农村财政扶贫资金使用与管理存在的问题及对策［J］．贵州财经学院学报，2013（1）：108－111.

[97] 谢艳云．全面加强财政扶贫资金监管的思考——以某贫困县扶贫资金检查调研为例［J］．财政监督，2018（11）：54－58.

[98] 杨军．"整村推进"扶贫模式的问题与对策研究［J］．重庆工商大学学报．西部论坛，2006（6）：15－20.

[99] 刘北桦，詹玲．农业产业扶贫应解决好的几个问题［J］．中国农业资源与区划，2016，37（3）：1－4，175.

[100] 王晓毅．易地扶贫搬迁方式的转变与创新［J］．改革，2016（8）：71－73.

[101] 刘道平．制约农村贫困群体进入全面小康的因素及对策［J］．农村经济，2015（7）：55－59.

[102] 唐丽霞，罗江月，李小云．精准扶贫机制实施的政策和实践困境［J］．贵州社会科学，2015（5）：151－156.

[103] 梁土坤．新常态下的精准扶贫：内涵阐释、现实困境及实现路径［J］．长白学刊，2016（5）：127－132.

[104] 秦清芝．影响农村扶贫工作社会效益模式探究［J］．东岳论丛，2013，34（10）：121－124.

[105] 刘光顺．自组织视域下的精准扶贫研究［J］．系统科学学报，2017，25（3）：59－63.

[106] 阴玮琳，布娲鹣·阿布拉．新疆精准扶贫问题探析——以南疆三地州为例［J］．农业展望，2017，13（1）：19－21，48.

[107] 王静．河北省农业特色产业扶贫问题研究［D］．河北师范大学，2018.

[108] 康晓光．论中国反贫困的制度创新［J］．云南社会科学，1997（2）：15－29.

[109] 蒋斌，谢勇．贫困村村民参与式监测评估项目机制探讨［J］．学术论坛，2005（2）：79－82.

[110] 周鸿．城市贫困监测的效用缺失及其优化［J］．求索，2004（8）：25－27.

[111] 吕学英．我国残疾人扶贫统计监测中的问题与对策［J］．中外企业家，2014（27）：245.

[112] 吴国宝．将乡村振兴战略融入脱贫攻坚之中［N］．鄂州日报，2018－01－18（6）.

[113] 陆益龙．乡村振兴中精准扶贫的长效机制［J］．甘肃社会科学，2018（4）：28－35.

[114] 徐虹，王彩彩．乡村振兴战略下对精准扶贫的再思考［J］．农村经济，2018（3）：11－17.

[115] 袁彪．基于精准扶贫视角下的乡村振兴发展路径探索［J］．农业经济，2018（7）：47－48.

[116] 王超，蒋彬．乡村振兴战略背景下农村精准扶贫创新生态系统研究［J］．四川师范大学学报（社会科学版），2018，45（3）：5－15.

Summary of Research on Poverty Alleviation Development in China since the Reform and Opening Up

Cao Hua Xiong Yunbiao Ye Xiao

Abstract: Over the past 40 years of reform and opening up, China has made remarkable achievements in poverty alleviation development through planned, organized and large-scale poverty alleviation development, and accumulated rich theoretical and practical experience. China's poverty alleviation development has become an important part of China's road, experience and development model. The 19th CPC National Congress report proposed that "let the poor population and poor areas join the whole country in building an all-round well-off society". How to understand and practice the strategic thought of poverty alleviation in China in the new era needs to systematically sort out the academic research results of poverty alleviation development since the reform and opening up, reveal the basic characteristics, evolution rules and existing problems of poverty alleviation development in China, so as to improve the existing poverty alleviation performance and realize the sustainability of poverty governance in China.

Keywords: Since the Reform and Opening up, China Poverty Alleviation Development, Research Summary

人力资本、金融发展与经济增长

——基于随机前沿模型的实证分析

邵国华　欧阳楚尧*

摘　要： 将人力资本与金融发展两要素纳入超越对数形式的生产函数之中，并放松规模报酬不变的假定，利用我国31个省、自治区和直辖市（除港澳台地区）的面板数据实证研究人力资本、金融发展与经济增长之间的关系。实证分析结果表明：人力资本对经济增长有积极的作用，而金融发展对经济增长具有负面影响。此外，物质资本与金融发展、人力资本之间存在着显著的替代效应，而人力资本与金融发展之间则存在互补效应。进一步通过区域比较发现：人力资本和金融发展对经济增长的影响具有显著区域差异。

关键词： 人力资本　金融发展　经济增长　超对数生产函数

一、引　　言

改革开放以来，我国经济增长取得了举世瞩目的成就。GDP由1978年的不足4000亿元上升至2015年的67.67万亿元，按可比价格计算增长了近30倍。然而近年来，随着投资放缓、内需不振以及出口增速的下降，我国经济下行压力增大。2016年4月国家统计局公布中国一季度GDP增长率为6.7%，不仅低于上年同期的7.0%，还是金融危机以来的最低增速。另外，我国最近开始启动“供给侧改革”，即从提高供给质量出发，用改革的办法推进结构调整，矫正要素配置扭曲，扩大有效供给，提高供给结构对需求变化的适应性和灵活性，提高全要素生产率，促进经济持续健康增长。而理论和实践均表明，金融发展和人力资本对于提高生产效率、促进经济增长具有积极作用。因此，在此背景下探讨人力资本和金融发展对经济增长的影响具有重大的理论价值和丰富的现实意义。

* 作者简介：邵国华（1968～　），男，江西都昌人，江西财经大学副教授；欧阳楚尧（1995～　），男，江西都昌人，江西财经大学，国民经济学研究生。

二、文献综述

（一）人力资本与经济增长关系的研究

1956 年索洛对哈罗德—多马模型进行拓展，放松模型中资本产出比不变的假设，把资本存量、劳动力以及技术进步等要素纳入产出函数之中，建立了索洛增长模型。进一步，罗默（Romer，1988）和卢卡斯（Lucas，1986）在索洛模型基础上引入人力资本，并且将技术进步内生化建立了内生经济增长模型。国内学者王志刚（2006）的实证研究结果也证实了罗默等（1986）的结论，他的研究表明国民受教育程度的提高能够有效提高经济增长。刘智勇（2008）也认为人力资本提高能够通过最终产品生产与技术创新两方面来促进经济的增长。通过实证分析，发现“初等教育”不会通过尼尔森—费尔普斯式作用机制、卢卡斯式作用机制以及联合作用机制影响经济增长，“中等教育”“高等教育”会通过联合作用机制以及尼尔森—费尔普斯式作用机制促进经济增长。亨德森（Henderson，2005）也认为人力资本的积累有利于促进技术进步，进而促进经济的增长。周少甫等（2013）利用我国 1995 ~ 2009 年的省级面板数据研究人力资本、产业结构对中国经济增长的影响，根据分位数回归分析结果：人力资本的积累有利于促进技术进步，但是人力资本对经济增长的影响受到产业结构的影响。和人力资本相适应的产业结构能够提高人力资本的产出效率，让人力资本更好地促进经济增长。逯进等（2017）利用我国 1982 ~ 2012 年的省级面板数据，使用半参数可加模型，将人力资本分为脑力素质、身体素质以及人力资本综合指数进行分析，发现脑力素质的提高有利于经济增长、身体素质对经济增长的作用不明显。但是，经济增长对居民身体素质的依赖性正在逐渐减小，人力资本综合指数对经济增长产生正效应。

上述研究均认为人力资本积累有利于经济增长，然而也有部分学者持有不同观点。本哈比（Benhabib，1994）利用部分发展中国家和发达国家 1965 ~ 1985 年的经验数据实证分析人力资本对经济增长影响时发现，两者之间关系并不显著。范登布斯切（Vandenbussche，2006）对 19 个 OECD 国家 1960 ~ 2000 年间经济增长情况进行实证分析发现：仅仅是接受高等教育的人力资本对于经济增长具有一定的促进作用，其他大部分人力资本对总产出并无显著贡献。此外，克鲁格（Kluge，2001）认为人力资本对我国经济增长影响并不显著。刘伟等（2014）将人力资本的跨部门流动引入具有外部性的乌萨瓦—卢卡斯模型中进行研究，发现人力资本向教育部门的转移能促进人力资本的积累，但是相对快速的人力资本积累对经济增长的作用不明显。

（二）金融发展与经济增长关系的研究

肖（Shaw，1973）和麦金农（Mckinnon，1973）认为健全的金融体系可以降低交易成本，对技术创新和资源的有效配置具有激励作用，进而促进经济的增长。帕加诺（Pagano，1993）发现金融发展有利于储蓄顺利转化为投资、提高资本边际生产率从而促进经济增长。范学俊（2006）基于中国1992年一季度至2004年三季度时间序列数据，应用协整理论实证分析发现股票市场与银行部门的发展在长期内都能提高经济增长率，但是银行部门对经济增长的作用较小，股票市场对经济增长的作用较大。此外，赖文（Levine，2000）也支持金融发展可以促进经济的增长。陈刚等（2006）使用我国1979~2003年的省级面板数据，使用银行贷款总额占国内生产总值的比重分析金融发展对经济增长的影响，发现金融发展能促进经济增长，但是金融部门和实体经济部门缺乏互动。于成永（2016）经金融市场对银行和股票市场进行分析，发现银行业的发展能很好地促进经济增长，股票市场的发展对经济增长效果不是很明显。总体上来说，金融发展能有效促进经济增长。但是随着时间的推移，金融发展对经济增长的作用会减小。

但拉詹（Rajan，1998）却认为由于预期作用产生的误差以及存在可能被遗漏的重要变量，使得上述支持金融发展促进经济增长的结论具有很大的说服力。邵挺（2010）认为我国的金融市场并没有有效地发挥其资源配置的作用，金融发展并没有促进经济增长。沈坤荣（2004）基于29个省、直辖市和自治区1978~1999年的宏观数据分析也发现，我国金融中介优化资源配置的能力及其效率偏低，金融发展对经济增长的影响并不显著。此外，米尼尔（Minier，2003）、云鹤（2012）等学者的研究结果也表明，金融发展对经济增长的影响可能是不显著的，有时甚至可能对经济增长起负面作用。

（三）人力资本、金融发展与经济增长关系的研究

也有不少学者综合分析人力资本和金融发展对经济增长的影响。牧瑞德（Murinde，2000）使用82个国家的人力资本、金融发展和经济增长的相关数据进行分析，发现人力资本和金融发展都能很好地促进经济增长，将人力资本和金融发展分开研究对经济增长的影响，结果可能会有偏差。国内学者关于人力资本、金融发展与经济增长的关系也有一定的研究。蒋先玲（2011）等构建两阶段的两部门开放经济模型，基于人力资本视角研究金融发展对FDI的溢出效应，发现人力资本对经济增长产生正向作用。但是，受到金融发展的限制，人力资本的经济增长效应不明显。郭云南等（2012）将人力资本以及技术纳入内生增长模型，通过比较静态分析发现金融发展主要通过技术和人力资本来促进经济增长。杨晓智（2015）利用戴蒙德模型证明金融发展促进经济发展需要通过人力资本的投资来实现，并使用我国1985~2010

年的省级面板数据建立动态面板模型验证了理论模型的结果。金融发展和人力资本投资相结合能有效促进经济增长，但是我国存在较为严重的金融扭曲现象，影响了金融发展和人力资本投资的经济增长效应。许瑞瑞等（2016）使用我国长江经济带9省2市的面板数据进行分析，发现金融发展对经济增长的影响存在双重性，人力资本的投资对经济增长的作用比较明显。但是，金融发展和人力资本对经济增长的影响存在很明显的地区差异。

目前，国内关于人力资本、金融发展与经济增长关系的研究相对较少。健全的金融体系能够降低交易成本与信息成本，并提升资金流动性，使得储蓄者的资金有效地分配至资金需求者，有利于资本累积和经济增长。基于此，本文把金融发展与人力资本两要素纳入增长模型之中，作为经济增长的关键要素之一。和其他学者研究相比，本文具有以下几点不同：第一，应用超越对数形式的生产函数并使用随机前沿模型进行估计和测算；第二，放松埃文斯（Evans，2002）等诸多学者假定规模报酬不变这一苛刻假定，认为规模报酬可以是递增也可以是递减的；第三，同时将人力资本、金融发展纳入理论模型之中，用以研究中国当前的经济增长。

三、随机前沿模型

本文设定的随机前沿生产函数为如下形式：

$$Y_{it} = F(X_{it},\ t;\ \beta)e^{w_{it} - u_{it}} \tag{1}$$

其中 $i=1, 2, \cdots, N$ 表示第 i 个地区；$t=1, 2, \cdots, T$ 表示第 t 期；Y_{it} 表示第 i 个地区在第 t 期的实际国内生产总值；w 代表无法控制的随机因素的随机变量，并假设与时间无关；$F(X_{it},\ t;\ \beta)e^{w_{it}}$ 是随机生产边界，代表边界产出水平；X 是表示 M 种要素投入的向量；β 为对应的技术参数向量；u_{it} 为技术无效率项，它是一个非负的随机变量，u_{it} 取值越大，表明生产中无效率程度越高，实际产出就越偏离边界产出水平。

对方程（1）取自然对数后再求全微分，消去 dt 就可以得到产出增长率公式，如下：

$$\frac{\frac{dY}{dt}}{Y} = \frac{\partial(\ln F)}{\partial t} + \sum_{m=1}^{M} \frac{\partial(\ln F)}{\partial X_m} \frac{\frac{(dX_m)}{dt}}{X_m} - \frac{du}{dt} \tag{2}$$

其中，方程（2）左边式子表示的是产出的增长率。$\frac{\partial(\ln F)}{\partial t}$ 代表技术的变化率，若是正值说明该地区发生了技术进步，生产边界向外移动；反之，则是发生技术退步，生产边界向内移动。$\frac{\partial(\ln F)}{\partial X_m}$ 为第 m 种生产要素的产出弹性；而 $\frac{\left(\frac{dX_m}{dt}\right)}{X_m}$ 为第 m 种生产要素的增长率。$-\left(\frac{du}{dt}\right)$ 则代表技术效率的变化率，若是大于零，说明该地区的技术效率随着时间的变化在不断改善，使该地区的实际产出不断接近生产边界。

实证分析中常见的生产函数有两种：C－D 生产函数和超越对数生产函数。超越对数生产函数由克里斯坦森等（Christensen et al.，1973）提出，其限制条件少、易估计、包容性强，且放松了常替代弹性的约束，使方程形式更具灵活性，而且该生产函数近似等于任何形式生产函数的二阶泰勒展开式，能够较好地研究各种要素投入之间的相互影响、各要素投入之间的技术进步差异以及技术进步率在时间上的差异。所以，本文采用超越对数形式的生产函数方程，具体如下：

$$\ln Y_{it} = \beta_i + \beta_t t + \sum_{m=1}^{M} \beta_m \ln X_{mit} + \sum_{m=1}^{M} \beta_{mt} t \ln X_{mit} + \frac{1}{2}\beta_{tt} t^2 + \frac{1}{2}\sum_{m=1}^{M}\sum_{k=1}^{M} \beta_{mk} \ln X_{mit} \ln X_{mit} + \varepsilon_{it} \quad (3)$$

其中，Y 代表总产出，实证分析中为各个省市的 GDP（单位：亿元）。

K 代表物质资本存量（单位：亿元），其估计方法是根据张军（2004）的“永续盘存法”，设定折旧率为 9.6%。

L 代表劳动力投入（单位：万人），为各个省、自治区和直辖市年末社会从业人员总数。

H 代表人力资本存量。这里应用六岁以上人口的平均受教育年限来度量人力资本存量水平。我们假定小学、初中、高中和大专及以上学历的受教育年限分别为 6 年、9 年、12 年和 16 年。

F 代表金融发展水平。这里应用贷款余额与 GDP 的比值来测度各个地区的金融发展水平。

四、实证分析

（一）数据来源

本文所有原始数据均来源于中经网统计数据库、国泰安数据服务中心的 CSMAR 数据库、历年度的《中国人口年鉴》以及各个省份的《统计年鉴》。实证分析应用数据为省级层面的数据，研究范围为我国 31 个省、直辖市和自治区（除港澳台地区），样本区间为 1999～2014 年，样本个数为 496 个。

本文中所有数据均经过价格调整（基期为 1999 年），且在实证分析中均转化为对数序列。表 1 给出了各变量的统计特征。由表 1 可见，总产出变量 lny 的均值和标准差分别为 8.27 和 1.16，劳动力投入变量 lnl 的均值和标准差分别为 7.35 和 0.94，物质资本变量 lnk 的均值和标准差分别为 9.06 和

1. 17，表明各省份的总产出、劳动力投入和物质资本存在较大差异；而人力资本变量 lnh 的均值和标准差分别为 2. 05 和 0. 18，金融发展变量 lnf 的均值和标准差分别为 0. 01 和 0. 35，表明各省的人力资本和金融发展差异性远低于总产出、劳动力投入以及物质资本。

表 1 变量的描述性统计

统计量	lny	lnl	lnk	lnh	lnf
平均值	8. 27	7. 35	9. 06	2. 05	0. 01
中位数	8. 40	7. 52	9. 18	2. 07	0. 00
极大值	10. 68	8. 80	11. 60	2. 47	4. 24
极小值	4. 35	3. 73	5. 03	1. 08	-0. 63
标准差	1. 16	0. 94	1. 17	0. 18	0. 35
偏态系数	-0. 65	-0. 89	-0. 45	-1. 74	3. 77
峰态系数	3. 47	3. 32	3. 00	9. 41	45. 86
观测值个数	496	496	496	496	496

（二）模型估计结果

我们根据上述数据对方程（3）进行估计，并将估计结果列入表 2。

表 2 模型估计结果

变量	参数	标准差	T 统计量
cons	8. 8059 ***	0. 0601	146. 6200
t	0. 1253 ***	0. 0053	23. 8600
lnl	0. 0823 **	0. 0346	2. 3800
lnk	0. 0108	0. 0341	0. 3200
lnf	-0. 0738 ***	0. 0205	-3. 5900
lnh	0. 0696 **	0. 0326	2. 1300
t × lnl	-0. 0076 **	0. 0034	-2. 2300
t × lnk	0. 0354 ***	0. 0038	9. 1900
t × lnf	0. 0009	0. 0022	0. 4200
t × lnh	-0. 0039	0. 0028	-1. 3700
lnl × lnk	-0. 1418 ***	0. 0268	-5. 2900
lnl × lnf	-0. 0064	0. 0134	-0. 4800
lnl × lnh	0. 0208	0. 0158	1. 3100
lnk × lnf	-0. 0296 *	0. 0179	-1. 6600

续表

变量	参数	标准差	T 统计量
lnk × lnh	-0. 0522 **	0. 0250	-2. 0900
lnf × lnh	0. 0235 **	0. 0108	2. 1600
t^2	-0. 0026 ***	0. 0004	-6. 7500
lnl^2	0. 0388 ***	0. 0112	3. 4600
lnk^2	-0. 0006	0. 0142	-0. 0400
lnf^2	0. 0061 ***	0. 0010	5. 8600
lnh^2	0. 0219 ***	0. 0080	2. 7500

注：*、**、*** 分别代表 10%、5%和 1%的显著性水平。

由表 2 给出的估计结果可知：

代表物质资本的变量 lnk 与代表金融发展的变量 lnf 之间交乘项系数为 -0. 0296，这表明物质资本与金融发展之间存在显著的替代效应。这一结论与肖（1973）的观点相同。肖（1973）在考察各个发展中国家金融发展与经济增长关系时也发现物质资本与金融发展之间具有一点的替代关系。其主要原因在于，发展中国家普遍面临资金短缺问题，其有限的资源仅能用于投资物质资本或者金融体系中的一个，从而造成两者之间具有一定的替代效应。

代表物质资本的 lnk 与代表人力资本的 lnh 之间交乘项系数为 -0. 0522，这表明物质资本与人力资本之间存在显著的替代效应。这一结论说明，在经济发展过程中物质资本匮乏的时期，能部分被充足的人力资本替代；同样，在人力资本不再富足时，大量的物质资本也能替代人力资本。

代表人力资本的 lnh 与代表金融发展程度的 lnf 之间交乘项系数为 0. 0235，表明人力资本与金融发展之间存在显著的互补效应。这一估计结果与埃文斯（2002）相同。该估计结果表明金融发展一方面有助于个人和家庭从金融市场获得进行人力资本投资的资金，从而能有效提高其人力资本存量；另一方面，个人在进行人力资本投资时，也有助于促进金融市场的发展。

由于实证分析中生产函数被设定为超越对数形式，因此我们无法根据各投入要素的一次项系数来分析要素投入对总产出的净影响，而必须根据产出弹性的定义通过对总产出求偏导来计算各要素的产出弹性。在随机前沿生产函数模型设定为超越对数形式条件下，第 m 种生产要素的产出弹性为：

$$e_m = \frac{\partial \ln y}{\partial \ln x_m} = \beta_m + \beta_{mt} t + \frac{1}{2}\sum_{m=1}^{M} \beta_{mk} \ln X_{mt} \tag{4}$$

实证分析中，为了简化计算，我们对所有的解释变量进行了标准化处理（时间趋势除外）。这样第 m 种生产要素的平均产出弹性可以化简为 $e_m =$

$\beta_m+\beta_{mt}t$。我们将计算得到的各要素平均产出弹性列入表 3。

表 3 各生产要素的平均产出弹性

生产要素	劳动	物质资本	人力资本	金融资本
平均产出弹性	0.0177	0.3117	0.0365	-0.0662

由表 3 给出的估计结果可知：劳动产出弹性、物质资本产出弹性和人力资本产出弹性分别为 0.0177、0.3117、0.0365，并均为正值，这表明在经济发展过程中，增加劳动力投入、物质资本以及人力资本投入，能不同程度地使国民总产出增加，并且相对而言，同等数量的物质资本增加带来的总产出更多，这也和我国现实中进行大量的基础设施投资相符合；而金融资本的产出弹性为 -0.0662，为负值，这一估计结果与卡恩（Khan，2003）等的研究结果较为接近，他们的研究也发现金融资本的平均产出弹性为负值。其主要原因在于，我国当前的银行体系中，国有商业银行居主导地位，国有商业银行倾向于将资金贷给国有企业。和民营企业相比，国有企业的生产效率较为低下，从而导致银行的放贷资金利用效率低下，由此引发我国当前金融发展对总产出具有负面影响。

（三）区域差异分析

进一步，我们把我国 31 个省、直辖市和自治区（除港澳台地区）根据各自所处的地理位置，分为东部地区、中部地区以及西部地区，来分析各个地区之间的差异，并将实证分析结果列入表 4。

表 4 区域差异比较分析

变量	东部地区		中部地区		西部地区	
	参数	标准差	参数	标准差	参数	标准差
cons	8.4835***	0.0756	8.1615***	0.1587	7.9982***	0.0686
t	0.1354***	0.0074	0.0527	0.0354	0.0765***	0.0100
lnl	0.2901***	0.0634	-0.0254	0.2018	-0.1048**	0.0480
lnk	0.1619***	0.0567	0.0166	0.2426	0.5255***	0.0646
lnf	0.0294	0.0230	-0.5306***	0.1326	-0.1886***	0.0336
lnh	-0.0786*	0.0460	0.4601**	0.2302	0.0993**	0.0431
t×lnl	-0.0092	0.0059	0.0106	0.0202	0.0089*	0.0048
t×lnk	0.0056	0.0108	-0.0083	0.0287	0.0059	0.0063

续表

变量	东部地区		中部地区		西部地区	
	参数	标准差	参数	标准差	参数	标准差
t × lnf	-0.0074***	0.0028	0.0554***	0.0152	0.0070**	0.0033
t × lnh	0.0026	0.0067	-0.0501**	0.0260	-0.0106***	0.0032
lnl × lnk	-0.3077***	0.0612	0.0326	0.1486	-0.1964***	0.0311
lnl × lnf	0.0437	0.0375	0.1156*	0.0658	-0.0268	0.0185
lnl × lnh	0.1730***	0.0534	-0.1230	0.1156	-0.0311**	0.0143
lnk × lnf	-0.0417	0.0352	-0.3537***	0.1150	-0.0209	0.0267
lnk × lnh	-0.1422***	0.0596	0.2924**	0.1635	0.1185***	0.0273
lnf × lnh	0.0318	0.0286	0.0012	0.0791	0.0305**	0.0127
t^2	-0.0027***	0.0008	0.0044*	0.0026	-0.0011*	0.0006
lnl^2	0.1252***	0.0322	0.0433	0.0811	0.0736***	0.0119
lnk^2	0.1843***	0.0423	-0.0370	0.1132	0.0448***	0.0153
lnf^2	0.0271**	0.0111	-0.0017	0.0023	-0.0115	0.0097
lnh^2	0.0851**	0.0429	-0.0186	0.0775	-0.0280***	0.0083

注：*、**、*** 分别代表 10%、5% 和 1% 的显著性水平。

由表 4 的估计结果可知：

代表物质资本的变量 lnk 与代表金融发展程度的变量 lnf 之间交乘项系数在东部、中部、西部地区为负数（分别为 -0.0417、-0.3537、-0.0209），这说明在这三个地区的物质资本和金融发展之间存在显著的替代效应，这进一步证实了我们上面的结论。

关于物质资本与人力资本之间关系则存在显著的区域差异。东部地区变量 lnk 与 lnh 之间交乘项系数为 -0.1422，表明在东部地区物质资本与人力资本之间存在显著的替代效应；而中、西部地区则分别为 0.2924、0.1185，表明物质资本与人力资本在这两地区都存在显著的互补效应，且互补程度高。

代表人力资本的变量 lnh 与代表金融发展程度的变量 lnf 之间交乘项系数，在东部、中部和西部地区都为正，分别为 0.0318、0.0012、0.0305，表明在三大地区人力资本与金融发展之间均存在互补效应。

进一步，我们测算各地区不同生产要素的平均产出弹性，并将估计结果列入表 5。

表 5 各地区生产要素的平均产出弹性

地区	劳动	物质资本	人力资本	金融资本
东部地区	0.2119	0.2095	-0.0565	-0.0335
中部地区	0.0647	-0.0540	0.0343	-0.0597
西部地区	-0.0292	0.5757	0.0092	-0.1291

由表 5 给出的估计结果发现以下有趣的现象：东部地区的劳动产出弹性为 0.2119，为正值，且高于全国平均水平的 0.0177，而西部地区的劳动产出弹性为 -0.0292，为负值；反之，东部地区的人力资本产出弹性为 -0.0565，为负值，而西部地区的人力资本产出弹性为 0.0092，为正值。这一结果表明：当前我国东部地区并不缺乏的高学历人才，反而是缺少一般意义上的劳动力，近几年来企业用工成本的不断上升就是证明。而一方面，西部地区由于优秀人才的不断外流，导致其人力资本较为缺乏，因此其人力资本产出弹性较高；另一方面，西部地区拥有大量的劳动力剩余，导致该地区劳动产出弹性为负数。而且，中部地区的劳动产出弹性为 0.0647，低于东部地区以及全国平均水平；而中部地区的物质资本产出弹性为 -0.0540，为负值，而东部和西部地区的物质资本产出弹性为 0.2095 和 0.5757，为正值，并且西部地区的物质资本产出弹性明显要高于东部地区。这一结果表明，近年来我国在中部地区进行的中部崛起战略，由于较好的经济环境、优越的地理环境和相对稠密的人口，投资的大量基础性设施使得中部地区并不缺乏物质资本；而在西部地区，由于地理环境的限制，使得投入的物质资本能较大地提高总产出水平，这也符合我国一直实行的西部大开发战略的实际情况。此外，东部、中部、西部三个地区的金融资本产出弹性分别为 -0.0335、-0.0597、-0.1291，均为负值，表明我国各地区的金融体系效率低下，投入的金融资本越多，反而对各地区的总产出产生更多的抑制作用。

五、结论与对策建议

本文把人力资本与金融发展同时纳入随机边界超越对数形式的生产函数之中，在技术规模报酬变化的假设下，对我国 31 个省（区、市）（除港澳台地区）1999 ~ 2014 年的数据进行实证分析，探讨人力资本、金融发展与经济增长之间的关系。

（一）结论

实证结果表明：我国现阶段的人力资本投入对经济增长具有积极的促进作用，其平均产出弹性为 0.0365；金融资本对经济增长具有消极影响，其平

均产出弹性为 -0.0662；代表物质资本的变量 lnk 与代表金融发展的变量 lnf 之间交乘项系数为 -0.0296，这表明物质资本与金融发展之间存在显著的替代效应；代表物质资本的 lnk 与代表人力资本的 lnh 之间交乘项系数为 -0.0522，这表明物质资本与人力资本之间存在显著的替代效应；代表人力资本的 lnh 与代表金融发展程度的 lnf 之间交乘项系数为 0.0235，表明人力资本与金融发展之间存在显著的互补效应。

进一步，不同地区的比较分析显示：代表物质资本的变量 lnk 与代表金融发展程度的变量 lnf 之间交乘项系数在东部、中部、西部地区为负数（分别为 -0.0417、-0.3537、-0.0209），这说明在这三个地区的物质资本和金融发展之间存在显著的替代效应；东部地区变量 lnk 与 lnh 之间交乘项系数为 -0.1422，表明在东部地区物质资本与人力资本之间存在显著的替代效应；而中、西部地区则分别为 0.2924、0.1185，表明物质资本与人力资本在这两地区都存在显著的互补效应，且互补程度高。代表人力资本的变量 lnh 与代表金融发展程度的变量 lnf 之间交乘项系数，在东部、中部和西部地区都为正，分别为 0.0318、0.0012、0.0305，表明在三大地区人力资本与金融发展之间均存在互补效应。东部地区的劳动产出弹性为 0.2119，为正值，且高于全国平均水平的 0.0177，而西部地区的劳动产出弹性为 -0.0292，为负值；反之，东部地区的人力资本产出弹性为 -0.0565，为负值，而西部地区的人力资本产出弹性为 0.0092，为正值。且中部地区的劳动产出弹性为 0.0647，低于东部地区以及全国平均水平；中部地区的物质资本产出弹性为 -0.0540，为负值，东部和西部地区的物质资本产出弹性为 0.2095 和 0.5757，为正值，并且西部地区的物质资本产出弹性明显要高于东部地区。此外，各个地区的金融资本产出弹性均为负值，分别为 -0.0335、-0.0597、-0.1291，表明我国各地区的金融体系效率低下。

（二）对策建议

根据上述结论，本文建议对策如下：

首先，政府应加大对人力资本的支持力度，建立以人力资本为核心驱动的增长道路。一是加大教育投入在 GDP 中的比重，继续普及和巩固九年义务等基础教育，加大力度提高中高等教育人口比重，建立健全公立教师激励机制，提高人力资本的积累水平。忽视教育是造成中高等教育人口比重低的根本原因，教育不足使低技能人员大量失业，造成贫穷的再生且恶性循环。而造成教育质量差别的原因，是公立教师激励不足，因此国家需要投入大量资金鼓励公立教师提供教育质量。二是实行以增加知识价值为导向的分配政策，加快对我国劳动力市场、户籍制度的改革。经济增长、收入合理分配和可持续性是发展概念的基本内涵。在收入分配问题上，提高中等收入者比重则是高层面的终极目标。改革开放 40 年，我国已经实现了一部分人和地区先富起来的阶段性目标，一个人口数量逐步扩大的中等收入阶层正在出现，但这个阶层的比重还是偏低。为扩大“有恒产、有恒心”的中等收入阶层创造条件，是实现国家繁荣稳定的基本保障，也是中国从发展中国家进入发达国家的重要标志。三是改变落后的习惯，加强教育和提高教育质量，让劳动者具备适应市场竞争和全球环境变化的能力和韧性。我们的教育要使个人心理和能力适应全球化的变化，应当更加强调两个不可分割的内容，第一是价值观念教育，使受教育者具备仁爱之心，敬畏和感激大自然。加强心理教育和引导，使社会公众在经济结构和社会转型加速时期具备心理平衡能力，从自满、焦虑、抱怨、浮躁、急功近利等不利于社会和谐的情节中得以超脱。第二是增强适应国际市场竞争能力的教育和培训，其内容服从国家总体战略定位的调整。知识界应该增强社会责任，激发劳动者的创业心，而不是制造对市场机制的恐惧。

其次，进一步改革和完善国内金融体系。为此，政府一方面要加快金融体制改革，适当扩大金融规模，降低金融交易成本，提高金融服务实体经济效率。从根本上说，金融市场和金融体制是实物经济发展的结果和需要，是为实物经济服务的，我国发展金融市场，设计金融体制也必须从经济发展的需要出发。我国目前的金融改革出发点必须定位于提高金融体系的效率，使其能够很好地动员资本、配置资本，服务于经济发展。建立起以中小银行为主体的金融体系是我国当前金融改革的正确方向。不过，与市场经济和我国目前发展阶段相适应的金融体系是完整的，不仅需要建立和完善中小银行体系，而且需要对大银行进行商业化改造，使其在国民经济中发挥应有的作用，特别是发挥它们在支持必不可少的大中型投资项目中的重要作用；另一方面要完善风险预防、监督、预警及处理机制，同时鼓励金融创新，发展绿色金融。

最后，由于人力资本和金融发展对经济增长作用具有显著的区域差异，各个地区应按照各自实际情况制定符合自己特点的发展策略。对于东部地区，针对一般劳动力供给不足，应鼓励企业提高研发能力走创新发展道路，集约化、智能化生产，积极发展高端服务业。对于中部地区，应积极发展东部地区转移过来的制造业，发挥本地区人力资本、金融发展优势，为做大做强制造业服务。对于西部地区，应该加快金融体制改革，创造良好的基础设施、市场环境、就业环境，吸引本地发展所需要的人才当地就业。同时也需要积极发展绿色环保型高端制造业，引导当地一般劳动力就近就业。

参考文献

[1] 王志刚，龚六堂，陈玉宇．地区间生产效率与全要素生产率增长率分解：1978～

2003 [J]. 中国社会科学，2006 (2)：55 -66.

[2] 刘智勇，胡永远，易先忠. 异质型人力资本对经济增长的作用机制检验 [J]. 数量经济技术研究，2008 (4)：86 -96.

[3] 周少甫，王伟，董登新. 人力资本与产业结构转化对经济增长的效应分析——来自中国省级面板数据的经验证据 [J]. 数量经济技术经济研究，2013，8：65 -78.

[4] 刘伟，张鹏飞，郭锐欣. 人力资本跨部门流动对经济增长和社会福利的影响 [J]. 经济学 (季刊)，2014，13 (2)：425 -442.

[5] 范学俊. 金融体系与经济增长：来自中国的实证检验 [J]. 金融研究，2006 (3)：57 -66.

[6] 陈刚，尹希果，潘洋. 中国的金融发展、分税制改革与经济增长 [J]. 金融研究，2006 (2)：99 -109.

[7] 邵挺. 金融错配、所有制结构与资本回报率：来自 1999 ~2007 年我国工业企业的研究 [J]. 金融研究，2010 (9)：47 -63.

[8] 沈坤荣，张成. 金融发展与中国经济增长——基于跨地区动态数据的实证研究 [J]. 管理世界，2004 (7)：15 -21.

[9] 云鹤，胡剑锋，吕品. 金融效率与经济增长 [J]. 经济学 (季刊)，2012 (2)：595 -611.

[10] 逯进，苏妍. 人力资本、经济增长与区域经济发展差异 [J]. 人口学刊，2017 (1)：89 -100.

[11] 于成永. 金融发展与经济增长关系：方向与结构差异——源自全球银行与股市的元分析证据 [J]. 南开经济研究，2016 (1)：33 -57.

[11] 蒋先玲，王琰. 金融发展对 FDI 溢出效应的影响——基于人力资本流动视角的分析 [J]. 财贸经济，2011 (5)：65 -71.

[13] 郭云南，徐谦，刘明艳. 金融发展对经济增长的传导机制：人力资本、技术进步效应的分解 [J]. 浙江社会科学，2012 (12)：9 -19.

[14] 杨晓智. 金融发展、人力资本的耦合机制与经济增长的实证分析 [J]. 统计与决策，2015 (1)：155 -160.

[15] 许瑞瑞，杨恺钧. 金融发展、人力资本积累与经济增长——基于长江经济带面板数据的实证分析 [J]. 金融与经济，2016 (5)：22 -28.

[16] Robert Solow. Technical Change and the Aggregate Production Function [J]. The Review of Economics and Statistics, 1957, 39 (3): 312 -320.

[17] Paul Romer. Increase Returns and Long - Run Growth [J]. Journal of Political Economy, 1986, 94 (5): 1002 - 1037.

[18] Lucas E. On the Mechanics of Economic Development [J]. Journal of Monetary Economics, 1988, 22 (1): 3 -42.

[19] Henderson R, Russell R. Human Capital and Convergence: A Production - Frontier Approach [J]. International Economic Review, 2005, 46 (4): 1167 - 1205.

[20] Benhabib J, Spiegel M. The Role of Human Capital in Economic Development: Evidence from Aggregate Cross-country Data [J]. Journal of Monetary Economics, 1994, 34 (2): 143 - 173.

[21] Vandenbussche P, Aghion M. Distance to Frontier and Composition of Human Capital [J].

Journal of Economic Growth, 2006, 11 (2): 97 - 127.

[22] Krueger A, Lindahl M. Education for Growth: Why and for Whom [J]. Journal of Economic Literature, 2001, 39 (4): 1101 - 1136.

[23] Shaw E S. Financial Deepening in Economic Development [M]. Oxford University Press, Oxford. 1973.

[24] McKinnon R. Money and Capital in Economic Development [M]. The Brookings Institute, Washington DC, 1973.

[25] Pagano M, Jappelli T. Information Sharing in Credit Markets [J]. Journal of Finance, 1993, 48 (5): 1693 - 1718.

[26] Rajan G, Zingales L. Power in a Theory of the Firm [J]. The Quarterly Journal of Economics, 1998, 113 (2): 387 - 432.

[27] Evans D, Green C, Murinde V. Human Capital and Financial Development in Economic Growth: New Evidence Using the Translog Production Function [J]. International Journal of Finance & Economics, 2002, 7 (2): 123 - 140.

[28] Minier A. Are Small Stock Markets Different [J]. Journal of Monetary Economics, 2003, 50 (7): 1593 - 1602.

[29] Levine R, Loayza N, Beck T. Financial Intermediation and Growth: Causality and Causes [J]. Journal of Monetary Economics, 2000, 46 (1): 31 - 77.

Human Capital, Financial Development and Economic Growth

—An Empirical Study Based on Stochastic Frontier Model

Shao Guohua　Ouyang Chuyao

Abstract: This paper puts the human capital and financial factor into the random boundary super logarithmic production function. Under the hypothesis of technical changes returns to scales, using the panel data from 1999 to 2014 in China's 31 provinces, municipalities and autonomous regions (excluding Hong kong, Macao and Taiwan regions), we conducted an econometric analysis of the relationship among human capital、financial development and economic growth.

The results are as follows: Currently the human capital has a positive effect on economic growth in China. The average human capital-output elasticity is 0. 0365. The financial capital has a negative effect on economic growth. The average financial capital-output elasticity is - 0. 0662. The multiply crisscross factor between material capital variable lnk and financial capital lnf is - 0. 0296. This indicates there is a significant substitution effect between material capital and financial development. The multiply crisscross factor between material capital variable lnk and human capital lnh is - 0. 0522. This indicates there is a significant complementary effect between material capital and financial development. The multiply crisscross factor between human capital variable lnk and financial capital lnh is 0. 0235. This indicates there is a significant complementary effect between human capital and financial development.

Keywords: Human Capital, Financial Development, Economic Growth, Super Logarithmic Production Function

宏观税负水平、结构与非税负担对经济增长影响的实证研究

王奕菲　金　岳*

摘　要：作为“供给侧改革”的重要内容，如何推行财税体制改革，构建科学合理的宏观税负水平、税制结构和非税负担对扭转我国宏观经济下行趋势、促进经济中长期健康发展至关重要。本文首先从理论上分析了宏观税负、税制结构和非税负担对我国经济增长的影响机制，并采用 1994 ~ 2017 年的时间序列数据，通过平稳性检验、协整检验、构建 VAR 模型、脉冲响应函数及方差分解等进行实证分析，根据现实数据得出相关结论。最后，本文提出了有助于推进我国财税体制改革、促进经济健康发展的几点建议。

关键词：供给侧改革　财税体制　经济增长　VAR 模型

一、引　　言

自 2010 年以来，我国宏观经济增速面临严重下滑趋势，年度 GDP 增长率从 2010 年的 10.6% 下降到 2011 年的 9.5% 和 2012 年的 7.7%，到 2015 年已经“破 7”降到了 6.9%，2016 年 GDP 增长率又创新低，下降至 6.7%。经济增长持续下行的背后是我国长期以来经济运行中存在的问题。一直以来，我国侧重于从需求侧，即依靠“消费、投资、出口”来拉动经济增长，但随着宏观经济形势变化，需求侧宏观调控的局限性逐渐暴露出来。一方面，需求刺激效应已显颓势，国家发改委自 2015 年以来新批基建项目规模逾 2 万亿元，央行先后 5 次降息降准，但投资状况依旧萎靡（龚刚，2016）；另一方面，我国经济存在严重的“供需错配”问题，国内产品面临滞销，而我国居民出国“海淘”的局面却愈演愈烈。究其原因，是长久以来我国忽视了供给侧的发展，导致了企业生产成本过高、中低端产品过剩、传统产业产能过剩、对市场有效供给不足等种种问题。为了扭转经济下行的局面、促进我国经济的中长期发展，习近平主席在 2015 年 11 月 10 日举行的中共中央财经领导小组第 11 次会议上首次提出了“供给侧改革”，称“在以扩大总需求

---

* 作者简介：王奕菲（1995 ~ ），中国人民大学经济学院硕士生，世界经济专业，Email：lnuwangyf@163.com，通信地址：北京市海淀区中关村大街 59 号中国人民大学经济学院，邮编：100872；金岳（1992 ~ ），中国人民大学经济学院博士生，世界经济专业，Email：2015101807@ruc.edu.cn，通信地址：北京市海淀区中关村大街 59 号中国人民大学经济学院，邮编：100872。

促增长的同时，要着力加强供给侧结构性改革，不断提高供给体系的质量和效率，为经济增长提供持续动力”。李克强总理随后也在“十三五”规划纲要编制工作会议上强调“要兼顾供给侧和需求侧两端，共同促进我国产业迈向中高端”。由此可见，全面推进“供给侧改革”已成为我国政府工作的主要目标。

事实上，“供给侧改革”并非我国原创，而是起源于 20 世纪 70 年代以拉弗为代表的美国“供给学派”，其核心主张为对企业减税以降低企业成本、刺激供给。与当时美国经济面临的“滞涨”困境不同，我国的经济问题主要表现在产能过剩、企业成本过高，因此，中国语境下的“供给侧改革”也不仅局限于减税，而是形成“去产能、去库存、去杠杆、降成本、补短板”的五项核心任务。其中“降成本”主要体现在降低企业的原材料成本、资金成本、财税成本、人力成本的四大成本以改善资本回报（冯志峰，2016）。可以看出，无论在 20 世纪 70 年代的美国还是今天的中国，财税制度的调整都是实行“供给侧改革”的重点。这也体现出建立科学的财税制度在宏观经济调控中的重要性。

税收制度作为财税体制的重要组成部分，在宏观经济调控中发挥了重要作用。一方面，税收为政府优化投资环境、提高公共品供给水平创造了条件，通过正外部性促使企业平均成本曲线下降，鼓励企业生产，进而提升经济增长率；另一方面，税收会增加资本、劳动等生产要素的使用成本，会降低其流入的激励，对企业造成的额外负担又会降低经济增长率（李涛、黄纯纯、周业安，2011）。因此，税收规模对经济增长的影响十分复杂，为了实现对经济增长的正效应，确定合理的宏观税负水平至关重要。

近年来，我国的宏观税负水平上升趋势明显。以税收收入测算的小口径宏观税负水平从 1994 年的 8.6% 增加到 2015 年的 18.4%，以包括非税收入的全部政府收入测算的大口径宏观税负水平在 2012 年已超过 35%，2015 年达到了 38.2%。企业在税收负担与非税负担的双重压力下面临巨大的发展压力。1994 年税制改革后，我国企业不仅要缴纳包括营业税、增值税、所得税等各种税，还要承担包括教育费附加、社会保险费等种类繁多的各种费用，一些地区和部门还存在乱收费的现象，高昂的财税成本使得我国企业不堪重负，一些中小企业利润率甚至不足 10%，所获利润的一半都缴纳了各种税费。此外，税制改革后，我国的间接税和直接税一直处于发展不平衡的状态。在我国税收中，间接税占比超过了 70%，其中增值税约占税收总量的 40%，营业税约占 15%，消费税约占 15%，而所得税在税收总量中占比却不到 30%，我国的税制结构呈现出严重的“跛脚”现象，这与理想的税制设计相差甚远，也大大削弱了通过财税政策促进经济增长的宏观调控作用。

2017 年是实施“十三五”规划的重要一年，也是供给侧结构性改革的深化之年。在当前的改革进程中，财税体制的改革无疑是重点任务之一。因此，正确认识我国的宏观税负水平、非税负担、税制结构与经济增长的关系，为财税制度的改革探明方向，对于扭转我国经济下行趋势、促进经济中长期可持续发展具有重要战略意义。

二、文献综述及理论分析

（一）宏观税负水平对经济增长的影响

从理论上说，宏观税负水平对经济增长的影响比较复杂，通过不同传导机制同时带来正影响和负影响。从需求侧来看，凯恩斯税收乘数理论较早地分析了税收和公共支出与经济增长的关系。凯恩斯税收乘数 $-\frac{b}{1-b}$ 表明税收增加会对国民收入产生负效应，公共支出乘数 $\frac{1}{1-b}$ 说明公共支出会对国民收入产生正效应。由于 $\frac{b}{1-b}<\frac{1}{1-b}$，即税收乘数的绝对值小于公共支出乘数，因此，在税收收入能够全部转化为公共支出且全部公共支出能够有效促进投资和经济增长的条件下，政府征税将会给经济总体带来正向影响。实际上，这种假设条件较为苛刻。一方面，公共支出可进一步分为生产性公共支出和消费性公共支出，二者通过不同路径对经济增长产生不同的影响（赵志耘、吕冰洋，2005）；另一方面，生产性公共支出也难以完全有效率地促进经济增长。但凯恩斯税收乘数理论也表明，控制适当的税负水平、提高运用公共支出的效率有助于促进经济增长。从供给侧来看，20世纪70年代的拉弗曲线理论进一步阐释了税收与经济增长之间的关系。拉弗曲线理论认为，政府的税收收入是税率水平的凹函数，存在一个最优的税率水平T，当税率低于T时，提高税率会增加税收收入，当税率超过T时，过高的税率反而会加重居民和企业的负担、降低其参与劳动和生产的积极性，抑制投资和消费，反而降低了税收收入。因此，大于T的税率水平被称为税收禁区。拉弗曲线理论为政府实行减税提供了理论依据。过高的税收负担会抑制经济主体的经济行为，反而对经济增长造成负面影响。

鉴于宏观税负水平对经济增长的复杂影响，大量学者针对我国现行的宏观税负水平展开了研究。马拴友（2001）认为经济增长与宏观税负二者呈显著的非线性函数关系，我国的税负水平距离最优宏观税负还有一定提升空间，税负的增加将是一个循序渐进的过程。严成樑、龚六堂（2010）以我国1980~2006年的宏观经济为样本，通过数值模拟分析了我国税收的经济增长效应并得出了适当提高税率有利于促进经济增长的结论。也有一些学者提出了不同的看法。郑振儒（2006）考察了改革开放以来我国宏观税负与经济增长之间的关系，并以此为基础认为我国有必要采取措施适当降低当前的宏观税负以鼓励经济增长。李俊麟（2007）通过理论与实证分析发现，我国的宏观税负与经济增长之间呈显著的负相关关系，并据此提出减轻宏观税负和改善财政支出结构的政策建议。姚林香、汪柱旺（2016）在剔除了非税因素对经济增长的影响后，发现我国宏观税负与经济增长二者负相关，推行减税政策应作为财税制度改革的主要任务之一。杨中全、邹俊伟、陈洪宛（2010）运用计量经济学方法测算出我国现阶段的宏观税负水平已经接近最优水平，因此建议现阶段保持税负水平不变。

总体而言，我国学术界对于现行的宏观税负水平对经济增长的影响尚没有形成统一意见，我国经济正处于改革的关键时期，如何在当前形势下构建科学合理的宏观税负水平还需要进一步的讨论。

（二）税制结构对经济增长的影响

1994 年税制改革后，我国的税制结构按照税负性质和作用，大致分为流转税、所得税、资源税、行为税、财产税和特定目的类税；按照税负能否转嫁，分为直接税和间接税。其中，直接税主要包括所得税和财产税，间接税主要包括增值税、消费税、营业税三大流转税。从不同税种来看，各税种通过规定不同的课税对象、计量标准及税率对不同主体发挥不同程度的作用，从而影响宏观经济增长。从直接税和间接税的角度来看，间接税的税负能够或易于转嫁，直接税的税负难以或无法转嫁。税负转嫁问题使得间接税对经济增长的影响更为复杂。

考虑我国目前的税制结构，辅助税在税收收入中占比较小，影响宏观经济的主要是流转税和所得税两大税种，而流转税占比又远远超过所得税，逐渐发展成“一税独大”的局面，因此，以流转税为主体的间接税对经济产生的影响最为显著。流转税的征税对象均为企业，无论是对增值额、营业额还是销售收入征税，都会在一定程度加重企业的生产成本、并通过税负转嫁转移给消费者，扭曲了供求关系。一方面，企业的税收负担会制约企业的供给和投资；另一方面，企业为了转嫁税负和维持再生产而提高的价格会抑制居民的需求，从而对经济增长产生不利影响。相比而言，我国的所得税在税收收入中占比较小，且税负难以转嫁，纳税人和负税人保持一致，因此对经济增长的影响机制也较为简单。税制结构中，不同税种对经济发挥的作用各不相同，但总体而言，我国的间接税比重过大，直接税比重过小，呈现“跛脚”状态。这种不均衡的税制结构势必会对我国经济增长产生不利影响。

针对我国税制结构发展不均衡的现状，国内学者从不同角度考察了我国税制结构对经济增长的影响。郭婧（2013）通过对个人所得税、企业所得税、增值税等税种的分别考察，利用面板数据和工具变量法得出了个人所得税对经济增长产生正效应、增值税对经济增长的影响效果不明显、企业所得税对经济增长呈显著负效应的结论。郭婧、岳希明（2015）通过实证研究发现，按照对我国经济增长有害程度由大到小，可以得出所得税、消费税、财产税的排序。常世旺、韩仁月（2015）从直接税与间接税两大主体税出发，测算了 1996 ~ 2012 年我国 31 个省（区、市）（除港澳台地区）的最优税制结构并计算出各地区维持现行税制结构的效率损失，得出其中 25 个地区间接税占比过高抑制了经济增长的结论，并据此提出税制结构优化的方向在于逐步降低间接税比重的政策建议。刘海庆、高凌江（2011）也认为增加直接税的比重不但可以调节贫富差距、促进社会和谐，还可以通过提高政府支出水平、促进消费率提升来促进经济增长。由此可见，国内学者从不同角度出发得出的税制结构的增长效应结论并不一致，但是都认为我国当前税制结构不合理、需要进一步优化以促进经济增长。

（三）非税负担对经济增长的影响

企业承受的非税负担主要来自政府预算内收入中的非税收入、预算外收入和社会保险基金收入。具体而言，行政事业性收费、政府性基金、专项收入、社会保险费及其他各种制度外收费都构成企业的非税负担。其中，社会保险费的收取属于专款专用，其收入专门用于政府社会保险计划的实施，属于财政支出中的转移支出而非购买支出，因此，社会保险缴费实质上是在未来“还税于民”，只在当期对企业和居民造成财政负担，而不形成当期的购买力或投资增加，从而限制了当期的经济增长；其他征收费用多用于提供公共物品、发展公共事业、提供特定服务等，合理的费用收取对优化投资环境、促进经济增长具有一定的正效应，但过高及不合理的“乱收费”却会滋生寻租腐败、加大企业的“隐性负担”、使企业承受高昂的制度性交易成本。

围绕非税负担对我国经济增长的影响展开的文献相对较少，这与政府的非税收入与各种费用收入占比较小从而对经济增长的影响不如税收影响显著有关，但随着近年来我国“费挤税”现象愈发严重，高额的预算外收入和制度外收入已经给企业造成了沉重的负担，非税负担对经济增长的作用也越来越引起学术界的关注。王乔、汪柱旺（2009）对 1994 ~ 2007 年间的相关数据展开分析，结果表明政府非税收入与经济增长互为因果，非税收入的增长会反作用于 GDP。童锦治、李星、王佳杰（2013）对非税收入进行细化，认为行政事业性收费和专项收入对经济增长影响不显著，但罚没收入、其他收入与预算外收入却阻碍了经济增长。李文溥、刘榆等人（2015）模拟了压缩政府非税收入、减轻中小企业及居民的负担对宏观经济增长以及结构调整的效应，提出了应降低并控制非税收入占比以促进经济长期增长的建议。因此，对于非税负担对经济增长的影响，我国学者得出的结论较为一致，普遍认为现行的非税负担水平对经济运行造成了较大压力，需要加以控制。

（四）本文的创新点

我国学术界对于宏观税负水平、税制结构、非税负担与经济增长关系的实证研究颇多，国内学者从不同角度出发，对各个因素对经济增长的影响均进行了深入的讨论和研究。与已有的实证分析相比，本文试图在以下三方面做出创新：

第一，本文通过实证分析探讨了宏观税负水平、税制结构、非税负担三者对经济增长的联合动态影响。一方面，过去学者大多集中关注单个或其中两个因素对经济增长的影响，尤其非税负担经常被排除在模型构建之外，从而使本文弥补了前人的研究；另一方面，自 2010 年以来，我国经济增速严重下滑，而税收和非税收入却一路高升，宏观经济形势的改变也在一定程度上改变了实证结果，使得本文的研究对当前的经济改革更具参考价值。

第二，本文以“供给侧改革”中的财税体制改革为视角，探讨了正处于转型中的中国经济该如何构建科学的宏观税负水平、优化税制结构、控制非税收入的问题，结合本文的分析结果和政府 2017 年全国两会的最新相关政策进一步提出了完善我国财税制度、促进经济中长期增长的政策建议，从而尝试从财税体制改革的角度探讨我国深化“供给侧改革”的相关问题。

第三，本文的非税负担除了包括政府的非税收入和预算外资金收入之外，还纳入了我国的社会保险基金收入。这与前人研究中普遍把社会保险金作为“准税”收入归入税收或不考虑社会保险金的影响不同。社会保险基金收入是我国政府财政收入的重要组成部分，而我国目前还没有将其设为一项独立税种，而是通过“社会保险费”的方式对企业征收费用。2016 年，我国的社会保险基金收入已达 5.28 万亿元，高额的社会保险金也加重了企业生产的劳动力成本。因此，笔者认为有必要将其纳入非税负担中，考察其对经济增长的影响。

三、实证分析

（一）研究方法

本文采用计量经济学中的向量自回归模型（即 VAR 模型）进行数据分析。VAR 模型由西姆斯于 1980 年提出，通常用于预测相关联的时间序列系统并分析随机扰动对变量系统的动态影响，从而分析各种经济冲击对经济变量产生的效应，是研究宏观经济变量相互影响关系广泛使用的方法。

VAR(P) 模型的设定如下：

$$y_t = \Phi_1 y_{t-1} + \cdots + \Phi_p y_{t-p} + Hx_t + \varepsilon_t \quad t = 1,\ 2,\ \cdots,\ T \tag{1}$$

式（1）中，y_t 是 k 维内生变量列向量，x_t是 d 维外生变量列向量，p 是滞后阶数，T 是样本个数。k×k 维矩阵 Φ_1，…，Φ_p 和 k×d 维矩阵 H 是待估计的系数矩阵。ε_t 是 k 维扰动列向量，它们之间可以同期相关，但不与自己的滞后值及等式右边的变量相关。

（二）变量选取

本文采用 1994～2017 年的中国数据作为样本，所有数据均来自《中国统计年鉴》《中国财政统计年鉴》，样本共 24 个观测值，每个观测包含经济增长（G）、宏观税负水平（H）、税负结构（S）和非税负担（F）。

1. 经济增长（G）

国内生产总值（GDP）是指一个国家（或地区）在一定时期内运用生产要素所生产的全部最终产品的市场价值，是衡量一国经济增长水平的最重要的指标。本文用计算得到的 1994～2017 年的实际 GDP 增长率来衡量经济增长水平。

2. 宏观税负水平（H）

根据政府取得收入的统计口径不同，通常有大中小三个口径的宏观税负水平衡量指标。其中，大口径的宏观税负是指包括预算内收入、预算外收入、社会保障基金收入、制度外收入的全部政府收入占同期 GDP 的比重；中口径的宏观税负是指包括税收在内的预算内收入占同期 GDP 的比重；小口径的宏观税负是指政府的税收收入占同期 GDP 的比重。为了分别研究非税负担和税收负担对经济增长的影响，本文选取小口径的宏观税负，即税收收入与同期 GDP 的比值作为模型变量。

3. 税制结构（S）

1994 年分税制改革后，间接税主要包括消费税、营业税、增值税三大税种，直接税为各项税收之和减去间接税。本文用直接税与间接税的比值表示税制结构，比值越大说明直接税所占比重越大、间接税所占比重越小，反之则相反。

4. 非税负担（F）

根据 IMF 的分类，发达国家大多把社会保险税作为一项独立的税收，而我国尚未通过税收方式来筹集社会保障资金，而是作为一项费用对企业征收“社会保险费”，成为企业的非税负担之一。因此，本文采用财政收入中非税收入部分与预算外资金收入、社会保险基金收入之和与同期 GDP 的比值作为非税负担。

（三）实证结果

本文采用 EViews 6 统计软件进行回归分析。

1. 单位根检验

经济变量一般都具有非平稳性，因此要研究变量之间的长期和动态关系，必须对数据进行平稳性检验，否则容易出现“伪回归”。本文选用 ADF 方法进行单位根检验，检验结果如表 1 所示。

表 1　单位根检验结果

变量	(C, T, K)	DW 值	ADF 值	1% 临界值	5% 临界值	10% 临界值	结论
G	(C, 0, 0)	1.6121	-2.0599	-3.7529	-2.9981	-2.6388	非平稳
H	(C, T, 3)	1.7259	-0.6895	-4.4163	-3.6220	-3.2486	非平稳
S	(C, T, 0)	1.5239	-2.1558	-4.4163	-3.6220	-3.2486	非平稳
F	(C, T, 0)	2.3647	-2.2060	-4.4163	-3.6220	-3.2486	非平稳
ΔG	(0, 0, 0)	2.0343	-4.4336	-2.6743	-1.9572	-1.6082	平稳
ΔH	(0, 0, 0)	2.1216	-3.0169	-2.6743	-1.9572	-1.6082	平稳
ΔS	(0, 0, 0)	1.8530	-3.6909	-2.6743	-1.9572	-1.6082	平稳
ΔF	(0, 0, 0)	2.0515	-4.2034	-2.6743	-1.9572	-1.6082	平稳

注：(C, T, K) 分别表示单位根检验方程中包含的常数项、时间趋势和滞后阶数。

由表 1 可知，原序列为非平稳序列，但经一阶差分后，ΔG、ΔH、ΔS、ΔF 均在 1% 的显著水平达到平稳，为一阶单整序列，即 G ~ I(1)、H ~ I(1)、S ~ I(1)、F ~ I(1)。

2. 协整检验和 VAR 模型的建立

本文利用 Johansen 协整检验对四个变量进行协整检验，由于该协整检验对滞后阶数比较敏感，必须首先确定 VAR 模型的滞后阶数。然后根据 EViews 软件滞后长度的计算结果中 LR 统计量、FPE 统计量、AIC 统计量、SC 统计量和 HQ 统计量同时最小准则，通过选取不同的滞后阶数进行试验。最后确定最佳滞后阶数为 2 阶，结果如表 2 所示。

表 2　VAR 最优滞后阶数

Lag	LogL	LR	FPE	AIC	SC	HQ
0	210.4731	NA	8.29e-14	-18.77028	-18.57191	-18.72355
1	292.0461	126.0675	2.20e-16	-24.73147	-23.73961*	-24.49781
2	316.5095	28.91122*	1.21e-16*	-25.50086*	-23.71552	-25.08029*

注：* 表示根据本标准选择的滞后阶数。LR 表示似然比统计量、FPE 表示最终预测误差统计量、AIC 表示赤池信息准则统计量、SC 表示施瓦茨准则统计量、HQ 表示汉南—奎因信息量准则。

根据确定的最优滞后阶数，对变量进行 Johansen 协整检验，检验结果见表 3。

表 3 Johansen 协整关系检验

原假设	Eigen 统计量	Trace 统计量	5%临界值	P 值
None *	0. 888135	94. 77307	47. 85613	0. 0000
At most 1 *	0. 836636	48. 77335	29. 79707	0. 0001
At most 2	0. 372777	10. 72605	15. 49471	0. 2289

注：* 表示 5% 的显著性水平下拒绝原假设。

检验结果拒绝了不存在协整关系的原假设，经济增长、宏观税负水平、税负结构、非税负担之间存在协整关系，因此可以构造具有长期均衡协整关系的 VAR（2）模型，并且模型的全部特征根的倒数值都小于 1，说明 VAR 模型是稳定的。

据此所建立的 VAR（2）模型如下所示：

$$\begin{bmatrix} G \\ H \\ S \\ F \end{bmatrix} = \begin{bmatrix} 0.058 \\ 0.018 \\ -0.121 \\ -0.005 \end{bmatrix} + \begin{bmatrix} 0.698 & -0.626 & 0.095 & -0.638 \\ 0.118 & 0.890 & -0.010 & 0.244 \\ 1.866 & -1.380 & 0.622 & -1.473 \\ -0.072 & -0.113 & 0.009 & 0.372 \end{bmatrix} \times \begin{bmatrix} G(-1) \\ H(-1) \\ S(-1) \\ F(-1) \end{bmatrix} + \begin{bmatrix} -0.346 & 0.708 & 0.033 & -0.329 \\ -0.089 & 0.019 & -0.006 & -0.188 \\ -1.172 & 4.035 & -0.651 & 2.994 \\ 0.052 & 0.296 & -0.036 & 0.574 \end{bmatrix} \times \begin{bmatrix} G(-2) \\ H(-2) \\ S(-2) \\ F(-2) \end{bmatrix} \quad (2)$$

经检验该模型平稳，四个方程的调整的拟合优度分别为：

$$R_G^2 = 0.72,\ R_H^2 = 0.97,\ R_S^2 = 0.96,\ R_F^2 = 0.99 \quad (3)$$

由于 VAR 模型的参数估计量具有一致性，单个参数估计量的经济意义并不明确，需要借助脉冲响应函数来具体分析二者之间的影响关系。

3. 脉冲响应函数分析

通过脉冲响应函数，可以具体分析经济增长与宏观税负水平、税负结构、非税负担之间的动态关系，在此分别给经济增长、宏观税负水平、税负结构、非税负担这四个变量一个单位大小的冲击，得到经济增长的脉冲响应函数。其中，横轴表示一单位标准差各变量对经济增长冲击的滞后期数，本文设置为最大 10 期；纵轴表示经济增长水平的变动，实线代表响应函数曲线，虚线代表正负两倍标准差偏离带（见图 1）。

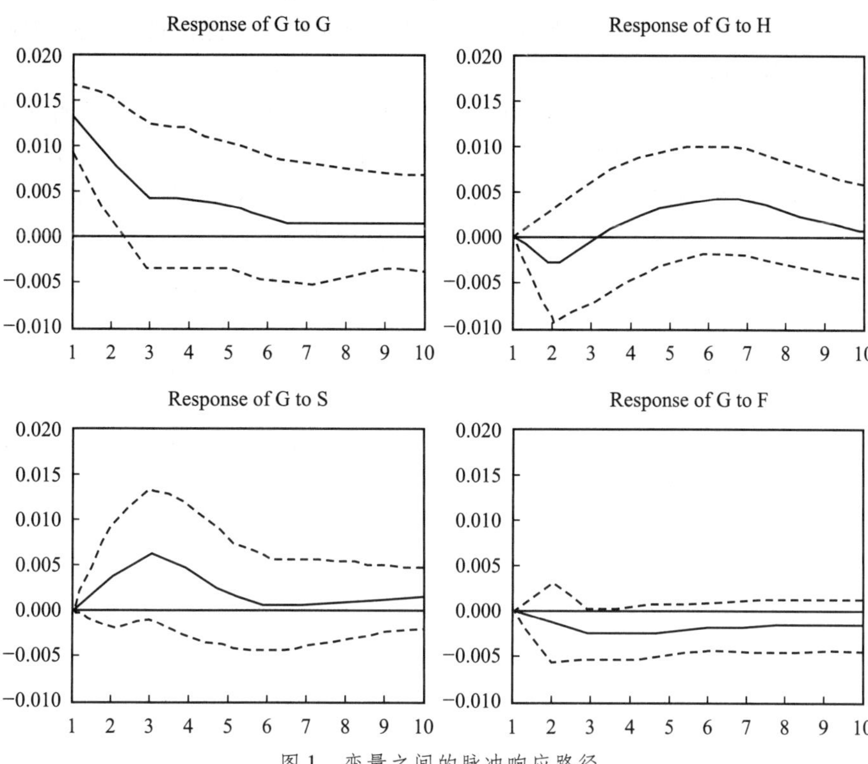

图 1　变量之间的脉冲响应路径

图 1 中的第一个图是经济增长对其本身的脉冲响应函数图。由此可以看出，经济增长水平的提高会在较长时间内对自身产生正的影响，但这种正的影响随着时间推移逐渐减弱。当在本期给经济增长一个正冲击后，经济增长水平在当期出现正向响应，但从第 1 期开始便逐渐下降，至第 7 期下降至最低，随后保持稳定。这表明经济增长水平的提高会在之后的 10 年内引起自身的同向变动，对自身具有较大影响。

图 1 中的第二个图是经济增长对宏观税负水平的脉冲响应函数图。由此可以看出，在本期给宏观税负水平一个正冲击后，经济增长水平在短期内呈下降趋势，在前 3 期内影响为负，从第 2 期开始，经济增长水平开始缓慢上升并在第 4 期至第 10 期对经济增长保持正向影响，随后逐渐收敛。并且，总体来看，经济增长对宏观税负水平的累计脉冲响应为正。这表明宏观税负水平的提高在短期内会对经济发展造成负向冲击，但随着时间推移，将在长期促进我国的经济增长，且在 10 年期内最终对经济影响产生正向影响。之所以出现这种情况，与我国现行税收政策的时滞性有关，也与凯恩斯理论的结论相符：在短期内，流转税、所得税等税种的征收会抑制企业的投资、制约企业的创新研发能力，税收乘数发挥效用，从而抑制了经济增长；但在长

期内，政府投资会逐渐发挥作用，公共支出乘数发挥效用，又会促进经济增长。且从长远来看，我国宏观税负水平位于拉弗曲线最优税负水平的左侧，尚不在税收禁区内。

图 1 中的第三个图是经济增长对税负结构的脉冲响应函数图。由此可以看出，在本期给税负结构一个正冲击，经济增长水平在当期呈上升趋势，并在第三期达到最高点，随后逐渐下降，在第 6～10 期略有回升，但在 10 期内始终保持高于零的正效应。因此，本期给税负结构的正冲击会给经济增长水平带来正面的影响，并且此影响具有较长的持续效应。这说明税负结构的提高有助于促进我国的长期经济增长。

图 1 中的第四个图是经济增长对非税负担的脉冲响应函数。由此可以看出，在本期给非税负担一个正冲击，经济增长水平在当期呈下降趋势，并在 10 期内始终对经济增长形成负向影响。这说明非税负担的增加不利于我国的经济增长，这与我国政府收入中高额的行政收费、社会保险费已给企业造成了沉重负担的实际情况相吻合。

4. 方差分解分析

脉冲响应函数描述的是 VAR 模型中的一个内生变量的冲击给其他内生变量所带来的影响。而方差分解是通过分析每一个结构冲击对内生变量变化的贡献度，进一步评价不同结构冲击的重要性。因此，方差分解给出对 VAR 模型中的变量产生影响的每个随机扰动的相对重要性的信息。方差分解分析结果如表 4 所示。

表 4　　变量 G 的方差分解分析结果

Period	S. E.	G	H	S	F
1	0. 012883	100. 0000	0. 000000	0. 000000	0. 000000
2	0. 016179	90. 84480	3. 510886	4. 954293	0. 690018
3	0. 018083	78. 49373	2. 880331	15. 76851	2. 857435
4	0. 019361	73. 24770	3. 676772	18. 92981	4. 145724
5	0. 020172	70. 53195	6. 268208	18. 25995	4. 939897
6	0. 020816	67. 17112	10. 18106	17. 24785	5. 399961
7	0. 021319	64. 42540	13. 26341	16. 56916	5. 742019
8	0. 021632	63. 05644	14. 51108	16. 33478	6. 097700
9	0. 021835	62. 46194	14. 68143	16. 36401	6. 492611
10	0. 021997	62. 01734	14. 53870	16. 53266	6. 911298

方差分解的结果显示，首先不考虑经济增长水平自身的贡献率，税负结构对经济增长水平的贡献率最大，从第 4 期起保持在 16% 之上；其次是宏观

税负水平，其对经济增长水平的贡献率总体呈上升趋势，从0逐渐稳定在14.5%左右；非税负担对经济增长水平的影响程度相对较低，在6.5%左右。

四、结论与建议

第一，建议在“十三五”期间继续加大减税降负力度，在明确政府责任的前提下，控制好政府对社会资源的合理利用，进一步划清政府与市场的界线，为企业投资与自身发展预留足够的空间，从供给侧促进经济增长。从我国现行税收政策的实施效果来看，在税收收入转化为财政支出进而使政府投资发挥作用、促进GDP增长的过程中存在一定时滞性，需要较长时间实现，而在短期内税负增加却会加重企业负担、抑制企业的创新和投资，对经济增长造成负向影响。因此，在宏观税负水平的选择上，我国政府要协调好长期与短期经济增长的关系，把握好当期与远期利益。从目前的税负水平来看，李炜光（2017）根据2016年民企税费负担的社会调查结果提出了“死亡税率”一说，认为当前我国企业的实际税负近40%，总税率高达67.8%，沉重的税收负担对于大部分企业来说意味着死亡，而国家税务总局随后发声，在承认企业负担偏重的前提下质疑“死亡税率”的可靠性，认为其太片面；与此同时，一些知名企业家如福耀集团董事长曹德旺、娃哈哈集团董事长宗庆后等也陆续指出“税负痛苦感”太高了。尽管对于我国的真实税负水平还存在争议，但我国企业和居民对税负水平的“痛苦感”却毋庸置疑。并且，我国经济正处于转型的关键时期，减少中小企业负担、释放企业活力也是供给侧改革“去产能、去库存、去杠杆、降成本、补短板”的五大重点任务能够顺利进行的重要手段。通过2016年的努力，我国降低企业税负5700多亿元，所有行业实现全面减负，减税降负工作已取得了初步成果。因此，建议在“十三五”期间继续加大减税降负力度，深化改革成果，扭转我国经济下行趋势。从长远来看，我国的税负水平尚位于拉弗曲线的左端，相比发达国家而言，我国的宏观税负也低于国际平均水平，因此，在推行结构性减税、促进经济增长、扩大税基之后，还应适当提高宏观税负水平以促进未来的经济增长，实现拉弗曲线“减税是为了增税”的目的。

第二，建议在“十三五”期间，借“营改增”减税之机，进一步降低间接税、提高直接税的比重，推进房地产税立法、扩大企业所得税税基、改善流转税比重过大的局面。VAR模型显示，税负结构对经济增长水平一直存在正向冲击，即税负结构的提升会促进经济增长。税负结构的计算公式为直接税与间接税的比值，因此提升税负结构有两种方式：一是增加直接税，即增收所得税、遗产税等；二是降低间接税，即减少营业税、增值税、消费税等。作为“供给侧”改革的重要组成部分，税负结构的调整至关重要，从方差分解结果来看，税负结构调整也对经济增长水平的变动具有较强的解释力。2012 年，我国“营业税改增值税”初步试点，2016 年，“营改增”在全国各地全面实施，“营改增”这一税制改革对减轻中小企业负担、降低间接税比重具有重要的意义。数据显示，2017 年全年我国营改增减税已达 5000 亿元人民币，2015 年营业税占比为 3.9%，而 2016 年已减少至增值税的 2.6%，这在显著降低税收负担的同时也降低了间接税的比重，改善了我国的税制结构。因此，建议在“十三五”期间，继续推进“营改增”进程以改善流转税比重过大的局面。同时，也要警惕部分行业“营改增”后税负不减反升的情况，从企业来看，要尽快规范自身制度建设、解决抵扣链条等缺陷，通过自身努力享受改革红利；另外，与“营改增”相适应的增值税税制建设也需要进一步更新完善，双管齐下，切实减轻企业负担，改善供给侧，促进经济增长。

第三，建议在“十三五”期间，进一步精简缴费种类，推进清费立税进程，剔除不合理的行政收费，将适合以税收形式征纳的费种改为税收，以税法为基准规范税制建设。VAR 模型显示，我国的非税负担始终对经济增长造成负向影响。近年来，非税负担持续上升，2010 年我国政府的非税收入为 9890 亿元，2015 年已上升至 27347 亿元，数额增长近三倍①；2016 年，我国的社会保险基金收入也已增至 5.28 万亿元。非税负担的大幅上涨使得企业深受名目繁多的各种行政费用所累，高昂的社会保险费也加重了企业的劳动力成本。以娃哈哈集团为例，经财政部核定，2015 年娃哈哈集团共缴纳 212 项费种，共计金额约 7400 万元，其中行政事业性收费超过 2000 万元②。虽然大部分费种目前是合法的，但其带来的高昂的制度性交易成本使得行政性收费成为应当清理的不合理收费之一。2016 年以来，上海、广东、天津等多地宣布降低社保缴费率，2017 年全国两会，李克强总理也多次表示中央政府要起带头作用，一律减少一般性支出 5% 以上，要加大清理名目繁多的行政事业性收费，推进“放管服”改革，降低制度性交易成本，减轻企业负担。减税降费是税制改革的核心内容，降低企业的制度性交易成本是实现供给侧改革的重要目标。因此，建议在“十三五”期间，政府加大清费力度，在剔除不合理收费的同时改费为税，规范税制建设。同时，通过费改税为地方财政提供稳定的收入来源。

第四，建议在“十三五”期间，在加大减税降负力度、改善税负结构、推进清费立税进程的同时，政府出台相关政策促进企业技术创新。财税体制改革必须与优化供给结构、鼓励科技创新、提升供给质量等政策相结合以促进经济增长。中国的供给侧改革是全面改革，财税体制改革作为减轻企业负

---

① 《2016 年中国财政年鉴》［M］. 中国财政经济出版社，2016：257.

② 资料来源：两部委回应“娃哈哈缴 500 多种费”实为 212 项，新华网，http：//www. xinhuanet. com/fortune/2017 -01/18/c_1120339747. htm.

担、释放企业活力的源头，为企业激发自身潜能、扩大中高端产品的供给创造了有利的制度环境，但供给侧的最终优化还取决于企业能否利用有利的财税制度切实提升产品质量、实现有效供给，这就需要政府出台配套政策促进企业的技术创新。从中长期发展来看，技术创新是经济增长的核心动力，也是推进供给侧改革的重要动力，要从根本上解决供需错配问题就需要我国企业积极进行科技创新、努力提高供给质量、补上中高端产品不足的短板。因此，建议在“十三五”期间，在积极税制改革的同时，政府出台相关政策，如对创新型企业给予税收减免奖励等以鼓励企业自主创新，切实推进《中国制造2025》，使得财税制度的改革能够真正发挥效用，改革红利能够最终落实到供给侧的改善上，从而有效促进我国经济的中长期可持续增长。

参考文献

[1] 龚刚．论新常态下的供给侧改革［J］．南开学报（哲学社会科学版），2016（2）：13－20.

[2] 冯志峰．供给侧结构性改革的理论逻辑与实践路径［J］．经济问题，2016（2）：12－17.

[3] 李涛，黄纯纯，周业安．税收、税收竞争与中国经济增长［J］．世界经济，2011（4）：22－41.

[4] 马拴友．宏观税负、投资与经济增长：中国最优税率的估计［J］．世界经济，2001（9）：41－46.

[5] 严成樑，龚六堂．我国税收的经济增长效应与社会福利损失分析［J］．经济科学，2010（2）：69－79.

[6] 郑振儒．宏观税负与经济增长［J］．财经问题研究，2006（4）：60－67.

[7] 李俊霖．宏观税负、财政支出与经济增长［J］．经济科学，2007（4）：5－14.

[8] 姚林香，汪柱旺．我国最优宏观税负水平实证研究——基于经济增长的视角［J］．当代财经，2016（3）：33－42.

[9] 杨中全，邹俊伟，陈洪宛．中国宏观税负、非税负担与经济增长［J］．中央财经大学学报，2010（3）：11－16.

[10] 郭婧．税制结构与经济增长——基于中国省级数据的实证研究［J］．中国软科学，2013（8）：80－91.

[11] 郭婧，岳希明．税制结构的增长效应实证研究进展［J］．经济学动态，2015（5）：120－130.

[12] 常世旺，韩仁月．经济增长视角下的税制结构优化［J］．税务研究，2015（1）：54－57.

[13] 刘海庆，高凌江．税制结构与经济增长——基于我国省级面板数据的实证研究［J］．税务与经济，2011（4）：83－90.

[14] 王乔，汪柱旺．政府非税收入对经济增长影响的实证分析［J］．当代财经，2009（12）：28－33.

[15] 童锦治，李星，王佳杰．非税收入、非税竞争与区域经济增长——基于2000~2010年省级空间面板数据的实证研究［J］．财贸研究，2013（6）：70-77.

[16] 李文溥，刘榆，王燕武，龚敏，李静，林致远．2013~2014年中国宏观经济再展望［J］．厦门大学学报（哲学社会科学版），2013（6）：96-105.

[17] 赵志耘，吕冰洋．财政赤字的排挤效应：实证分析［J］．财贸经济，2005（7）：8-14.

An Empirical Research on the Impacts of Macro-tax Level, Tax Structure and Non-tax Burden on Economic Growth

Wang Yifei Jin Yue

Abstract: As an important content in the reform of supply side, the way of implementing financial and tax system reform, establishing a sensible level of macro-tax burden and non-tax burden and building a healthy tax structure is essential in promoting our economic growth in the long term, especially when the economy shows a downside trend. This paper firstly analyzes the impacts of Macro-tax level, tax structure and non-tax burden on economic growth theoretically. Then, time series data from 1994 to 2015 is collected to carry out an empirical research by using stationarity test and co-integration test, establishing VAR model, conducting impulse response analysis and variance decomposition analysis. At last, this paper draws the conclusion according the data and proposes some suggestions which are beneficial in the financial and tax system reform and can promote the healthy development of our economy.

Keywords: The Reform of Supply Side, Financial and Tax System, Economic Growth, VAR Model

〔国民经济运行〕

中国制造业 GVC 地位与变化趋势研究*

陈　宏　朱慧婧**

摘　要：本文以库普曼等（Koopman et al.）提出的全球价值链（GVCs）地位指数和 GVCs 参与指数为基础，运用 OECD－WTO 颁布的最新 2016 版 TiVA 数据来测算中国制造业总体、细分行业在全球价值链中的国际分工地位及趋势变化，并选取 2011 年制造业出口总附加值排名前 10 位的国家进行横向国际比较。结果表明，改革开放以来中国制造业在全球价值链分工的地位以及参与程度都有显著提高，但仍处于全球价值链分工的中下游地位；从分部门看，技术水平的不同影响着制造业各部门在全球价值链的分工地位和参与程度，中国制造业参与全球价值链分工地位与技术水平普遍呈现“负相关”关系。处于全球价值链中低端环节以及获取附加值的能力较弱是中国制造业“大而不强”的主要原因。

关键词：全球价值链　中国制造业　GVC 地位指数　GVC 参与指数

一、引　言

经过改革开放 40 年的发展，中国利用自身劳动力资源形成的劳动力竞争优势，已经深度融入国际分工体系，迅速发展成为“世界工厂”。然而，随着国内劳动力成本的快速上升，这种以劳动力资源竞争优势参与全球价值链形成的低附加值加工贸易产业将逐渐失去竞争优势。放眼世界，发达国家的实体产业正在转型升级，进入高端行业，世界工厂正在向劳动密集型地区和国家转移，中国的制造业价值链也应该与世界同步，突破以前靠廉价劳动力所形成的价值链低端锁定的局面，逐渐向高端延伸。

---

* 上海市人民政府发展研究中心基地课题“中美贸易摩擦对全球价值链重构的影响评估与上海的对策研究”（2018－YJ－G03－B）

** 作者简介：陈宏（1962～　），男，河南武陟人，上海对外经贸大学教授；朱慧婧（1995～　），女，江苏靖江人，上海对外经贸大学，国民经济学研究生。

从人类历史进程来看，工业和制造业是大国崛起的基础，是经济发展的重要支撑力量。全球经济危机后，发达国家也开始关注实体经济的发展，如美国提出的“再工业化”和德国的“工业 4. 0”。2014 年亚太经合组织第二十二次领导人非正式会议上中国政府也提出了《中国制造 2025》，这对中国制造业企业来说既是机遇也是挑战。促进制造业的发展需要推动制造业由人工到机械再到智能的转变。为了进一步提高制造业的质量和效率，我们需要深入了解中国制造业在全球价值链分工中的位置。

二、测算方法与数据来源

（一）测算方法

2013 年以前学术界常用传统的衡量指标来测度各个行业在全球价值链中的地位，以及在国际上的竞争力。依次包括：显示性比较优势指数 RCA、显示性竞争优势指数 CA、贸易竞争力指数 TC、出口绩效相对指数 IREP、贸易专业化指数 TSC、产业内贸易指数 IIT、可比净出口指数 NTB、垂直专业化指数 VS。2013 年以库普曼和王直为代表的学者们意识到传统衡量标准的缺陷，即容易出现大量的重复计算，便结合 WTO 与 OECD 颁布的 TiVA 统计数据，提出新的测算方式即“GVC_Position”和“GVC_Participation”，本文就是采用库普曼这两个指标，运用 OECD – WTO 颁布的最新 2016 版 TiVA 数据来测算中国制造业在全球价值链中的地位。

GVC 地位指数是用一国某产业中间品出口额与本国相同产业的中间品进口额进行比较。其中中间品出口是指用于其他国家或地区生产和出口最终产品的中间品，中间品进口是指用于本国生产和出口最终产品的中间品。具体可用下式表示：

$$GVC\_Position = \ln(1 + IVir/Eir) - \ln(1 + FVir/Eir)$$

$$GVC\_Participation = IVir/Eir + FVir/Eir$$

该式中，GVC_Position 代表 r 国第 i 产业在 GVC 国际分工中的地位；GVC_Participation 代表 r 国第 i 产业的 GVC 参与指数；IVir 表示 r 国第 i 产业间接增加值出口，即 r 国作为进口国进口中间品进行加工并向第三国销售的价值增值部分；FVir 表示 r 国第 i 产业国外增加值出口，即出口中从国外进口中间品的价值；Eir 表示 r 国第 i 产业以“增加值”统计的总出口额。

库普曼等认为，如果一国某产业处于 GVC 的上游环节，主要包括研发、创意、品牌、设计、零部件生产供应等任务和活动，那么该国参与 GVC 生产的主要途径是向其他国家提供中间参与品，对于这样的国家，其间接增加值出口 IVir 占总出口 Eir 的比例会大于国外增加值出口 FVir 占总出口 Eir 的比例；与此相反，如果一国某产业处于 GVC 的下游环节，就会大量使用来自别国的中间品生产最终产品，那么其间接增加值出口 IVir 占总出口 Eir 的比例就会小于国外增加值出口 FVir 占总出口 Eir 的比例。因此，GVC_Position 的数值越大，表明一国某产业在 GVC 所处国际分工的地位就越高，GVC_Position 的数值越小，所处国际分工的地位就越低。

（二）数据来源

下文分析中的所有数据均来自 WTO 和 OECD 共同发布的最新版 TiVA 数据库中的附加值贸易数据。最新 2016 年版的 TiVA 数据库为 63 个经济体提供了指标，涵盖 OECD、EU28、G20、大多数东亚和东南亚经济体以及南美国家的选择。34 个独特的工业部门，包括 16 个制造业和 14 个服务部门，以及相关的聚集物（如总制造业和总服务）。相比于 2015 版，最新版的 TiVA 数据库介绍了两个新的国家，摩洛哥和秘鲁，并提供了从 1995 年到 2011 年所有年份的指标，行业名单保持不变。由于所有年份数据的提供，会使之前采用旧版 TiVA 数据库测算发现的结果有些细微的变化，下文会体现出来。

三、测算结果及分析

（一）中国制造业整体全球价值链参与程度和地位分析

随着中国融入全球价值链程度的不断加深，中国制造业凭借国内丰富的自然资源以及低成本劳动力优势，在总出口附加值、国内间接附加值方面取得迅速发展。具体如表 1 所示：

表 1　1995 ~ 2011 年中国制造业 GVC 地位指数和参与指数

年份	间接增加值出口（百万美元）	外国增加值出口（百万美元）	总出口（百万美元）	GVC 地位指数	GVC 参与指数
1995	27923.9	41581.8	93733.2	-0.106	0.742
1996	31636.5	48736.9	110622.6	-0.114	0.727
1997	39168.0	61519.6	139209.5	-0.118	0.723
1998	39312.3	63985.2	141399.6	-0.128	0.731
1999	39080.8	71900.1	150073.0	-0.160	0.740
2000	48059.6	92154.8	189263.8	-0.170	0.741
2001	51136.5	98503.6	202163.7	-0.171	0.740
2002	59590.2	123094.8	247931.9	-0.188	0.737
2003	79418.7	170659.5	333685.0	-0.200	0.749

续表

年份	间接增加值出口（百万美元）	外国增加值出口（百万美元）	总出口（百万美元）	GVC 地位指数	GVC 参与指数
2004	119998.6	226986.4	457691.0	-0.170	0.758
2005	170021.4	283049.1	590148.1	-0.139	0.768
2006	240674.8	351111.6	767020.2	-0.104	0.772
2007	333866.1	410082.8	952918.3	-0.058	0.781
2008	424969.6	448719.9	1133706.6	-0.015	0.771
2009	371896.3	373888.0	955951.7	-0.001	0.780
2010	463435.7	498705.5	1241982.0	-0.020	0.775
2011	559631.8	599654.9	1495440.4	-0.019	0.775

资料来源：笔者根据2016版TiVA数据库计算得到。

总出口附加值由1995年的93733.2百万美元，增加到2008年的1133706.6百万美元，2009年由于金融危机降低到955951.7百万美元，2010年恢复到金融危机前水平，达到1241982百万美元，2011年为1495440.4百万美元，为1995年的15.95倍，年均增长18.90%。

国内间接附加值由1995年的27923.9百万美元，增加到2011年的559631.8百万美元，增加了19.04倍，年均增长20.22%。国外附加值由41581.78百万美元增加到2011年的599654.91百万美元，增加13.42倍，年均增长17.62%，可以看出中国制造业出口中国内间接附加值增长速度最快。

同时根据TiVA数据库，运用库普曼总出口分解方法，测算中国制造业全球价值链地位指数与全球价值链参与指数，计算结果如表1所示。从制造业GVC地位指数来看，如图1所示中国制造业地位指数在所有的年份均为负值，最大值为2009年的-0.001，由此可知中国制造业GVC地位指数很小，仍处于全球价值链的下游环节；而从发展趋势来看，制造业GVC地位指数呈现出先下降后上升，再微降，最终趋于稳定的变化特征，其中，1995~2003年GVC地位指数呈现出下降趋势，可能是因为中国这一时段“出口导向性”策略的实施，形成了“两头在外，大进大出”的贸易结构，具体表现为从发达国家大量进口原材料、核心零部件等中间产品，使用本国廉价劳动力与资源进行加工与组装，最后再出口到国外，呈现出了制造业出口大国的假象。在此过程中，中国制造业没有形成完整的产业链，缺乏核心技术，从而被发达国家锁定在低端环节，虽然全球价值链参与程度在不断提升，但是GVC地位指数却逐年下降。虽然2003~2009年呈缓慢回升趋势，但GVC地位指数仍为负值，处于全球价值链下游的局面并未得到改变。这一阶段全球价值链地位指数的上升趋势主要是由于 2001 年 12 月 11 日中国加入 WTO，快速融入全球化带来国家相关产业转移政策的出台和实施，叠加我国"西部大开发"和"中部崛起"等战略的提出，激发了国内市场活力与经济增长潜能，使 GVC 地位指数从 2003 年后逐步提升。表现为东部地区利用自身积累的技术与资本优势优先发展高技术产业，将一些丧失比较优势的劳动力密集型产业转移到中西部地区，同时在经济发展战略的指引下，不断提高对核心零部件、生产性服务等中间产品的自给能力，出口间接附加值不断提高，GVC 地位指数逐渐增大，但由于自身创新与研发能力不足，在关键技术方面仍然受制于发达国家，在全球价值链中仍然处于低端环节。2009 ~ 2011 年中国制造业 GVC 地位指数呈微降趋势，主要是由于金融危机的影响以及美国"再工业化"引起的国际资本的回流，使中国全球价值链攀升遭到挑战，使得中国制造业 GVC 地位指数有所下降。

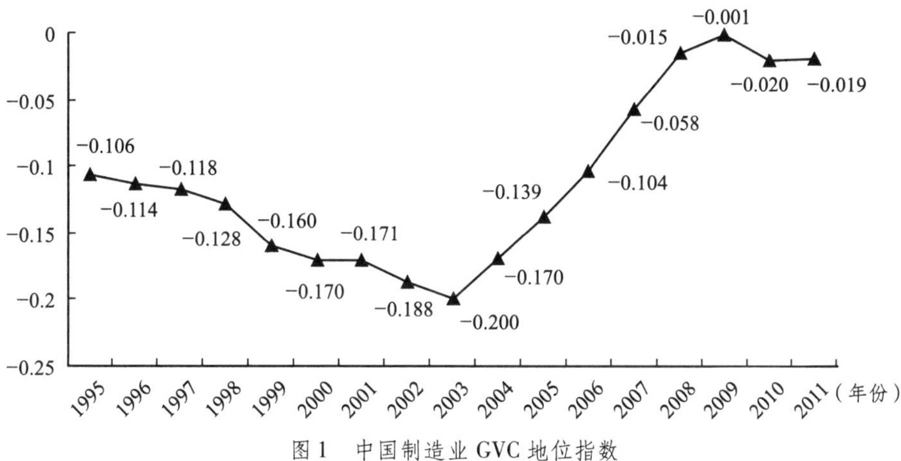

图 1　中国制造业 GVC 地位指数

从制造业整体 GVC 参与指数来看，如图 2 所示，制造业参与全球价值链程度呈现逐渐上升的趋势，并在 2007 年达到最高为 0.781，后由于金融危机波及，在 2008 年降至 0.771，2009 年恢复到危机前水平，随后稍有下降。中国制造业 GVC 参与程度较高主要是因为制造业抓住了发达国家产业结构调整及产业转移的机遇，充分利用发达国家技术溢出以及自身劳动力、自然资源、土地等低成本优势，从成品组装、贴牌生产等环节深度融入全球价值链，提高了中国制造业在全球的影响力。

（二）中国制造业分行业全球价值链参与程度和地位分析

由于制造业各部门技术差异明显，内部发展不同步、不均衡，因此，为了全面深入地了解中国制造业的发展现状，我们对制造业部门进行了分类并

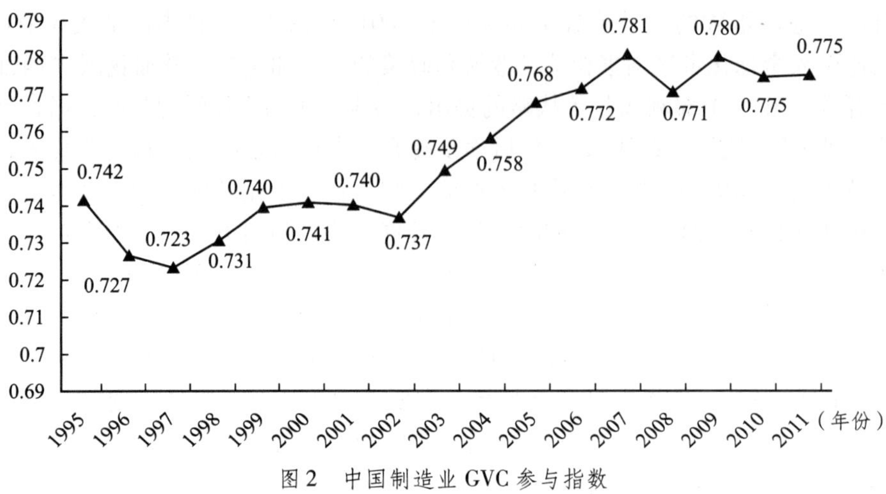

图 2 中国制造业 GVC 参与指数

资料来源：笔者根据 2016 版 TiVA 数据库计算得到。

比较。本文引用张平提出的分类方法，将制造业分为低技术制造业、中低技术制造业、中高技术制造业以及高技术制造业。由于张平没有单独分类其他制造业产品和回收制造业，本文根据国务院发展研究中心发布的调查研究报告《我国制造业创新能力提升的进展和前景》中对制造业按技术密集度分类结果，将其他制造品及回收制造业归于低技术制造业。中国制造业分部门 GVC 地位指数与参与指数的计算结果分别为表 2、表 3 和图 3、图 4 所示。

从表 2、图 3 可看出，中国制造业各部门 GVC 地位指数在 2002 年之前基本不变，而在 2003 年之后呈明显上升态势，2009 年之后略有下降。从图 3 可以明显看出，电气与光学设备部门的 GVC 地位指数显著的低于其他八个部门，其次为化学品与非金属矿产品部门，木材、纸、纸制品、印刷与出版部门，这三个部门除在 2008 年之后的个别年份外 GVC 地位指数都小于零。而从表 3、图 4 可看出，在更新了 1995 ~ 2011 年的数据后，测算结果与王涛等（2017）发现的规律“中国制造业各部门参与 GVC 程度，除其他制造品及回收制造业的发展形态不是很明确外，其他部门基本呈现先‘V 型’后‘倒 L 型’的变化特点”有所不同。由图 4 可以看出，各部门发展形态都不是很明确，但各部门的参与指数都大于 0.65。与 GVC 地位指数不同，电气与光学设备部门的 GVC 参与指数显著地高于其他八个部门，即电气与光学设备部门 GVC 地位指数最低而参与指数最高，处于一种“错配”状态。为进一步发现不同部门的特征，我们将中国制造业部门归类，归类后 GVC 地位指数和参与指数如图 5、图 6 所示。

表 2　中国制造业细分行业 GVC 地位指数

归类	部门代码	分部门	1995 年	1996 年	1997 年	1998 年	1999 年	2000 年	2001 年	2002 年	2003 年	2004 年	2005 年	2006 年	2007 年	2008 年	2009 年	2010 年	2011 年
低技术制造业	C15T16	食品、饮料及烟草	0.007	0.029	0.051	0.044	0.035	0.035	0.044	0.038	0.076	0.129	0.158	0.207	0.237	0.221	0.246	0.206	0.197
	C17T19	纺织品、皮革与鞋类	0.001	-0.014	-0.042	-0.042	-0.038	-0.028	-0.013	-0.018	0.020	0.054	0.073	0.120	0.167	0.180	0.204	0.165	0.169
	C20T22	木材、纸、纸制品、印刷与出版	-0.142	-0.137	-0.154	-0.173	-0.155	-0.158	-0.164	-0.148	-0.101	-0.047	-0.008	-0.105	-0.041	0.012	0.000	-0.013	-0.051
	C36T37	其他制造品及回收	0.184	0.191	0.187	0.185	0.155	0.127	0.154	0.157	0.153	0.153	0.148	0.190	0.212	0.217	0.260	0.232	0.221
		平均值	0.013	0.017	0.010	0.003	-0.001	-0.006	0.005	0.007	0.037	0.072	0.093	0.103	0.144	0.157	0.177	0.148	0.134
中低技术制造业	C23T26	化学品与非金属矿产品	-0.169	-0.163	-0.170	-0.170	-0.165	-0.171	-0.164	-0.157	-0.124	-0.111	-0.088	-0.056	-0.023	-0.013	0.031	0.002	-0.031
	C27T28	基础金属与金属制品	0.018	0.030	0.041	0.037	0.020	0.009	-0.001	-0.001	0.013	0.033	0.059	0.095	0.121	0.135	0.127	0.106	0.085
		平均值	-0.076	-0.066	-0.065	-0.066	-0.072	-0.081	-0.083	-0.079	-0.055	-0.039	-0.015	0.020	0.049	0.061	0.079	0.054	0.027
中高技术制造业	C29	机械及设备	-0.059	-0.059	-0.020	-0.045	-0.045	-0.050	-0.045	-0.041	-0.027	-0.024	0.019	0.042	0.079	0.102	0.122	0.102	0.091
	C34T35	运输设备	-0.122	-0.095	-0.078	-0.075	-0.092	-0.081	-0.108	-0.131	-0.095	-0.074	-0.030	-0.015	0.038	0.070	0.106	0.081	0.071
		平均值	-0.091	-0.077	-0.049	-0.060	-0.069	-0.065	-0.076	-0.086	-0.061	-0.049	-0.005	0.014	0.058	0.036	0.114	0.092	0.081
高技术制造业	C30T33	电气与光学设备	-0.430	-0.417	-0.406	-0.401	-0.468	-0.462	-0.456	-0.465	-0.494	-0.424	-0.372	-0.336	-0.285	-0.210	-0.195	-0.199	-0.192
		平均值	-0.430	-0.417	-0.406	-0.401	-0.468	-0.462	-0.456	-0.465	-0.494	-0.424	-0.372	-0.336	-0.285	-0.210	-0.195	-0.199	-0.192

资料来源：笔者根据 2016 年版 TiVA 数据库计算得到。

表 3 中国制造业细分行业 GVC 参与指数

归类	部门代码	分部门	1995 年	1996 年	1997 年	1998 年	1999 年	2000 年	2001 年	2002 年	2003 年	2004 年	2005 年	2006 年	2007 年	2008 年	2009 年	2010 年	2011 年
低技术制造业	C15T16	食品、饮料及烟草	0.663	0.699	0.734	0.720	0.703	0.681	0.675	0.670	0.681	0.695	0.712	0.733	0.750	0.755	0.768	0.774	0.779
	C17T19	纺织品、皮革与鞋类	0.779	0.725	0.685	0.696	0.702	0.702	0.708	0.711	0.707	0.711	0.718	0.737	0.759	0.753	0.761	0.755	0.762
	C20T22	木材、纸、纸制品、印刷与出版	0.727	0.709	0.705	0.726	0.734	0.745	0.711	0.683	0.696	0.713	0.735	0.762	0.767	0.762	0.764	0.760	0.770
	C36T37	其他制造品及回收	0.800	0.729	0.730	0.722	0.708	0.690	0.723	0.741	0.726	0.708	0.714	0.690	0.694	0.679	0.750	0.746	0.748
		平均值	0.742	0.715	0.713	0.716	0.712	0.705	0.704	0.701	0.703	0.707	0.720	0.730	0.742	0.737	0.761	0.759	0.765
中低技术制造业	C23T26	化学品与非金属矿产品	0.709	0.706	0.714	0.720	0.722	0.727	0.721	0.710	0.725	0.737	0.750	0.759	0.775	0.778	0.781	0.779	0.784
	C27T28	基础金属与金属制品	0.702	0.726	0.753	0.756	0.759	0.760	0.733	0.714	0.723	0.730	0.745	0.755	0.767	0.760	0.767	0.762	0.767
		平均值	0.705	0.716	0.733	0.738	0.741	0.743	0.727	0.712	0.724	0.734	0.748	0.757	0.771	0.769	0.774	0.771	0.776
中高技术制造业	C29	机械及设备	0.698	0.666	0.651	0.671	0.688	0.701	0.692	0.682	0.694	0.707	0.722	0.731	0.742	0.730	0.738	0.731	0.733
	C34T35	运输设备	0.716	0.707	0.714	0.716	0.718	0.716	0.702	0.689	0.705	0.718	0.733	0.749	0.767	0.735	0.722	0.689	0.694
		平均值	0.707	0.687	0.682	0.694	0.703	0.709	0.697	0.686	0.700	0.712	0.728	0.740	0.754	0.733	0.730	0.710	0.714
高技术制造业	C30T33	电气与光学设备	0.752	0.769	0.779	0.784	0.804	0.804	0.802	0.792	0.810	0.816	0.820	0.815	0.818	0.807	0.813	0.811	0.807
		平均值	0.752	0.769	0.779	0.784	0.804	0.804	0.802	0.792	0.810	0.816	0.820	0.815	0.818	0.807	0.813	0.811	0.807

资料来源：笔者根据 2016 年版 TiVA 数据库计算得到。

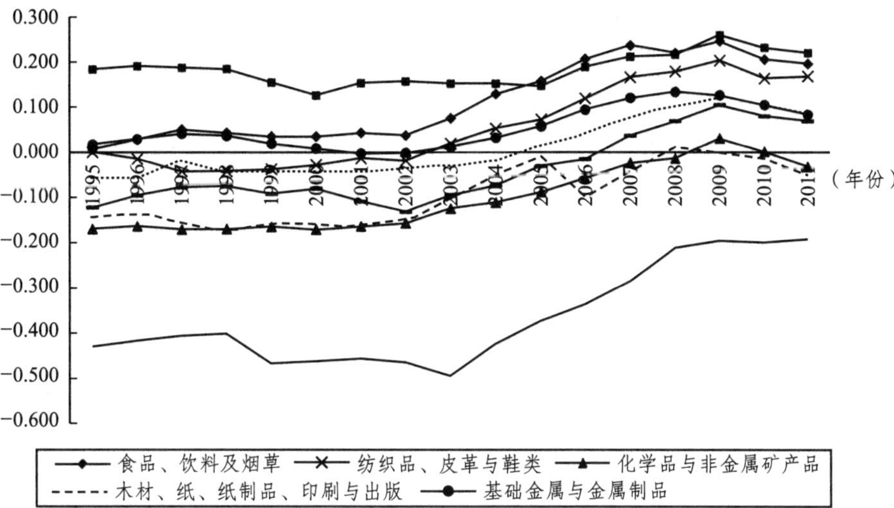

图 3　1995～2011 年中国制造业分部门 GVC 地位指数比较

资料来源：笔者根据 2016 年版 TiVA 数据库计算得到。

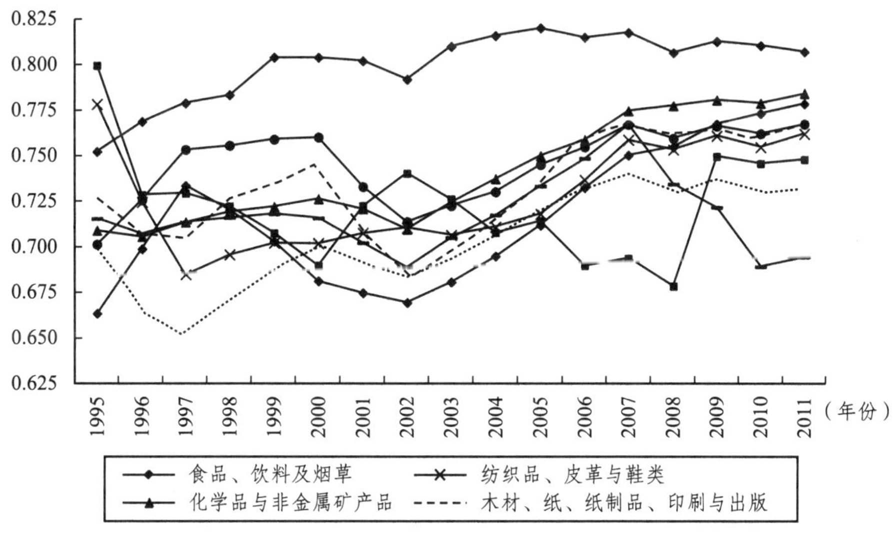

图 4　1995～2011 年中国制造业分部门 GVC 参与指数比较

资料来源：笔者根据 2016 年版 TiVA 数据库计算得到。

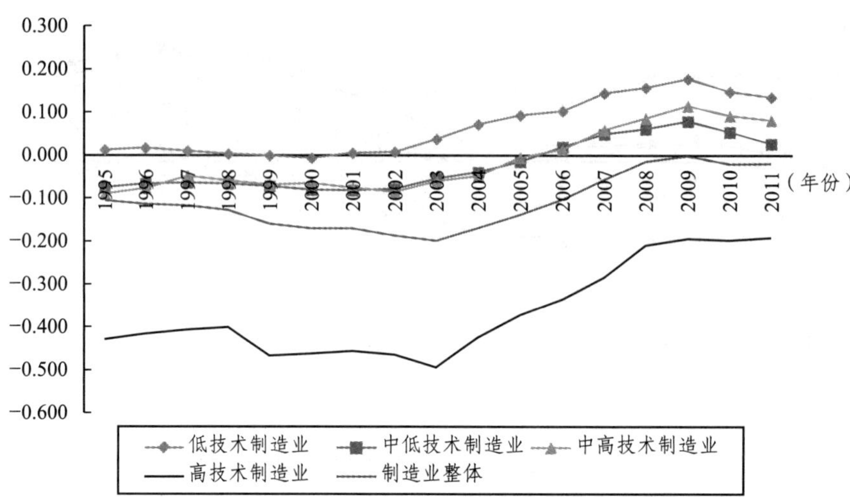

图 5 1995～2011 年中国制造业部门归类后 GVC 地位指数

资料来源：笔者根据 2016 年版 TiVA 数据库计算得到。

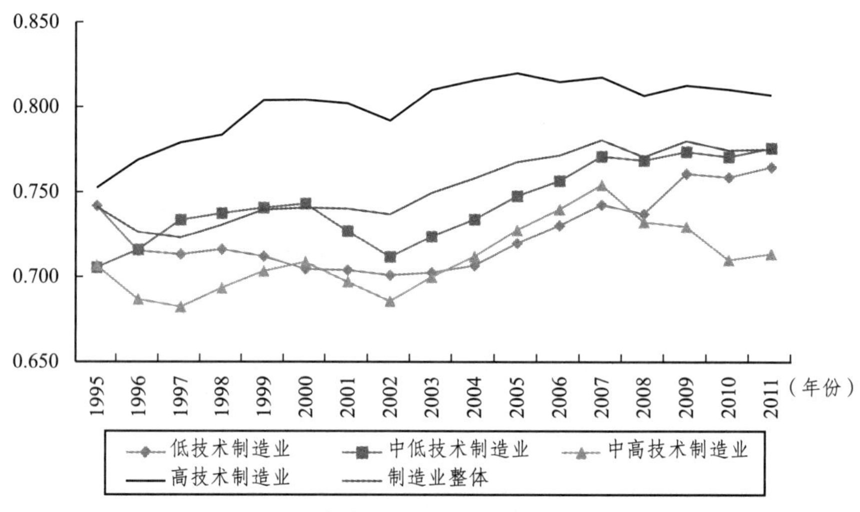

图 6 1995～2011 年中国制造业部门归类后 GVC 参与指数

资料来源：笔者根据 2016 年版 TiVA 数据库计算得到。

按前文对制造业部门的分类进行比较分析，从图 5、图 6 中我们可以观察到不同技术等级的部门有不同的特征：

（1）高技术制造业主要指电气和光学设备部门，GVC 地位指数一直为负值，且是制造业各部门中的最低值。该部门的生产主要依靠低利润率和低附加值的成品组装环节，出口额中国内附加值来源所占比例较小，主要依靠于国外增加值。但从时间维度上看，该部门的地位指数在 2003～2008 年间显著上升，从 2003 年的最低值 -0.494 上升到 2008 年的 -0.21，2008 年后基本保持不变，这说明中国高技术制造业的竞争地位明显提高。高技术制造业的参与指数是制造业各部门中的最高值且一直处于上升态势，2008 年虽然略有下降但仍高于 0.8，这表明中国高技术制造业迅速融入全球价值链的同时也对金融危机等重大外部冲击有着较强的抵御能力。

（2）中高技术制造业主要以机械设备和运输设备为代表，GVC 地位指数略高于制造业平均水平，2005 年前中高技术制造业的 GVC 状态指数为负值，2005 年之后逐渐上升并一直保持为正值，这表明我国的中高技术制造业已经具有一定的竞争优势。但是中高技术行业的参与程度始终低于制造业整体平均水平，在四组分类中的参与程度指数最低。且在 2008 年金融危机的影响下，中高技术制造业的参与程度一路下滑，这说明中高技术制造业抵御外部冲击的能力较弱。

（3）中低技术制造业 GVC 地位指数显示，化学品和非金属矿产品部门 GVC 地位指数小于零，处于价值链分工的下游，而基础金属与金属制品部门的地位指数大于零，处于价值链分工的上游，近年来，整体部门相对其他制造业部门地位有明显下降。中低技术部门的参与程度在 2002 年后出现较大幅度的提高，之后小幅稳步增长，自 2008 年之后开始接近于制造业平均水平，发展态势比较稳定。

（4）长期以来，低技术制造业的 GVC 地位指数一直远远高于其他三组分类，其中食品、饮料及烟草制造业和纺织品、皮革与鞋类制造业在九大部门的排名中始终处于前几位，这主要因为低技术制造业凭借其传统的低成本劳动力优势，使得出口额中国内附加值来源所占比例较大，从而保持了较强的贸易竞争优势。低技术制造业的参与指数与 1995 年的平均水平持平，此后一直低于平均水平且差距越来越大，2003 年之后出现较大程度的提高后实现稳步增长，在 2008 年有所下跌后又继续增长。

从以上分析可以看出，由于技术水平的不同，中国制造业在全球价值链分工中的地位和参与程度也不同。可以发现，中国制造业参与全球价值链分工的地位与技术水平普遍呈“负相关”关系，这种“不匹配”状态，即高技术制造业全球参与程度高，但在全球价值链的分工地位却非常低，而低技术制造业全球价值链参与程度低但分工地位却较高。此外，从时间维度的分析还可以发现，2008 年前后的金融危机对中国制造业形成了显著的外部冲击，高技术水平的行业在冲击中具有很强的抵御能力，而低技术的行业抵御能力较脆弱。

四、中国制造业全球价值链地位国际比较

为了进一步分析中国制造业全球价值链的国际分工地位，找出与其他国

家制造业出口的优势与差距，在制造业国际分工地位的比较中，选取2011年制造业出口总附加值排名前10位的国家进行比较分析，这10个国家既包含了发达国家，也包含了发展中国家，能够较为全面地反映中国制造业的国际分工地位特点。我们主要选取了2005～2011年的数据，首先测算主要10国制造业GVC参与指数。

（1）从横向来看，结果如表4所示，从表中可知：中国制造业GVC参与指数在所选取的主要10个国家中最高，所有年份均位列世界前列，韩国与法国制造业参与指数相对较高，而发达国家中的美国、德国、日本等制造业强国GVC参与指数却较小。在所选取得主要10国中，中国在所有年份中均位列第一，其次是法国，而美国与日本位于10国中的最后两位。这说明中国制造业在全球价值链的参与程度较高，而美国和日本等发达国家参与度却相对较低。

表4　主要10国制造业GVC参与指数

国家	2005年	2006年	2007年	2008年	2009年	2010年	2011年
中国	0.768	0.772	0.781	0.771	0.780	0.775	0.775
美国	0.573	0.573	0.583	0.603	0.551	0.567	0.583
德国	0.606	0.614	0.619	0.626	0.621	0.601	0.604
日本	0.571	0.588	0.598	0.616	0.583	0.569	0.599
韩国	0.671	0.679	0.683	0.717	0.699	0.704	0.717
意大利	0.680	0.688	0.692	0.700	0.667	0.682	0.694
法国	0.701	0.713	0.716	0.727	0.711	0.725	0.738
英国	0.621	0.631	0.636	0.639	0.635	0.640	0.652
加拿大	0.662	0.668	0.665	0.664	0.647	0.657	0.666
俄罗斯	0.625	0.635	0.644	0.650	0.675	0.684	0.673

（2）从纵向发展趋势来看，如图7所示，各国制造业GVC参与指数均在2005～2008年呈现缓慢上升趋势，2008年由于金融危机的影响，各国制造业GVC参与指数急剧下降，2009～2011年又呈现小幅上升趋势，但有些国家并没有能够恢复到危机前的水平，可见金融危机引起的各国国内需求下降，使制造业出口量降低，从而削弱了各国参与全球价值链的程度。但在这种情况下，中国制造业GVC参与指数仍然大于0.7，数据表明中国已经成为名副其实的制造业大国。

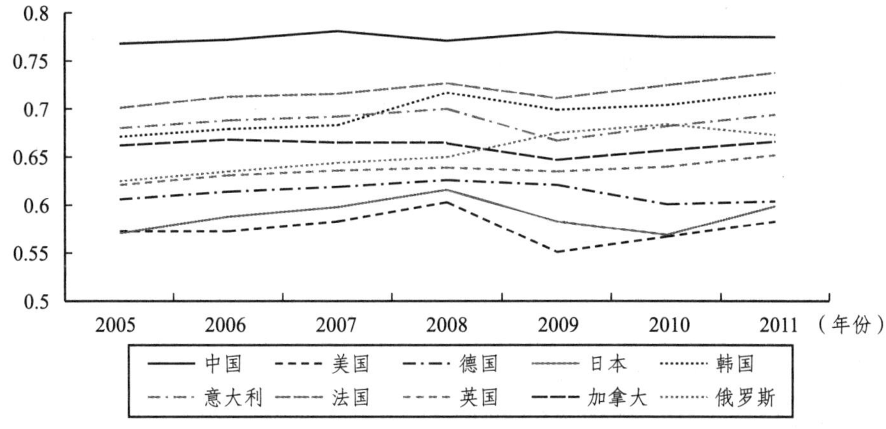

图 7　主要 10 国制造业 GVC 参与指数变化趋势

由于 GVC 参与指数只能反映某国参与全球价值链的程度，并不能反映某国真实的国际分工地位及贸易获利程度，特别对于像中国这样的以加工贸易为主的国家。因此我们进一步计算并探讨所选取的主要 10 国制造业 GVC 地位指数。

（1）从横向来看，具体如表 5 所示，中国 GVC 地位指数每年均为负值，在所选主要 10 国中居于后位。日本、俄罗斯、美国、德国、法国、英国等国所有年份制造业 GVC 地位指数均为正值，其中日本和俄罗斯的制造业因为拥有坚实的研发基础以及创新能力，GVC 地位指数在所选国家中最高。中国、韩国等国家虽然 GVC 参与指数较高，但是 GVC 地位指数却较低，位于全球价值链的中低端，而美国、日本、德国等国家虽然 GVC 参与指数较低，但 GVC 地位指数较高，位于全球价值链的中高端。由此可见，发达国家与发展中国家在国际分工地位中的区别主要在于发达国家制造业凭借先进的技术处于全球价值链高端，从而能够获取较高的国内附加值，而发展中国家凭借初级要素优势位于全球价值链中的中低端环节，仅获取有限的低附加值。

表 5　　主要 10 国制造业 GVC 地位指数

国家	2005 年	2006 年	2007 年	2008 年	2009 年	2010 年	2011 年
中国	-0.139	-0.104	-0.058	-0.015	-0.001	-0.020	-0.019
美国	0.156	0.139	0.143	0.125	0.165	0.140	0.118
德国	0.077	0.045	0.037	0.028	0.066	0.033	-0.008
日本	0.229	0.201	0.183	0.175	0.233	0.200	0.182
韩国	-0.068	-0.084	-0.101	-0.180	-0.120	-0.135	-0.164
意大利	0.102	0.066	0.057	0.053	0.111	0.057	0.040

续表

国家	2005 年	2006 年	2007 年	2008 年	2009 年	2010 年	2011 年
法国	0.064	0.045	0.040	0.055	0.095	0.068	0.052
英国	0.071	0.062	0.049	0.015	0.027	-0.015	-0.047
加拿大	-0.010	0.005	0.004	-0.032	-0.013	-0.035	-0.040
俄罗斯	0.193	0.189	0.202	0.192	0.229	0.228	0.205

（2）从纵向发展趋势来看，如图 8 所示，除中国、俄罗斯 2005～2008 年制造业 GVC 地位指数呈现缓慢上升趋势以外，其他 8 国 GVC 地位指数都处于下降状态，其中德国下降程度最大，达 0.112，其次为英国下降了 0.055，日本与美国变化不大，GVC 地位指数均为正值，且仍位于全球价值链的高端。

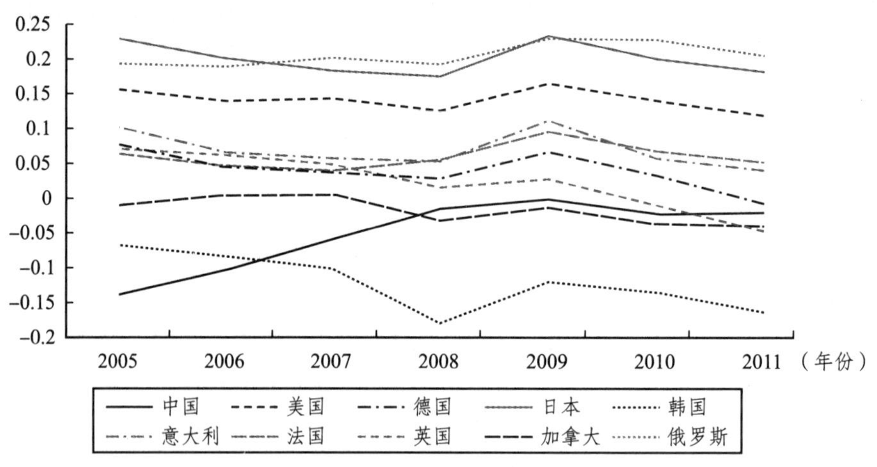

图 8 主要 10 国制造业 GVC 地位指数变化趋势

通过以上分析可知，中国、韩国等国家的制造业虽然参与全球价值链程度很高，但是 GVC 地位指数却为负值，处于全球价值链中下游环节，通过从其他国家进口中间品进行组装，只能获取少量附加值，而日本、美国、俄罗斯虽然融入全球价值链程度没有中国、韩国等国家深，但他们掌握着全球价值链的研发、设计以及营销等环节，国际分工地位较高。由此可见，处于全球价值链中低端环节以及获取附加值的能力较弱是中国制造业“大而不强”的主要原因。

五、结 论

本文通过利用最新版 TiVA 数据库，基于出口分解的附加值贸易理论运用 GVC 参与指数及 GVC 地位指数分别测算了中国制造业整体、中国制造业细分行业在全球价值链中的地位，以及对中国制造业全球价值链地位进行了国际间的比较，刻画中国出口的贸易结构特征，还原了中国真实出口贸易利得，基于以上分析本文主要的结论有：

（1）从总体看，改革开放以来中国制造业在全球价值链分工的地位以及参与程度都有显著提高，但仍处于全球价值链分工的中下游地位；从分部门看，技术水平的不同影响着制造业各部门在全球价值链的分工地位和参与程度，中国制造业参与全球价值链分工的地位与技术水平普遍呈“负相关”关系，这种“不匹配”状态，即高技术制造业全球参与程度高，但在全球价值链的分工地位却非常低，而低技术制造业全球价值链分工地位却较高，这种分工地位与价值链驱动力之间的“不匹配”关系是目前中国制造业参与全球价值链分工亟待解决的重大问题。

（2）中国制造业融入全球价值链程度较深，主要是因为中国制造业抓住了发达国家产业结构调整及产业转移的机遇转型升级的机遇。但从 GVC 地位指数来看，中国制造业所有年份 GVC 地位指数均为负值，在发展趋势呈现先下降后上升，再微降最后趋于稳定的演变特征，但相比 1995 年中国制造业 GVC 地位指数，2011 年中国 GVC 地位指数有大幅提升，表明中国制造业在融入全球价值链的同时，国际分工地位也逐渐攀升，但由于自身研发、创新以及人力资本的缺失，中国制造业仍处于全球价值链的中低端，而日本、美国、俄罗斯虽然融入全球价值链程度没有中国、韩国等国家深，但他们掌握着全球价值链的研发、设计以及营销等环节，国际分工地位较高，处于全球价值链中低端环节以及获取附加值的能力较弱是中国制造业“大而不强”的主要原因。

参考文献

[1] 李晓露. 中国制造业在全球价值链分工中的地位及影响因素研究 [D]. 首都经济贸易大学, 2017.

[2] 尹彦罡, 李晓华. 中国制造业全球价值链地位研究 [J]. 财经问题研究, 2015 (11): 18 - 26.

[3] 马野青, 张梦, 巫强. 什么决定了中国制造业在全球价值链中的地位? ——基于贸易增加值的视角 [J]. 南京社会科学, 2017 (3): 28 - 35.

[4] 王涛, 赵晶, 姜伟. 中国制造业在全球价值链分工中的地位研究 [J]. 科技管理研究, 2017, 37 (19): 129 - 138.

[5] 周升起, 兰珍先, 付华. 中国制造业在全球价值链国际分工地位再考察——基于 Koopman 等的“GVC 地位指数”[J]. 国际贸易问题, 2014 (2): 3 - 12.

[6] 李娜娜. 中国在全球价值链中的地位测度研究 [D]. 安徽大学, 2017.

[7] 岑丽君. 中国在全球生产网络中的分工与贸易地位——基于 TiVA 数据与 GVC 指数

的研究［J］. 国际贸易问题，2015（1）：3－13，131.
［8］张平. 全球价值链分工与中国制造业成长［M］. 北京：经济管理出版社，2014.

Research on the Status and Trend of GVC in China's Manufacturing Industry

Chen Hong　Zhu Huijing

Abstract: Based on the GVC_Position index and the GVC_Participation index proposed by Koopman. , this paper uses the latest 2016 version of TIVA data issued by the OECD – WTO to measure: The overall, and sub-sector division position and trends of China's manufacturing industry in the global value chain, and select the top 10 countries in the total export value of manufacturing exports in 2011 for horizontal international comparison. The results show that since the reform and opening up, China's manufacturing industry has significantly improved its position and participation in the global value chain, but it is still in the middle and lower reaches of the global value chain. From the perspective of sub-sectors, the differences in technology levels affect the position and participation of various sectors of the manufacturing industry in the global value chain, the position of China's manufacturing industry in the global value chain and its technical level are generally "negatively related" . The medium and low links in the global value chain and the less ability to obtain added value are the main reasons why China's manufacturing industry is "big but not strong" .

Keywords: Global Value Chain (GVC), China Manufacturing, GVC_Position Index, GVC_Participation Index

海南自贸港与粤港澳大湾区合作机制与路径*

裴广一**

摘　要： 琼粤港澳地缘相近、人缘相亲，经济互补性很强，区域内产业合作空间大。在海南建设自贸港、粤港澳大湾区和“一带一路”倡议的机遇背景下探索推进琼粤港澳全方位、深层次合作共赢，助推实现琼粤港澳跨越式发展，是中国打造开放型经济新标杆的现实重要路径。琼粤港澳应创新区域合作机制、建立合作机制平台，优化产业布局、实现产业对接；特别在高端制造业、旅游业、现代服务业、战略新兴产业、打造总部经济及整合琼粤港澳城市管理经验和比较优势，提升城市管理水平和幸福指数等方面具有广阔合作空间。

关键词： 开放型经济新体制　海南自贸港　粤港澳大湾区　琼粤港澳合作

中国经济发展和国家对外开放已经进入了新时代，对海南自贸港与粤港澳大湾区的地位和功能产生了新的需求，也为“琼粤港澳”发展带来新的机遇，新时代下“海南自贸港与粤港澳大湾区”进入全面推进互利合作新阶段。“琼粤港澳”深度合作是“一带一路”倡议和“走出去”战略的新平台，是全方位、宽领域和多层次对外开放格局的新要求，是国际化、法制化、便利化营商环境的新标准，是新时代创新经济驱动的新引擎。

一、琼粤港澳产业合作内在动力分析

区域间产业合作的内在动力主要来源于相互间能够取长补短、互利共赢。琼粤港澳都有各自的优势产业，也有各自的不足之处，相互间产业互补性强，合作潜力巨大，本文认为琼粤港澳在以下产业领域具有较强的合作动力。

---

* 基金项目：2018 海南省哲学社会科学重大课题“海南供给侧结构性改革与构建现代化经济体系研究”（HNSK（ZD）18－04）；2017 年海南省哲学社会科学重点研究基地课题“关于构建琼港澳合作机制与提升城市管理水平比较研究”（HNSK（JD）17－10）的系列成果之一。

** 作者简介：裴广一（1973～　），黑龙江哈尔滨人，海南师范大学经济与管理学院副教授，硕士生导师，特区经济与社会发展研究中心执行主任、管理科学研究中心执行主任，海南海上丝绸之路研究院、中国特色自由贸易港研究中心研究员，研究方向：管理哲学、政治哲学、经济社会发展战略。电子邮箱：1397654600@qq.com。

（一）琼粤港澳旅游业合作驱动力

海南自国际旅游岛建设以来，形成了包括滨海度假、文化旅游、生态旅游在内的多种旅游项目，成为大量境外游客的旅游目的地，具备一定的国际化水平。广东是传统旅游大省，也是中国游客输出大省。香港依托“购物天堂”的优势、利用内地与香港商业环境的差别吸引大量内地游客前往香港购物，文化旅游也吸引了大量国内外游客。而被誉为“东方拉斯维加斯”的澳门则凭借博彩旅游产业的高附加值，给澳门旅游业带来极大拉动，并发展成为澳门的支柱性产业。琼粤港澳旅游业都取得迅猛发展，但也都存在各自的缺陷。就海南旅游业而言，目前还是以传统旅游业为主，在打造高端、精品旅游项目方面还存在很大的发展空间，与夏威夷等国际旅游岛相比还有巨大差距。广东须由传统旅游大省向旅游强省转变。就香港旅游业而言，随着国内外环境的变化，“购物天堂”对内地游客的吸引力逐渐降低，旅游业亟待转型升级；而对于澳门而言，博彩旅游“一业独大”的产业格局正制约着澳门经济长期可持续发展。由此可见，琼粤港澳目前都面临着旅游业转型升级的问题，而相互间旅游资源能够有效弥补各自的不足。琼粤港澳在旅游产业中的合作重点是形成四个地区的协调发展和错位发展的总体格局，实现琼粤港澳四地特色旅游资源有效整合，形成一个具有竞争力、关联度高的旅游产业链和产业集群，共同打造国际旅游中心，共同将蛋糕做大，实现合作共赢目标。海南自由贸易港建设与粤港澳大湾区建设为琼粤港澳旅游业合作提供了良机，也为其开展实质性合作提供了平台。

（二）琼粤港澳现代服务业合作驱动力

海南服务业目前还集中在传统服务业，而现代服务业，尤其是生产性服务业还存在巨大的发展空间；广东近年现代服务业，尤其是生产性服务业发展迅猛；香港拥有发达的现代服务业，尤其在金融服务、贸易及物流、旅游和工商支援、专业服务业具有国际竞争力；澳门已经形成旅游服务、金融服务、会展服务、现代物流业、文化产业等组成的现代服务产业体系，现代服务业对于优化澳门产业结构正发挥着重要作用。对港澳而言，由于自身地域狭小，迫切需要寻找更广阔的服务市场，而对海南而言，现代服务业辐射东盟有着庞大的市场需求，但缺乏发展现代服务业在科技创新、人力资本等领域的条件。因此，粤港澳先进的现代服务业与海南庞大的现代服务市场具有天然融合的优势，在琼粤港澳合作机制的总体框架下推动医疗健康、金融、会展等现代服务业合作对推动琼粤港澳现代服务业发展具有重要的作用。尤其对香港而言，随着深圳金融业的发展亟须巩固自身亚洲金融中心的地位，而海南自由贸易港带来的国际化市场将对香港巩固亚洲金融中心地位具有重要作用。

（三）琼粤港澳高新技术产业合作驱动力

海南自确立生态立省理念以来，重点发展旅游业和服务业，工业化水平较低。然而，海南自由贸易港建设已将高新技术产业提升到与旅游业、现代服务业同等重要的战略地位。因此，海南正试图通过运用云计算、大数据、移动互联网、物联网、人工智能等新一代信息技术，以数据资源为全新生产要素，以构建新一代信息基础设施、建立统一开放的大数据体系、培育发展信息经济、建设新型智慧城市、打造国际离岸创新示范区为主要内容，营造高效透明的政务环境、公平竞争的营商环境、宜居宜业的生活环境和规范有序的法制环境，实现基础设施智能化、公共服务便捷化、城市管理精细化、生活环境宜居化和信息经济融合化，进而加速海南自由贸易港建成。广东特别是珠三角在高端制造、战略新兴产业具有核心优势。香港自 2010 年将创新科技作为优势产业重点发展以来也取得巨大的进步，在环保、生物科技、医疗等领域优势明显，发达的教育产业也不断为香港输出创新科技必要的人力资源，金融业则为创新科技企业发展提供资金保障。澳门目前也致力于智慧城市的建设，并成立多家高新技术实验室。然而，港澳地域狭小限制了制造业的发展，海南陆地资源及庞大的海域面积能够有效弥补这一不足。通过推动粤港澳大湾区的高新技术产业与海南辐射东盟、面向“一带一路”的高新技术产业庞大市场的深度融合，对于琼粤港澳高新技术产业发展具有重要的作用。

二、琼粤港澳产业合作的可行性及其现实意义

（一）海南自由贸易港与粤港澳大湾区建设带来的双重政策优势为琼港澳合作带来良机

由于琼港澳之间涉及不同的政治制度、法律体系、经济制度以及人文环境等，因此开展产业合作需要宽松的政策环境作为支撑。粤港澳大湾区作为服务和落实“一带一路”倡议的重要支撑平台，对于深化改革开放、创新区域发展模式、增强港澳经济增长动力及维护地区稳定等方面具有重要的战略意义。海南自由贸易港建设承担着扩大对外开放，探索新型经济特区并为我国经济制度改革提供范本等重要任务。作为中国最为开放的经济区域，粤港澳大湾区和海南自由贸易港都承担着推进制度创新，打造全新区域发展模式的重要使命，这就为琼粤港澳产业合作提供了前所未有的政策优势。海南自由贸易港可以同时充当粤港澳面向国外和内地的重要窗口，凭借海南各项优势政策向国外和内地输出各项优势产业，而海南则依托粤港澳金融、医疗、旅游、现代服务、高新技术等资源推动自身现代化经济体系建成。另外，对

于地缘相近的区域通过区域间合作，有助于实现资源在不同区域的有效配置，避免同质化竞争带来的损失。

（二）海南自由贸易港可在琼粤港澳合作中充分发挥其“一带一路”桥头堡的作用

落实和服务我国“一带一路”倡议是粤港澳大湾区建设的重要功能，也是中央赋予港澳特区的全新使命。香港具有国际金融、贸易、航运中心的地位，澳门则是中国与葡语系国家商贸合作的服务平台，港澳都是我国“一带一路”倡议的重要节点。而海南作为中国管辖海洋面积最大的海洋大省，地处南海前沿，是我国立足亚洲、面向世界的咽喉要塞。海南作为我国面向太平洋和印度洋的重要门户，在建设21世纪海上丝绸之路的进程中，在推进区域合作和我国对外开放方面具有不可替代的重要地位。海南与东南亚相连，处于“泛珠三角”“泛北部湾”及中国—东盟自由贸易区核心位置，推动琼粤港澳产业合作可充分发挥其“一带一路”桥头堡的重要作用。通过加强海、空港建设，将琼粤港澳与东盟各国相连接起来，将琼粤港澳打造成连接中国与“一带一路”沿线国家的“桥梁”，进而通过湾区经济和自由贸易港来推动中国与沿线国家政治、经济、人文之间的合作。在琼粤港澳合作机制的框架下，海南作为连接东南亚的“桥头堡”，不仅不会影响粤港澳与东南亚国家的经贸往来，还能促进粤港澳与东南亚、东盟等国的经贸合作，最终实现共赢的目标。相反，粤港澳大湾区若与海南“各自为政”，反而会造成恶性竞争，造成“双输”的局面。此外，“一带一路”倡议成功实施和湾区经济的发展需要稳定、安全的外部环境作为保障，近年来南海问题频发造成外部环境的动荡，海南在维护南海稳定、维护我国海洋权益等方面起着至关重要的作用。

（三）海南自由贸易港具备开展琼粤港澳合作的基础设施、生态资源以及开放的人文环境等基础条件

琼粤港澳产业合作需要良好的基础设施条件、生态资源以及开放人文环境作为保障，海南自国际旅游岛建设以来这些条件已基本形成。首先，海南具备发达的海运与交通体系，美兰、凤凰两大国际机场，加上已经通航的博鳌机场，海南东西南北重点港口建设以及环岛高铁、“田”字形高速公路使得海南成为辐射东南亚高效便捷的出海大通道。海南也已开通直飞港澳地区的航班，极大地方便了与港澳地区的经贸合作和人文交流。其次，海南作为毗邻粤港澳地区的一个岛屿，相互间存在可以共享的海域水体，依托共享的海域水体，琼粤港澳可依据自身优势与特点协调发展，形成不同功能的城市。琼粤港澳也可在共享海域水体中建设港口群，进而形成四通八达的交通网，国内外的产品则可通过这些港口运输到世界各地。再次，湾区城市大多

环境优美、宜居宜业，常常与旅游业发展联系在一起。尽管广东具有经济优势、澳门有其独特的博彩旅游项目、香港有迪士尼这样的国际化主题公园，但就生态环境而言，粤港澳特区与海南是无法比拟的。在琼粤港澳合作的框架下，海南提供优质的旅游业发展物质基础，粤港澳提供先进的发展经验和发展模式，通过互补共同打造精品旅游项目，吸引制造业和传统服务业中的过剩资金，实现资源的优化配置，这也是我国供给侧改革的重要目标。最后，在海南自贸港建设不断推进的过程中，海南逐渐形成开放、包容的人文环境，保障区域合作发展中能够容纳不同经济制度、意识形态及文化。

（四）琼粤港澳合作有利推动泛南海经济圈一体化的形成与发展

区域经济一体化，包括一国内部的区域经济一体化，也包括国家之间的国际经济一体化协作。其理论是在亚当·斯密的分工理论、绝对优势理论，李嘉图的相对优势理论基础上产生的，包括关税同盟理论、自由贸易区理论、共同市场理论、综合发展战略理论。鲍里斯强调，要把区域经济一体化当作一国的经济发展战略、把它看作集体自力更生的手段，要求政府主导，要进行一体化市场、一体化生产及基础设施建设等方面的合作。新时代，党的十九大提出我国国内面临的社会基本矛盾——人民日益增长的美好生活需要与不平衡不充分发展之间的矛盾。解决这个问题的根本出路，就是要统筹国内，促进国内区域经济一体化。与此同时，世界各国之间也面临着不平衡不充分发展等问题。要解决这个问题，中国的方案是，统筹国外，构建人类命运共同体，促进国际区域经济一体化。

区域经济一体化构成了新时代两个统筹战略的理论基础，也是泛南海经济圈建设的理论基础。新时代两个统筹战略是区域经济一体化理论的政策落实，构成了泛南海经济圈建设的政策指引。以海南为撬动点与卫星省区形成南海区域经济一体化合作圈——1 圈：南海经济圈。从中国南海经济区圈向南海沿海国家辐射，形成环南海区域经济一体化合作圈——2 圈：环南海经济圈；泛南海经济圈，以南海为纽带，以海南为核心撬动点，向内辐射南海的卫星省区粤、桂、港、澳、台，向外辐射南海的卫星国家及泛南海周边国家越、菲、新、马、印尼、文、柬、泰、老、缅东盟十国形成国际经济一体化合作圈——3 圈：泛南海经济圈。琼粤港澳合作有利于推动泛南海经济圈一体化的形成与发展：第一，推动南海丝路建设；第二，解决南海区域经济发展不平衡、不充分的问题；第三，有利于管控南海、管控周边，通过经济合作促进政治融合，为经济社会可持续发展营造好的经济环境；第四，从生态角度，有利于实现海洋生态文明。

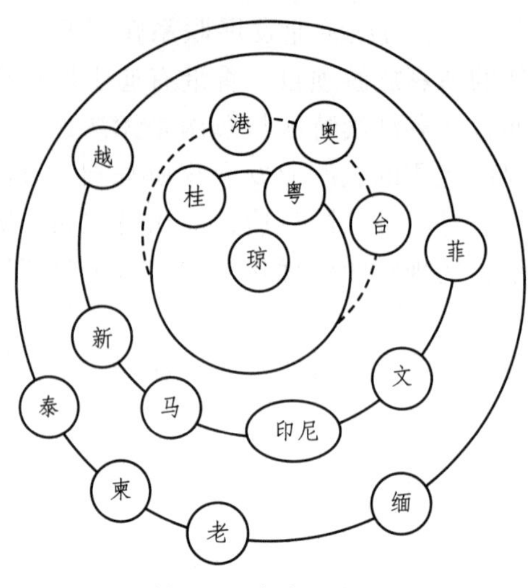

图 1　泛南海经济圈

（五）琼粤港澳合作有利推动“泛珠 + 东盟”实现新的世界级产业组团

泛珠“9 + 2”合作区域拥有全国约 1/5 的国土面积、1/3 的人口和 1/3 以上的经济总量，是我国经济最具活力和发展潜力的地区之一。东盟域内人口达 6. 2 亿人，超过欧盟的总人口。在中国加入之后，中国—东盟“10 + 1”自贸区已经成为继欧盟、北美自由贸易区之后的世界第三大自由贸易区。琼粤港澳合作有利于推动“泛珠 + 东盟”实现新的世界级产业组团，形成一个人口 10. 8 亿人、GDP 总量 5. 5 万亿美元，进出口总额 3. 8 万亿美元的巨型市场。这个区域市场总体发展水平处于人均 GDP 5000 美元至 8000 美元的加速工业化和消费快速增长阶段，是当前全球经济发展最活跃的区域之一，对全球经济增长的贡献超过 15% 。

因此，“海南自贸港”与“粤港澳大湾区”深入合作将呈现重大战略意义。第一，带动泛珠三角从“碎片化”到协同发展。区域经济一体化是世界潮流和大趋势，从“城市经济”向“区域经济”转变、从“单打独斗”向区域“协同作战”转变，是泛珠三角区域提升经济活力与区域综合竞争力的迫切需要。第二，成为中国第三个国家级经济增长极。海南自贸港与粤港澳大湾区将成为与京津冀一体化、长江经济带并行的第三个中国重要经济增长极。第三，经略南海，构筑“环南海经济圈”。琼粤港澳深度合作是服务国家南海战略，促进环南海经济圈发展的重要抓手。第四，打造“21 世纪海上丝绸之路”的龙头基地。琼粤港澳地处亚太主航道，对推动“21 世纪海上丝绸之路”构想落地有极高的战略价值。

三、深化琼粤港澳产业合作的具体路径建议

（一）创新区域合作机制，搭建琼粤港澳合作机制平台

虽然琼粤港澳在经济层面有着巨大的合作潜力，但经济制度、行政、法律体系以及人文环境方面的差异也给琼港澳合作带来一定的障碍。琼粤港澳在某些领域还存在同质化竞争和资源错配的现象，因此构建琼粤港澳合作机制以协调各方利益对保障琼港澳产业合作顺利开展非常重要。合作机制必须遵循以下原则：第一，市场主导，政府引导原则；第二，互学互鉴、取长补短原则；第三，相互信任原则；第四，智库探索与政府决策相结合原则。基于上述原则，琼港澳合作机制平台构建的具体路径如下：第一，设立琼粤港澳发展规划委员会；第二，制定琼港澳区域合作规范；第三，充分发挥民间智库在构建琼港澳合作机制的积极性和主动性；第四，设立琼港澳合作发展基金。

总之，“琼粤港澳”树立协同发展的思想，整合各地比较优势资源，协同错位发展，共同构建海南自贸港与粤港澳大湾区“一港、一湾、两特区”产业辐射发展格局。“琼粤港澳”合作各自的功能定位如表1所示。

表1　“琼粤港澳”合作各自的功能定位

城市/地区	功能定位
海南自由贸易港	全面深化改革开放试验区、国家生态文明试验区，国家重大战略服务保障区，国际旅游消费中心；巩固提升和构建发展旅游业、现代服务业、高新技术产业三大主导产业
珠三角	全国改革开放先行区、经济发展重要引擎的作用，构建科技、产业创新中心和先进制造业、现代服务业基地
香港特别行政区	巩固和提升香港国际金融、航运、贸易三大中心地位，强化全球离岸人民币业务枢纽地位和国际资产管理中心功能，推动专业服务和创新及科技事业发展，建设亚太区国际法律及解决争议服务中心
澳门特别行政区	推进澳门建设世界旅游休闲中心，打造中国与葡语国家商贸合作服务平台，建设以中华文化为主流、多元文化共存的交流合作基地，促进澳门经济适度多元可持续发展

（二）优化产业布局，实现产业对接

1. 旅游业对接领域

基于琼粤港澳各自在旅游业的优势与不足，可在以下领域实现产业对

接：第一，琼粤港澳共同打造特色文化旅游地产；第二，琼粤港澳共同打造“一程多站”的世界邮轮、游艇旅游航线和精品旅游线路；第三，琼港合力开发赛马运动，打造高端赛马项目，两地围绕赛马业开展合作，并为时机成熟时海南与澳门探索博彩旅游的合作积累经验。

2. 现代服务业对接领域

港澳都拥有发达的现代服务业并亟须扩大服务市场，海南则拥有巨大的市场潜力却亟须提升现代服务水平，琼港澳可就以下现代服务业领域开展合作：第一，琼港澳共建世界级医疗健康养生岛；第二，琼澳共建会展经济圈，创建世界级会展品牌；第三，琼港澳推进金融业、离岸贸易、离岸金融业务合作；第四，琼港澳推动教育产业合作，共同为海南自由贸易港和粤港澳大湾区建设提供所需人力资本；第五，借力“一带一路”，琼港加强服务贸易合作。

3. 高新技术产业对接领域

琼粤港澳都在向智慧城市转型，粤港澳大湾区具备较强的创新科技能力，而海南自由贸易港建设着重强调高新技术产业的发展，琼粤港澳可在以下高新技术产业展开深入合作。

第一，新能源汽车产业对接领域。新能源汽车产业（包括锂电池车、氢燃料电池汽车等）具有几十万亿元的潜在市场价值。2018 年 4 月 9 日，博鳌亚洲论坛 2018 年年会“21 世纪海上丝绸之路岛屿经济”分论坛上，海南省省长沈晓明表示，海南计划在 2030 年前实现全岛使用新能源汽车，为海南新能源汽车产业发展带来诸多政策优势。作为中国最大的经济特区，海南是全国唯一高速公路不收费的省份，海南可充当全国新能源汽车的实验田，积累和创新出可向全国推广的先进模式。近年来，深圳的新能源汽车科技研发，佛山、东莞为代表的珠三角等地新能源汽车产业配套已形成全国领先地位；香港通过多项政策措施和经济诱因鼓励电动汽车、新能源科技等产业发展，并取得巨大成效。因此，海南与粤港在新能源汽车产业方面存在巨大的合作空间与市场基础，海南应加强与粤港高校、研发机构、新能源汽车企业和金融合作，共同推进新能源汽车产业跨越式发展。

第二，信息产业集群对接领域。发展信息产业集群，主要有软件：人工智能、互联网、物联网；硬件：集成电路、半导体芯片等。芯片集成电路，人工智能、物联网产业是海南高度重视的战略新兴产业选择，适合海南打造产业集群、发挥地理优势和临港物流。芯片集成电路是中国的短板，发展潜力巨大。人工智能核心产业规模超过 1 万亿元，带动相关产业规模超过 10 万亿元。党的十九大报告中也特别指出人工智能将和实体经济深度融合。人工智能作为全新的技术领域，无论是国家还是企业都在奋力争夺掌控这一领域。物联网被认为是提升国家竞争力的重要手段，我国物联网产业还处于起步阶段，但潜在的发展空间巨大。广东深圳凭借其稳固的科技基础以及雄厚的科研实力，近年来在集成电路、人工智能、物联网等领域取得显著成效。通过综合琼粤港澳高校和研究机构的优势，对芯片集成电路、人工智能、物联网核心技术进行合作开发，共同攻坚各项技术难题。海南优良的生态环境非常适合信息产业研发总部和作为产业实验地，在海南建立应用示范项目，通过合作来创新出合理的商业模式，并在实践中不断完善市场机制。

第三，海洋产业对接领域。党的十九大报告指出要坚持陆海统筹，加快建设海洋强国。为深度融入海洋强国、"一带一路"倡议、军民融合发展等重大战略，2018年4月14日，《中共中央　国务院关于支持海南全面深化改革开放的指导意见》发布，明确指出要高起点发展海洋经济。海南作为我国管辖海域面积最大的省，必须加速推动海洋大省向海洋强省转变，释放出海洋经济的巨大潜力。广东海洋经济规模全国第一，具有领先优势和溢出效应。香港海洋经济虽然还集中在传统海洋产业，但是与海洋经济相关的服务业非常发达，金融、法律、物流信息、船舶注册、培训等产业都非常成熟，为海洋经济的发展提供了重要的支撑。琼粤港三地可借助粤港澳大湾区和海南自由贸易港带来的政策优势，深入开展海洋产业合作，完成提升海洋产业国际竞争力这一重要历史使命。

第四，生命生物工程（含生物科技医疗、现代高效农业）对接领域。随着我国逐渐进入老龄化社会，海南作为"长寿岛""养生岛"在生命生物工程、医药健康等领域具有非常大的市场空间。目前，海南将医疗健康产业作为重点产业之一。2016年，海南省人民政府办公厅印发的《海南省医疗健康产业发展"十三五"规划》更是明确提出，到2020年海南医疗健康产业增加值占全省GDP比重达到15%。虽然海南拥有发展医疗健康产业优越的政策条件，但在医药研发等生物技术方面还存在不足。在医疗水平方面，中国香港仅次于美国，在个别领域更在欧美之上，如治愈胃癌和肺癌的水平居于世界第一。由此可见，香港无论在医生技术、医疗设备和药物适用方面都处在世界前列。其次，香港是对农产品高度依赖进口的地区，对于农产品有着非常大的市场需求。与此同时，香港作为国内企业面向世界的重要窗口，为海南现代高效农业向国际推广提供了重要平台，而发达的金融业也能为海南现代农业发展提供资金支持。在粤港澳大湾区建设的背景下，琼港在生命生物工程领域互补性强，合作潜力巨大。

4. 发挥琼港两地政策优势，打造总部经济全新模式

香港凭借亚洲金融中心的地位，在全球经济中具有举足轻重的特殊地位，许多跨国大企业将中国香港作为亚洲地区总部甚至是全球总部所在地。香港凭借其良好的区位优势和交通运输网络、优秀的人力资本、便捷的信息集散与沟通渠道、完善的现代服务体系以及良好的社会法制环境等条件，大力发展总部经济并已取得巨大成效。2010年，跨国公司在香港设立的地区总部数目达到1285家，地区办事处达2353家，当地办事处达到2923家，地区总部和地区办事处数目总计 3638 家，涉及包括进出口贸易、批发零售、金融、运输等多种业务。高纬环球 2016 年发布的数据显示香港共有 1389 家区域总部，在吸引跨国企业设立区域总部的亚太地区中仅次于新加坡。总部经济的发展能够为地区发展带来多重经济效应，如税收效应、产业乘数效应、消费效应、就业效应等等，极大推动了香港经济发展。

2018 年 5 月 19 日，海南省人民政府发布的《海南省人民政府办公厅关于促进总部经济发展的工作意见》明确提出，吸引总部企业集聚，促进总部经济发展。海南发展总部经济有其独特的优势，尤其是经济特区、生态环境、国际旅游岛以及自由贸易港建设带来的其他省份无法比拟的政策优势，还有作为“一带一路”桥头堡的区位优势以及十二大产业作为坚实基础。2018 年 6 月 3 日海南省宣布在海口市东海岸区域设立江东新区，试图将其建设中国（海南）自贸试验区的集中展示区，可以作为海南发展总部经济的理想区域。然而，海南虽然有发展总部经济的基础条件，但尚处起步阶段亟须向其他地区寻求合作以推动总部经济发展。在这种背景下，琼港两地可在总部经济领域展开合作，跨国公司可在香港设立总部，并在海南设立区域性总部，凭借海南与东南亚、东盟国家相近的区位优势将业务从海南向这些国家辐射推广，最终形成琼港两地在总部经济领域的互补模式，实现双赢目标。

四、借鉴港澳城市管理经验，提升海南城市管理水平

港澳地区有着极高的城市经营和管理水平。香港是世界上人口最密集的城市之一，虽然高楼林立、车水马龙，但是市容整洁、交通便利，而这要归功于香港在城市发展中积累起来的丰富经验。香港具备了完善的城市管理法律体系，坚持以人为本，并且鼓励全民参与城市建设。近几年，澳门一方面加大对交通的规划和基础设施的投入，大力发展公交，建设公共停车场；另一方面，加大交通知识、交通安全的宣传力度和执法力度，提高市民的交通安全意识。澳门交通政策的成功，除了缜密的规划和坚实的执行力之外，最重要的是不断改进机制，进行机制体制创新。

相比之下，海南在城市管理方面与港澳地区还存在着较大的差距，存在城市规划不合理、土地规划不合理、浪费自然景观资源等不足。2016 年 12 月，中共海南省委和海南省人民政府发布的《关于加强城镇规划建设管理工作的实施意见》提出，到 2020 年，全省城镇化质量、水平、效率全面提升，达到 60% 左右的常住人口城镇化率，以及 47% 户籍人口城镇化率。区域合作不仅限于经济领域，而且还应拓展到政治、社会、文化等多个方面，而城市管理就是其中重要的一部分。借鉴港澳先进的城市管理经验，在城市管理法律制定、城市设计、城市基础设施建设、城市排水设施等方面向港澳“取经”，将对海南特区经济社会发展和城市管理水平产生强大的拉动和协

同效应。

五、总　结

区域合作可以在不同的国家之间进行，也可以在国内的各个经济区之间进行。粤港澳大湾区建设将极大推动区域间经济、政治、社会、文化等领域的合作，成为中国湾区经济的开拓者。以制度创新为使命的海南自由贸易港对接粤港澳大湾区建设有其天然的政策、区位优势，具有很强的互补性和现实意义。

基于改革开放的国内经验成就、国际视野参照，中国改革开放40年再出发应致力于构建开放型经济新体制。而以中国海南建设自贸港、打造粤港澳大湾区和“一带一路”的发展机遇背景下探索推进琼粤港澳全方位、深层次合作共赢，助推实现琼粤港澳跨越式发展，是中国打造开放型经济新标杆的现实重要路径。粤港澳大湾区建设和海南自由贸易港建设为中国改革开放超常规发展提供了契机，琼粤港澳应主动把握这两大重大国家战略机遇，通过琼粤港澳全方位、多层次的互利共赢合作，全面完成深化改革开放的历史使命，提升中国政治、经济、社会、文化、教育、城市治理的能级和核心竞争力，推动中国构建现代化经济体系、实现高质量发展。

参考文献

[1] 习近平：在庆祝海南建省办经济特区30周年大会上的讲话．人民网．http：//politics. people. com. cn/n1/2018/0413/c1024 - 29925651. html，2018 - 04 - 13.

[2] 中共中央　国务院关于支持海南全面深化改革开放的指导意见．新华网，http：//www. xinhuanet. com/2018 - 04/14/c_1122682589. htm，2018 - 04 - 14.

[3] 张日新，谷卓桐．粤港澳大湾区的来龙去脉与下一步［J］．改革，2017（5）：64 - 73.

[4] 谭刚．粤港澳大湾区：打造世界湾区经济新高地［N］．深圳特区报，2017 - 3 - 14（B09）.

[5] 黄丽华．关于把海南作为新“海上丝绸之路”桥头堡的思考［A］．海南省社会科学界联合会、广东省社会科学界联合会．海上丝绸之路建设与琼粤两省合作发展——第三届中国（海南·广东）改革创新论坛论文集［C］．海南省社会科学界联合会、广东省社会科学界联合会、海南社会科学界联合会，2014（6）.

[6] 李猛．建设中国自由贸易港的思路——以发展离岸贸易、离岸金融业务为主要方向［J］．国际贸易，2018（4）：20 - 26.

[7] 李思奇，武赟杰．国际自由贸易港建设经验及对我国的启示［J］．国际贸易，2018（4）：27 - 33.

[8] 陈恩，黄桂良．澳门产业结构与产业适度多元化路径探讨［J］．产经评论，2012，3（1）：95 - 103.

[9] 萧志伟，戴华浩，吕开颜．澳门经济适度多元化发展问题的思考［J］．港澳研究，2016（4）：52－59，93.

[10] 冯邦彦．香港产业结构第三次转型：构建“1＋3”产业体系［J］．港澳研究，2015（4）：38－46，95.

[11] 林香红，高健，张玉洁．香港海洋经济发展的经验及启示［J］．海洋信息，2014（4）：44－50.

[12] 王兴斌．香港旅游业亟待战略转型．中国经济网．http：//www. ce. cn/culture/gd/201604/27/t20160427_10967541. shtml. 2016－04－27.

[13] 王方．我国高新技术产业政策发展历程及趋势初探——基于1949年以来的高新技术产业政策研究［J］．开发研究，2016（1）：129－136.

[14] 罗文生．海南发展电子信息产业的思考——台湾IC产业发展的启示［J］．新东方，2014（3）：42－46.

[15] 赵光辉．高新技术产业的人才供给侧改革研究［J］．中国职业技术教育，2017（11）：23－27.

[16] 李大元．低碳经济背景下我国新能源汽车产业发展的对策研究［J］．经济纵横，2011（2）：72－75.

[17] 李丫丫，赵玉林．战略性新兴产业融合发展机理——基于全球生物芯片产业的分析［J］．宏观经济研究，2015（11）：30－38，46.

[18] 李福柱，孙明艳．海洋经济对沿海地区经济发展的带动效应评价研究［J］．华东经济管理，2012，26（11）：32－35.

[19] 周云，李伟国，李强．技术预见在高职人才培养中的应用［J］．高等工程教育研究，2010（5）：156－160.

[20] 肖泽磊，项喜章，刘虹．高新技术产业创新群构成要素及优势分析——以“武汉·中国光谷”为例［J］．中国软科学，2010（7）：103－111.

[21] 黄咏诗，薛俊升．香港服务贸易将大放异彩［J］．沪港经济，2016（2）：48－51.

[23] 国务院关于同意深化服务贸易创新发展试点的批复．中国政府网．http：//www. gov. cn/zhengce/content/2018－06/08/content_5297239. htm. 2018－06－08.

[23]《百万人才进海南行动计划（2018～2025年）》．海南省人民政府网．http：//www. hainan. gov. cn/hn/zt/szrdl/swqjscqh/swscrc/201805/t20180514_2626292. html. 2018－05－14.

[24] 海南省人民政府办公厅关于促进总部经济发展的工作意见．海南省人民政府网．http：//www. hainan. gov. cn/hn/zwgk/zfwj/bgtwj/201805/t20180521_2637992. html. 2018－05－19.

[25] 彭芳．香港总部经济发展策略研究［J］．中国商贸，2012（17）：228－229，234.

[26] 彭羽，沈玉良．上海、香港、新加坡吸引跨国公司地区总部的综合环境比较——兼论上海营造总部经济环境的对策［J］．国际商务研究，2012，33（4）：5－12.

[27] 聚焦澳门中医药产业发展：深入开展创新性研究．新华网．http：//www. xinhuanet. com/gangao/2017－10/25/c_129726657. htm. 2017－10－25.

[28] 香港优势产业．人民网．http：//hm. people. com. cn/n/2014/0728/c86508－25357233. html. 2014－07－28.

[29] 刘春燕．香港城市管理的经验、启示及借鉴［J］．中共桂林市委党校学报，2013，13（3）：44－48.

Research on the Cooperation Mechanism and Path of Hainan Free Trade Port and Guang Dong, Hong Kong and Macao Dawan District

Pei Guangyi

Abstract: Hainan, Guangdong, Hong Kong and Macao are geographically close and close to each other, and the economic complementarity is very strong. There is a large space for industrial cooperation in the region. Under the background of Hainan Construction Free Trade Port, Guangdong, Hong Kong, Macao and Dawan District and the "the Belt and Road" development strategy, we will explore the promotion of Hainan, Guangdong, Hong Kong and Macao's all-round and in-depth cooperation and win-win development, and promote the leap-forward development of Hainan, Guangdong, Hong Kong and Macao. The important path of the new benchmark for open economy. Hainan, Guangdong, Hong Kong and Macao should innovate regional cooperation mechanisms and establish a platform for cooperation mechanisms to optimize industrial layout and achieve industrial docking; Especially in high-end manufacturing, tourism, modern service industry, strategic emerging industries, building headquarters economy and integrating Hainan, Guangdong, Hong Kong and Macao city management experience and comparative advantages, There is a broad space for cooperation in terms of management level and happiness index.

Keywords: Open Economic New System, Hainan Free Trade Port, Dawan District, Guangdong, Hong Kong and Macao, Hainan Guangdong, Hong Kong and Macao cooperation

农村互联网金融的发展现状与转型路径研究

李政道　肖　冰*

摘　要：农村金融是农村经济发展的基础，对推动农业现代化发展、着力解决“三农”问题以及落实全面发展观意义重大。随着信息化建设的不断发展，农村互联网金融与新常态下的“三农”逐步交融，加速了农村金融信息流和资金流的流转速率，并成为促进农业发展、繁荣农村经济的重要力量。然而，我国农村互联网金融还面临多方面的掣肘和挑战，迫切需要对农村互联网金融运行机制进行深化改革，以促进农村经济的快速发展。

关键词：“互联网+”　农村金融　信用体系

一、引　言

作为国家和谐稳定和不断发展的基础，“三农”问题是党和国家历年工作的中心和重要内容，同时也是繁荣农村经济、统筹城乡区域经济发展、维系社会大局稳定以及落实全面发展观的重点。“三农”问题的根本落脚点在于繁荣农村经济和提高农民可支配收入，而这一切都离不开农村金融的健康发展。农村金融是围绕农业生产经营和农村农业中小型企业的经营活动，用信用手段阻止、筹集、分配、调剂和管理农村货币资金的活动。农村金融衍生于农村经济的发展实践，是现代农村经济体系的基础和核心，对着力解决“三农”问题至关重要。农村金融是我国金融不可或缺的组成部分，在我国金融体系中占据重要地位，半数以上的从业人员和机构分布在农村金融领域，同时有近1/3的信贷资金在农村金融市场中循环。

随着“互联网+”战略的不断推进，基于互联网经济的多种农村互联网金融模式应运而生，传统银行、互联网电商平台、农业龙头企业、互联网技术公司等企业纷纷在农村开展线下金融业务，以移动支付、众筹、P2P等方式开展农村互联网金融布局。凭借互联网技术跨越地界障碍的优势，农村互联网金融实现了农村金融资源与信息互通，并在一定程度上加速了农村金融信息流、资金流的流转速率，成为推动农业现代化建设、改善“三农”问题

* 作者简介：李政道（1986～　），男，广东深圳人，深圳大学，建设管理与房地产系助理教授，研究方向：区域经济学研究；肖冰（1988～　），女，广东深圳人，香港岭南大学，硕士研究生，研究方向：国际银行与金融研究。

和促进县域经济发展的重要力量。2005～2015 年我国农业占 GDP 比重和农业贷款在各项贷款余额中的占比如表 1 所示。当前我国农村互联网金融发展处于起步阶段，面临信用体系不健全、金融监管缺失以及“三农”发展的资金需求与县域金融供给之间不匹配等诸多问题。因此，如何根据不同县域经济实际发展状况，制定相匹配的金融服务系统与机制，实现县域金融供给与“三农”资金需求协调发展，是我国当前促进农村互联网金融发展、解决“三农”发展亟待攻克的难题。

表 1　农业占 GDP 比重和农业贷款在各项贷款余额中的占比

年份	农业产值（亿元）	国内生产总值（亿元）	百分比（%）	农业贷款余额（亿元）	各项贷款余额（亿元）	百分比（%）
2005	39451	184576	21.37	10124	194690	5.20
2006	40811	217247	18.79	12165	225285	5.40
2007	48893	268231	18.23	14655	261691	5.60
2008	58002	318737	18.20	17293	303394	5.67
2009	60361	345046	17.49	21183	399685	5.30
2010	69320	407138	17.03	24439	479196	5.10
2011	81304	479576	16.95	27397	547947	5.00
2012	89453	532872	16.79	30256	629910	4.80
2013	96995	583197	16.63	37386	718961	5.20
2014	102226	634043	16.12	43289	816770	5.30
2015	117823	738492	15.95	49638	927393	5.35

二、农村互联网金融运作模式

农村金融衍生于农村经济的发展实践，具有如下几方面的特点：农村金融涉及面广，涉及农业、工商业、城乡规划等诸多行业，具有跨领域、跨地域的特点；农村金融还具有较强的关联风险，在现代农村经济中，各种农村经济实体间的关系比较复杂，关联性也较强，任何一个环节受到损坏，往往牵一发而动全身，引起整个农村市场产生连锁反应，导致农村市场的混乱。农村金融多为小额贷款，因为社会化小农小规模生产，多以家庭户为主要贷款和储蓄单位。农村金融由于涉及自然灾害、经济风险、资金周转慢、流通速度慢等各种难以预见因素或非可控因素的影响，具有较高的风险。另外，农村金融管理难度较大，农业生产受季节气候影响而极不稳定，资金需求受季节性生产、季节性市场供需等多重综合因素影响，金融管理困难。城乡一体化建设背景下，加快建立并逐步完善现代化金融体制，繁荣农村经济已然成为解决“三农”问题的出发点和立足点。近年来，我国农村金融体制改革不断深化，金融产品不断丰富，金融服务水平得到显著提高。但广大农村地区的金融服务需求和金融服务供给仍然存在巨大缺口，因此立足农村互联网金融的运作模式，分析当前制约农村互联网金融发展的一系列问题，才能有针对性地提出推动农村互联网金融发展、繁荣农村经济的战略对策。

伴随着云计算、大数据等现代信息技术的不断发展，“互联网 +”战略开始影响并变革农村经济的发展方向和转型路径，互联网也逐步渗透到农业的生产、营销、服务与金融等诸多行业和领域。作为现代经济体系的基础和核心，农村金融在“互联网 +”发展浪潮中逐步形成独特的运作模式，如图 1 所示。首先，云计算以及区块链和大数据等众多现代信息技术逐步渗透到农村金融服务领域，降低了农村金融的进入门槛，提高了金融资金的流转效率，也极大地丰富了农村金融服务体系。其次，随着我国互联网网络在农村的不断普及，众多互联网企业和传统电商企业依托区块链、云计算等互联网技术进军农村金融领域，与“三农”的交集也在不断增多，不仅丰富了农村金融产品，提高了农村金融服务质量，更填补了大量农村金融服务空白领域。最后，农村金融服务体系中的“低端客户”或者草根企业可通过 P2P 网络借贷平台获得融资，进而在一定程度上填补农村金融供给与需求之间的缺口，实现服务三农和普惠三农。

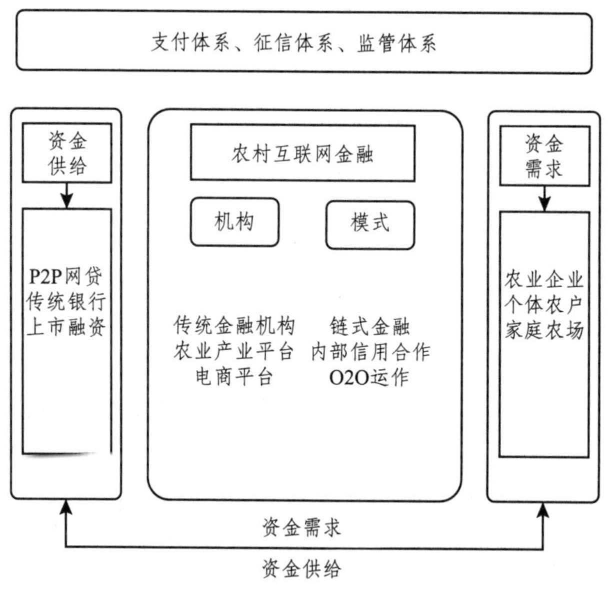

图 1　农村互联网金融运作模式

农村互联网金融是互联网经济时代的特色产物，凭借众多互联网技术企业、电商平台、传统金融机构、农资企业等主体的加入以及政府的政策支持，传统银行、互联网电商平台、农业龙头企业、互联网技术公司等企业纷纷在农村开展线下金融业务，实现了低成本、高效率以及跨地域特性等诸多便利，我国农村互联网金融规模与日俱增。当前，众多企业以移动支付、众筹、P2P 等方式开展农村互联网金融布局，形成了基于电子商务平台的链式农村互联网金融模式、基于传统农业产业链的链式农村互联网金融模式以及涉农互联网金融平台三大农村互联网金融发展模式，农村互联网金融发展模式呈现出百花齐放态势，如表 2 所示，代表性企业主要包括京东金融、大北农以及农分期。

表 2　我国农村互联网金融主要代表模式

电商平台金融	京东金融	大北农	农分期
主要产品	主要包括针对为不同农业场景提供差异化服务的京农贷，培养农户分期购买农资产品的乡村白条	根据用户信用指标提供不同额度贷款的农信度，为农业生产者和经销商提供 100 万元以内小额贷款的农富贷	产品分为农机分期、农资分期、土地租金分期。主要为规模化种植农户、新型农业经营这提供金融服务
业务模式	依靠"3F"战略（工业品进农村、农村金融及生鲜电商战略），建立城市到农村的销售路径，提供支付、保险、理财等服务	采用封闭式金融业务模式，形成了"数据 + 金融 + 电商平台"的发展模式，可以提供征信、交易、金融管理、娱乐社交服务	风险控制采用线上线下结合方式。从个人、家庭、社会三个层面考察还款意愿；客户经理定期走访，搜集资料后由数据库决定是否贷款

三、农村互联网金融发展存在的问题

农村互联网金融对丰富农村金融产品、提高金融流转效率以及繁荣农村经济具有重要意义，但我国农村互联网金融发展处于起步阶段，农村金融市场基础薄弱、信用体系基础缺乏、金融人才匮乏以及金融监管严重缺位等问题逐一显现，严重制约了农村互联网金融的进一步发展。

（一）农村互联网金融信用体系不健全，金融人才严重匮乏

农村金融是繁荣农村经济的基础，对农村经济快速发展起到决定性作用。凭借低成本、信息互通以及跨地域性等优势，不仅丰富了农村金融产品，也提升了农村金融服务质量。完善的基础信用数据，如贷款信息、还款信息等，是健全农村金融信用体系、规范金融制度以及促进农村金融发展的基础。但当前我国农村地区居民的信用数据严重缺失，诚信档案成碎片化形式存在，农村信用数据生态系统建设缓慢，同时基于农业产业链互联网金融、基于农业生产互联网金融等农村互联网金融模式的客户信用数据则少之

又少，传统商业银行、电商平台以及 P2P 借贷由此无法较好地掌控借贷金额并防控金融风险，农村信用体系建设滞后已经严重阻碍了农村互联网金融的进一步发展。另外，农村互联网金融是结合现代信息技术与传统金融行业的新型业态，农村金融的发展需要依赖现代农业高科技以及懂得计算机知识、网络管理技能、金融基础知识以及农业经营与营销的复合型人才。但由于我国传统城乡二元结构的存在，农村生活环境艰苦，教育、医疗等资源与城镇地区相差甚远，难以吸引符合要求的人才，致使农村互联网金融人才缺乏。在偏远的农村地区，农民受教育程度普遍不高（见表 3），思想观念保守、信息技术落后，对机械化、互联网化等新兴事物的接受能力与消化能力有限，同样不利于我国农村互联网金融的推广与发展。

表 3 农民教育程度 单位：%

受教育程度	2007 年	2008 年	2009 年	2010 年	2011 年
未上学	10.59	9.89	9.50	7.25	8.17
小学	39.10	38.41	37.33	38.06	36.25
初中	41.46	42.40	43.44	44.91	44.92
高中	7.77	8.13	8.26	7.73	8.39
大专及以上	1.08	1.18	1.46	2.06	2.27

（二）农村互联网金融风险突发，监管不足

农村互联网金融作为互联网金融在农村金融领域的实际应用，将传统农村金融、互联网技术与三农发展三者完全融合。因此，农村互联网金融与传统农村金融相比，所面临的风险更加多变与复杂。再加上我国农村经济发展相对落后，农村金融无论是在制度上还是体系上都比较薄弱，对互联网金融存在的风险抵抗性不足，使得农村互联网金融风险频发，存在明显的信用风险、法律风险与操作风险。具体而言，第一，农村互联网金融信用风险。从数据方面来看，根据央行征信数据显示，目前央行具有超过 8 亿人的征信数据，其中农村居民信用数据为 3 亿人，不足征信系统内总数据的一半，并且与我国农村总人口数量 6.7 亿人相比，显得杯水车薪。从农村信用体系建设方面来看，基本以央行为主，各地民间金融机构为辅模式。但是由于我国农村主要以民间借贷为主，对征信认识与意识不足，使得我国农村征信事业发展举步维艰。并且目前对农村征信体系缺乏科学与有效的管理，除了农村金融机构所提交的信用数据以外，还有部分通过农村金融中介机构所提交的信用数据，该部分数据的真实性无法保证。第二，法律风险。法律风险主要表现为监管法律滞后、监管方式落后以及监管部门之间缺乏协调性。目前可以指引农村互联网金融发展的只有政策与文件，如《关于促进互联网金融健康发展的指导意见》。但是该指导意见并不是严格的法律条文，对农村互联网金融发展只能起到规范与监督作用，无法做到具体化与细分化。在金融监管体系方面，农村互联网金融监管方法与方式仍沿袭 20 世纪 90 年代金融监管体系，难以使用既包含互联网行业又包含金融行业的农村互联网金融。此外，由于农村互联网金融的业务种类繁多，其运行主体也各不相同。但是在现有的监管体系下不同的金融机构需要不同的监管主体，如第三方支付由央行监管、互联网保险由银保监会监管、农业众筹由证监会监管，而对于属于混业经营的农村互联网金融而言，现行的监管方式有可能导致部分领域监管过度，部分领域监管空白。第三，操作风险。农村互联网金融操作风险主要包含经营主体操作风险与农户操作风险两类。由于我国农村互联网金融正处于快速上升与发展时期，各大传统金融机构与互联网企业为了抢占农村市场，普遍实行发展线下站点模式，使得农村互联网金融机构遍地开花，这也使得机构内部工作人员上岗时间紧迫，因不熟悉互联网金融操作流程与系统而导致损失。同样，由于我国农民受教育程度普遍不高，对于需要完全互联网信息化操作的农村互联网金融业务也显得十分不适应，也容易产生操作失误，造成资金损失。

（三）农村互联网金融安全问题亟待解决

在政府颁布有关互联网金融发展指导意见之后，各大 P2P 平台、电商、银行等传统金融机构纷纷展开农村互联网金融布局，似乎所有行业都想在农村互联网金融领域占有一席之地。但是随着农村互联网金融行业的发展，该行业的安全漏洞问题逐一显现，除去部分小型农村互联网金融平台的跑路与倒闭事件以外，部分大型传统金融机构因安全问题而造成的资金损失也时有发生。统计数据显示，2016 年，我国农业互联网金融因安全漏洞所引发的金融风险同比增长 181.9%，尤其是证券领域的安全漏洞问题更是增长 326.7%，造成的负面影响无法估量，农村互联网金融安全问题不容乐观。以当前最为火热的 P2P 行业为例，2017 年上半年，我国互联网金融 P2P 网贷业务出现问题的平台数量达到 3200 家，仍然违规运行、存在风险隐患的平台数量为 1800 家。并且我国互联网金融的日诈骗次数达到 5 万次①。虽然 2017 年政府在中央一号文件中首次提及农村互联网金融安全防范与措施，希望通过立法形式最大程度消除农村互联网金融安全问题。但是从实际效果来看，农村互联网金融的诈骗案件仍然不断，并且诈骗金额越来越高，社会影响也越来越大。比如，河北邢台隆尧县借着政府普惠金融政策，在全国 16 个省份进行非法集资，诈骗金额达到 80 亿元。而在河南的一个国家重点扶

① 高安娜．金融诈骗行为亟待整治，每天平均达 5 万次［J］．经济参考报，2017（7）．

贫县内，在16个乡中有14个乡都遭受过农村互联网金融P2P业务的诈骗，其中最高的村子被骗资金达到800万元。

四、促进农村互联网金融发展策略与建议

（一）健全农村征信体系建设

随着我国市场化经济不断深入发展，城市内初步建成了以中国人民银行为核心、地方金融机构为辅的征信体系，形成了包含居民与企业的基本信用数据库。但是在我国农村与乡镇地区，受到经济发展速度较慢以及农民信用思想意识淡薄等影响，使得我国农村信用体系建设远远落后于城镇，因此加快农村金融信用体系建设，完成城市信用数据与农村信用数据的对接，将对我国农村互联网金融能否顺利与健康发展起到决定性作用。第一，由政府牵头建立农村信用相关法律，鼓励全社会经济主体参与建设。通过政府的号召与全民参与的形式，将市场中一切有关的经济数据纳入信用系统中，丰富信用数据来源与资源，不断完善征信体系。同时，建立与农村信用发展相关联的法律与法规，规范农村信用行业。例如，整合各地资源，建立统一的征信评价或者评级系统，消除目前金融机构各立门户现象，提升信用系统的监管能力。第二，创新农村金融体制，发挥农村金融机构在农村信用体系中的主导作用，进而推进农村信用体系建设。农村金融机构作为农村经济发展的重要支柱，是促进农民增收、农村繁荣的基础，因此加速农村经济体制改革，最大程度发挥农村金融机构的能力，将有利于农村信用体系建设。例如，加强政府对农村金融机构征信工作的支持力度，实现农村金融机构之间的信用信息数据共享，降低从事农村互联网金融企业的信用数据获取成本。同时，加大政府其他部门与农村金融机构之间的信用数据合作力度，将税务局、邮政机构、国家电信等政府部门的信用数据与农村金融机构之间实现共享，丰富农村金融机构信用数据维度，充分发挥农村金融机构在农村金融领域第一线的作用。第三，增加农村信用金融产品开发力度，以金融产品带动农村信用体系建设。例如，根据农民信用等级，发挥农民所拥有的资源而无法成为抵押物的商品作用，如土地。根据不同农村地区的金融需求，按照信用评级方式为农民提供一定比例的无抵押贷款，将更有利于农村信用体系建设。

（二）注重农村互联网金融人才培养

由于农村互联网金融具有互联网与金融的双重属性，因此符合农村互联网金融发展的人才同样需要既懂得一定的互联网知识，也要懂得传统金融技能的复合型人才。由于农村互联网金融对人才需求的特殊性，因此可以考虑从专业高校内部培养理论人才或者从互联网企业、金融机构内部筛选出技能

出众的人才，再进行培养。从两个方面开展：第一，发展农村互联网金融人才储备计划，建设农村互联网金融人才培养平台。首先，建立以农业高等院校为核心，社会培训机构或者从事农村互联网金融的企业为辅，共同建设一个既具有理论能力，又具有实践能力的农村互联网金融人才培养平台。对于农业高校而言，要根据农村互联网金融市场需求状况，科学地制定人才招收与培养计划，为农村互联网金融提供充足的人才储备。其次，人才培养院校还要随时注重市场变化，灵活安排并制定符合农村互联网金融市场需求与发展的人才培养计划。对于农村互联网金融企业和社会培训机构而言，要发挥出辅助功能，增加对农村互联网金融人才的实际操作能力的培养。例如，农村互联网金融企业可以加大与高校人才培养的业务合作，为高校人才提供各岗位的实习计划，鼓励学生学以致用。同时，对于优秀的毕业生，建议毕业后直接到所实习的企业工作。一方面，在企业实习过的毕业生熟悉企业业务流程，可以很快熟悉工作岗位的要求，降低企业的成本；另一方面也可以解决高校毕业就业问题。第二，注重农村互联网金融企业内部培养机制建立，从企业内部挑选符合农村互联网金融人才。建议加强金融机构与互联网企业之间的合作联系，建立人才相互培养机制。例如，对于金融机构而言，挑选出金融业务突出的工作人员进入互联网企业学习一段时间，丰富互联网知识，防范互联网所带来的金融风险。而原来在互联网企业的工作人员，同样可以到金融机构学习基本金融知识与技能，增强金融风险防范意识。此外，由于从事农村互联网金融业务的企业往往都是混业经营，金融业务种类复杂繁多，增强企业内部员工的职业操守同样重要，在企业日常运营中要将思想教育、行业规范与制度教育与业务结合起来，努力培养一批具有高能力、高素质，符合农村互联网金融发展需求的人才。

（三）优化农村互联网金融发展配套政策，加强行业监管力度

任何一种新兴行业的发展都需要国家与政府的政策支持，农村互联网金融也不例外。尤其是对于经济发展水平不高、经济环境较差的农村地区而言，优化农村互联网金融配套政策与经济环境，加强政府财政补贴并提供发展路线，无疑将是农村互联网金融发展的前提与保障。但是由于农村互联网金融行业目前仍在发展初期，从事该行业的主体机构鱼龙混杂，风险逐渐增多，因此加强对行业的监管力度同样重要。第一，坚决实行对从事农村互联网金融企业的税收减免政策，制定灵活的税收优惠政策，最大限度激发农村互联网金融企业对农村金融事业发展的积极性与主动性。例如，根据农村经济发展状况，适当减少或者免除农村互联网金融企业的营业税，降低企业的运营负担，将优惠或者减免的资金用于企业的产品创新与业务创新中，或者对具有创新能力的企业给予一定的政府补贴，更好地发展农村互联网金融产业。第二，在经济发展较为发达的农村地区设立农村互联网金融监管试点，

待成熟后再向全国推广，进而形成我国农村互联网监管体系。鉴于农村互联网金融业务只针对农村地区，即使发生风险也是局部性的小范围风险，不易扩散。因此，建议农村互联网金融监管方式不宜与传统金融机构监管相似，需要当地政府发挥对地方经济的监管、处置与防范职能，组建成中央、地方的农村互联网金融监管格局。第三，加快建立农村互联网金融行业协会的步伐，作为我国农村互联网金融行业发展的协助监管机构。建立农村互联网金融行业协会的优势在于，协会相比于中央监管机构而言更接地气，对每个地方的农村互联网金融发展状况与问题比较了解，待有问题发生时，可以及时向上级监管部门汇报，起到行业监管桥梁作用。

参考文献

[1] 李苏．农村经济发展金融抑制及其解除［M］．北京：知识产权出版社，2013.

[2] 朱喜，李子奈．改革以来我国农村信贷效率分析［J］．管理世界，2006（7）：68 - 76.

[3] 李国英．我国农村互联网金融发展存在的问题及对策［J］．中州学刊，2015（11）：54 - 58.

[4] 蒋和平．中国特色农业现代化应走什么道路［J］．经济学家，2009（10）：58 - 65.

[5] 寇光涛，卢凤君．“互联网 + 农业产业链”的实践总结与创新路径［J］．农村经济，2016（8）：30 - 34.

[6] 朱迎，刘海二，高见．互联网金融有助于实现农村金融普惠［J］．新金融，2015（2）：60 - 63.

[7] 许崇正，高希武．农村金融对增加农民收入支持状况的实证分析［J］．金融研究，2005（9）：173 - 185.

[8] 江能．中国农村金融改革与发展问题研究［M］．北京：经济科学出版社，2012.

[9] 谢平，邹传伟．互联网金融模式研究［J］．金融研究，2012（12）：11 - 22.

[10] 张杰．中国农村金融制度：结构：变迁与政策［M］．北京：中国人民大学出版社，2014.

[11] 项俊波．国际大型涉农金融机构成功之路［M］．北京：中国金融出版社，2010.

[12] 邓智毅．金融效率制度性分析［M］．北京：中国金融出版社，2010.

The Development Status, Problems and Transformation Path of Rural Internet Finance in China

Li Zhengdao　Xiao Bing

Abstract: Rural finance is the foundation of rural economic development, and is of great significance to promoting agricultural modernization, solving the problems of "agriculture, rural areas and farmers" and implementing the comprehensive concept of development. With the development of information construction, internet finance in rural areas is gradually integrated with "agriculture, rural areas and farmers" under the new normal, accelerating the flow rate of information flow and capital flow in rural finance, and becoming an important force to promote agricultural development and prosperity of rural economy. However, China's rural Internet finance is still facing constraints and challenges in many aspects, and it is urgent to deepen the reform of the operation mechanism of rural Internet finance in order to promote the rapid development of rural economy.

Keywords: Internet Plus, Rural Finance, Credit System

当前劳动力市场的主要问题与矛盾

丁　洋　吴　迪*

摘　要： 近年来中国经济增速不断下滑，就业却始终稳中向好，但在这一过程中仍存在一定的问题，特别是劳动力市场结构性矛盾叠加，市场分割、收入差距扩大、人口红利消失。未来就业仍将经受一些不确定性因素的考验，国有企业的就业稳定器功能有待强化，消化供给侧改革可能带来的影响，"互联网+"等新兴业态的熊彼特破坏效应正在演化。面对这些问题，需要从政策上寻求解决办法，但从目前来看，放开二孩政策、延迟退休、提高最低工资标准等人口就业政策的效果并不理想，未来仍有较大的改进空间。对此，我们得出了相应的结论，提出了相应的建议。

关键词： 劳动力市场　结构性矛盾　不确定性　人口就业政策

一、劳动力市场中的新旧结构性矛盾叠加

在历经40年的高速增长与规模扩张后，我国经济基本面已发生了实质性的改变，进入了"从高速增长转变为中高速增长、经济结构不断优化升级、从要素投资驱动转向创新驱动"的新阶段。2018年上半年全国GDP同比增长6.8%逐步走低的趋势日益明显，就业局势始终保持向好局面，上半年城镇新增就业超过750万人，完成全年目标的2/3。一般认为，新常态下劳动力市场的主要矛盾并不是总量性的，而是结构性的，而且是新旧结构性矛盾叠加，如传统的城乡二元结构下的劳动力市场分割，收入分配差距，同时又叠加了人口老龄化等问题。

（一）城乡之间与城市内部劳动力市场的双重分割

劳动力市场分割可以分为两种，一是基于劳动力所具有的户籍身份差异的城乡二元分割，二是基于劳动者所在单位隶属的所有制形式不同的部门分割及其衍生的行业分割。户籍歧视带来的劳动力市场分割在我国主要体现为，农民工群体在进入一级劳动力市场后，往往会遭遇户籍壁垒，且其平等就业机会权利有可能被侵害。不仅如此，当前就业机会的户籍歧视状况仍在

---

* 作者简介：丁洋（1998～　），男，对外经济贸易大学国际经济贸易系本科生；吴迪（1992～　），女，中国人民大学经济学院博士研究生，主要研究领域：国民经济管理。

恶化，如尽管城镇职工的就业结构已优先得到了改善，而农民工仍大量滞留于低端就业岗位。

此外，在体制内与体制外两个部门间，劳动力市场的分割现象也非常严重。所谓体制内部门，即包括政府机关、事业单位和国有企业在内的，收入期望值较高、工作稳定性强、掌握与控制较多社会资源的工作部门；体制外部门则相反，具有门槛较低、收入不稳定、劳动条件差等特点，常以私营、外资及个体经济为主。通常情况下，由于前者的人力资本回报与就业优势要高于后者，市场上的劳动力出于理性考虑会更倾向于体制内就业，同时，体制内部门的高进入壁垒与其低流动性，还会进一步加深两部门间的体制分割。

从改革开放之初至今，整体上我国劳动力市场结构中的分割壁垒正趋于强化，其中的体制分割也没有出现减弱的趋势。而且，随着产业结构的升级与劳动政策的稳定，体制分割的强化可能会在一定程度上抑制劳动力市场的流动性与开放性。另外，针对东北三省劳动力市场的流动状况，研究发现，按照受教育水平的高低，外流人口可分为高技能劳动力与普通劳动力，这两类劳动力也处于两个分割的市场中，且前者的就业稳定性更高（杨雪、魏洪英，2016）。

（二）收入差距不断扩大

收入差距是指在一定时期内与一定的社会经济条件下，各劳动者所获得的实物收入与货币收入的数量差异。改革开放以来，我国经济飞速增长，人均收入水平得到了显著的提高，人民生活质量不断改善，但是，收入差距却始终保持在高位。对此，“十三五”规划建议明确提出：要调整国民收入分配格局，规范初次分配，加大再分配调节力度。对此，学术界进行了广泛的研究。

宏观层面上，城乡收入差距的增速已有所放缓，但居民收入的整体差距仍在持续扩大。究其原因，主要是因为行业间的收入差距问题正日益凸显，如果以进入壁垒为标准将所有行业划分为竞争和垄断部门就会发现，劳动力市场的扭曲程度是造成不同行业间收入差距的重要因素，一般而言，市场行业扭曲越严重、行政垄断程度越高，行业的收入差距也越大。

微观层面上，在众多影响个人收入的因素中，受教育水平的作用非常明显，近十年来，其对收入差距变动影响的比重还在不断提高。在我国，受教育水平的差异，很大程度上是由公共教育不平等所导致的，而当前，愈发突出的受教育机会不均等问题，以及由此带来的教育代际固化，又会进一步继续加大劳动力市场中的收入差距（郭豫媚、陈彦斌，2015）。

当然，来自性别、所属地区、家庭背景等非市场因素的影响也不可忽视。例如，我国东部地区的平均收入水平要高于中西部，城市的平均收入水平高于农村，但就收入差距而言，西部地区与农村地区内部的收入差距，要比东部地区与城市地区更为严重。这种“平均收入水平越低的群体，内部收入差距越大”的现象值得注意。

（三）人口老龄化与人口红利衰减

随着生育率的整体下降和平均预期寿命的普遍提高，全球将不可逆转地进入老龄化社会。我国作为最大的发展中国家，正进入持续 40 年的高速老龄化时期。尽管美国国家科学院的报告声称，人口老龄化对政府开支会有显著影响，但是对劳动生产率和创新的影响很小，而且，老龄化导致的私人资产积累甚至有可能对经济有积极作用。然而，还是有很多人担心，人口老龄化会抑制中国经济的增长，甚至会导致经济的衰退。

人口老龄化对劳动力市场的影响主要体现在劳动供给数量与劳动参与率两方面。截至 2012 年末，我国 65 岁以上人口占到总人口的 9.4%，2013 年老年人口数量已突破 2 亿大关。2015 年末，我国劳动年龄人口 91096 万人，同比减少 487 万人，这也是 2012 年以来的连续第四年下降。根据有关部门预测，2030 年以前，老龄化引起的劳动年龄人口规模下降速度是缓慢的，但是，年轻劳动力的快速下降仍然值得引起注意（童玉芬，2014）。

另一方面，人口年龄结构的老化，尤其是劳动年龄人口的老化对劳动参与率具有显著的负向影响。目前，我国劳动参与率呈现出持续性的下滑趋势，目前已降至 70% 左右。而且，借鉴美国、日本、法国等经验可知，随着老龄化社会的到来，老龄化对劳动力参与率的影响还将越来越深远。此外，在人的生命周期中，随着年龄增高，人的知识更新速度变慢，创新意识相对薄弱，对新业态和工作岗位的适应能力也会减弱。因此，在一定程度上人口老龄化还可能会导致劳动力创新能力与生产效率下降，不利于科技进步。

从地区分布来看，我国农村具有人口老龄化程度要高于城镇、速度快于城镇、地区差异大于城镇、老年人口多于城镇等特点，这一趋势还将继续延续，并表现出明显的阶段性特征，预计 2035 ~ 2050 年将成为应对人口老龄化的常态化时期。进一步，还有研究发现，随着城镇化程度加深，针对经济发展水平和社会保障程度较低的县域经济，人口老龄化问题会成为一个巨大的挑战．它对县域经济的有效劳动供给、资本形成、储蓄率和经济增长都将带来负面效应，还可能会影响其经济发展路径。

二、客观看待影响就业的几个不确定变量

2015 年末中央提出将着力加强供给侧结构性改革，以提高供给体系的质量与效率、重塑经济发展动力，其中，“三去一降一补”是重中之重，国有企业是关键突破口，主要原因有两点：一是我国的产能过剩主要集中于重化

工基础性行业，如钢铁、煤炭等。在这些部门中，国有企业的数量与比重都占据绝对优势。二是国企部门大多面临着高杠杆、高负债的状况，资产利润率则不断走低，要防范金融风险，去杠杆任务非常紧迫。更重要的是，改革将涉及生产要素的重新配置，这也意味着劳动力市场可能会受到各种冲击，尤其是国有企业改革的冲击，龙煤、武钢裁员风波都曾引起轩然大波。那么，实际情况究竟如何呢？

（一）国企的就业稳定器功能有待强化

40 年来，我国制造业同时经历了大规模的就业创造与就业消失，劳动力逐渐从国有部门流向私营部门。1998～2007 年，国有企业的就业创造率最低，就业消失率最高，其就业缩减非常严重（马弘、乔雪，2013）。具体到所有制结构来看，受产业分布特征、政策性负担、信贷所有制歧视和融资约束的影响，国企自身解决就业的能力不足，其对非国企的就业需求也有拖累效应，例如，在东北地区，国企由于大多分布于资源型、能源型产业，近年来受需求下降影响较大，导致经济增长受到一定程度的制约，间接影响到国企对新增劳动力的吸纳能力。

这些研究提醒我们，国有企业对就业劳动力市场的贡献不如我们所预期的那样承担了吸纳就业的大部分责任，恰恰相反，10 余年来，国有经济部门自身的就业规模不仅大幅下降，还对其他经济部门的就业存在一定的挤出效应。国企的冗余就业及政策性负担，将导致其经营绩效普遍偏低，并最终抑制劳动力需求，尤其是在国企减员增效改革完成后，国企工资本就高于非国企，其不合理部分还大幅上升，进一步扩大了城镇工资的收入差距（夏庆杰、李实、宋丽娜，2012）。

除了国企对就业市场的外部影响，国企内部的雇佣模式与运行效率也一直为人所诟病。尽管劳动力市场的雇佣关系已产生了剧烈的变革，但国有企业不会轻易解雇员工的属性依然存在。甚至在以石油、电信、烟草等为代表的大型国有企业，还保留着针对本单位职工子弟的“世袭”招工行为。这种在招聘时相对排外、入职后近乎终身雇用的“非常福利”造成了大量的冗余雇员，对国企绩效带来了显著负面效应：企业内部人多事少，淡化了通过技术进步提高生产率的积极性；同时受复杂的利益关系影响，管理层又缺少绝对的自主权来进行调整。

（二）去产能的失业风险

在“三去一降一补”的改革任务中，“化解落后产能、清除僵尸企业”被置于首位。事实上，从 2013 年开始，产能过剩问题就开始出现，经历了从投资过热开始，引发通胀上升、货币偏紧，产能和规模迅速扩张等一系列过程，去产能议题由此被提上日程。主要原因来自两方面：一方面受外部

2008 年金融危机影响，我国出口外需受到了波及；另一方面则由于市场失灵与扭曲的行政干预，助推了低水平的重复建设，积累了大量低效产能，尤其是在钢铁、煤炭等重化工行业基础领域。对此，国务院、发改委相继印发了钢铁、煤炭等行业去产能的专项配套文件，产能去化率接近 15%、20%，淘汰力度很大。

因此，如何处理好去产能与劳动力市场的稳定和平衡非常重要，否则很有可能会给就业市场带来很大的负面冲击。例如，1984 年撒切尔夫人在关闭数家煤矿时，就引发了英国矿业工人的大罢工，最后不得不出动皇家警察镇压；又如，2003 年德国施罗德政府在推进供给侧改革过程中因造成失业率攀升，甚至引起 6 万多名自民党党员退党。

还有很多学者也担心，去产能会引发类似 20 世纪 90 年代国企改革的下岗潮。2016 年全国两会期间有提案提出，去产能可能会冲击到 1000 万农民工的就业，并将对就业、社会保障、劳动供求产生重大影响。针对这些质疑，沈煜、丁守海（2016）从产能过剩的形成原因、产能过剩的行业覆盖面、产能过剩的所有制结构、宏观背景条件与政策选择等多个方面对比了本次去产能进程与上轮国企改革，并得出此次的失业压力要小于上一轮的结论。这些研究成果表明，国有企业对就业的贡献以及去产能对劳动力市场的冲击需要被理性评估。

同时，改革一年多以来，国有经济部门不少高负债企业进入房地产市场，开展大量海外并购和金融投资活动，给清除僵尸企业设置了障碍，煤炭与钢铁的价格出现了快速上涨与较大波动，给去产能进程带来了一定阻碍，一路走高的宏观债务率与高额的税费成本等现象，也表明去杠杆与降成本的进程还有待推进。因此，结合上述文献与现实情况，我们应该审慎地评判，在供给侧结构性改革的背景下，国有企业改革与去产能进程对劳动力市场带来的长远影响，不可因其带来潜在失业风险而止步不前。

（三）“互联网 +”等新业态的影响

为了在经济下行背景下，寻找经济增长新引擎和转化新动力，政府不断调整产业结构，扶持现代服务业，鼓励创新、自主创业，以拓展新的就业渠道。如，取消企业注册的最低资本限制、号召“大众创业、万众创新”等。其中，一个重要落脚点就是“互联网 +”的发展与兴起。所谓“互联网 +”，即依托互联网信息技术，实现互联网与传统产业的联合，并以优化生产要素、重构商业模式等途径来完成经济转型和升级。

人类社会的发展史是一部创新史，上一次科技革命带来的增长红利正在逐渐消失，新的技术变革正在酝酿，尤其是以人工智能、新能源等为代表的技术。不过对就业的担忧也随之而来。正如熊彼特的“创造性毁灭”理论所言，到无人驾驶时代，司机会失业；自动翻译技术普及后，人工翻译就不复存在。当然，不同领域的技术创新也带来了分享经济、互联网金融等一大批新型业态的出现，自雇佣型就业、灵活就业等成为这一时代的主要特征。快递、外卖、网约车行业的火爆与普及就是活生生的例子。目前滴滴平台注册司机 1400 万人，以及由此带来的汽车租赁、汽车维修保养等周边行业至少带来了 300 万个直接就业机会。①

除了在经济发达地区，以互联网及移动互联网为代表的新技术在农村发展中也起到了重要作用，可以显著促进全要素生产率的提高。周冬（2016）运用中国互联网络发展状况统计报告（CNNIC）和全国性微观调查数据（CGSS）的数据发现，互联网的覆盖对促进农民的非农就业有显著的正向作用，不仅使农村居民的就业更加多元化，还能提高农村劳动者的收入水平。

同时，这些新业态不仅为劳动力市场创造了更多新型、多样的就业机会和平台，还重塑了就业模式和劳动关系。如，在以互联网为依托平台的第四次创业浪潮中，资本来源更加多样，中小型创业项目得到资金支持的可能性被大大拓展，在“非典型雇佣”中，个体劳动者与市场需求也能以更低的成本和更高的效率被匹配。不过，值得我们注意的是，随着互联网新技术对传统产业的渗入，产业结构的优化升级既带来了大量对高技能劳动力的需求，也对低技能劳动力产生了一定的“挤出效应”。

三、人口就业政策的效应评估

（一）放开二孩政策未必会促进生育

人口红利，是指在人口转变过程中，由于人口年龄结构变化所带来的经济影响，可通过劳动力供给增加、扩大积蓄以及人力资本投入与回报上升等途径实现。具体来看，人口红利又可分为劳动年龄人口增加与劳动供给质量提高两种。在我国，改革开放 40 年来的经济增长奇迹就得益于劳动力供给数量的优越性。

不过，我国曾被认为“取之不竭、用之不尽”的劳动供给神话已被打破，2012 年以来劳动年龄人口出现连续 4 年下降，劳动参与率也呈现出持续性的下降趋势，目前我国的生育率只有 1.21，要远远低于世代更替水平 2.3 的生育率。这些数据都表明，我国的一次人口红利正在逐步衰减。对此，为了防止劳动力市场出现剧烈震荡，中央已出台了“单独二孩”“放开二孩”等多项政策，直接目的是提高人口出生率，优化人口结构。

全面放开二孩的确可以有效延缓我国总人口的递减趋势、老龄化的趋势

① 资料来源：“直接提供超 300 万就业机会　罗宾·蔡斯盛赞滴滴平台灵活就业”，中新网（2016 年 2 月 1 日）http://www.chinanews.com/it/2016/02-01/7742672.shtml.

以及未来劳动人口不断走低的趋势，但区域人口分布的“东南相对集聚、西北相对稀疏”局面仍会长期存在，并进一步加剧。从长远来看，“二孩”政策不仅会减轻家庭养老压力、降低家庭风险，成为拓展家庭的重要关系，还有益于缓解我国日趋紧张的劳动供求状况。

不过，上述结论都是建立在实际生育行为会发生的基础上的。在现实中，随着城镇化进程的不断加速与居民生活水平的提高，越来越多的符合生育政策的家庭会因过高的育儿成本和维持一定的生活质量而止步于“一孩”。张晓青等（2016）的研究发现，与中部地区、西部地区等地相比，在发展水平最高的东部地区，其“生育二孩意愿”反而最低。又如，在湖北省，在符合“二孩”政策的家庭中，不愿生育的家庭占比达到 61.4%。除了来自经济压力、少生优生观念和时间压力等方面的原因，妻子受教育水平的提高、一孩的年龄增长等，也对生育意愿有负向影响。这些结果表明，当前我国生育政策的调整，可能难以对低迷的生育率作出补救，其对劳动力市场带来的影响也具有不确定性。

（二）延迟退休对补充劳动供给作用有限

“延迟退休”与放开“二孩”相同，都是我国应对劳动年龄人口下降、人口老龄化的重要政策工具，其目标是应对劳动力供给减少，减缓社保基金压力。

一般认为，延迟退休与人口出生率密切相关，并主要通过以下两个渠道实现：一方面，延迟退休使得老年时期收入增加，这会减少年轻时期的储蓄，年轻时期选择更少的时间劳动，投入更多的时间抚育子女，这使得人口出生率上升；另一方面，延迟退休使得资本存量减少，为实现年轻时期的消费，个体必须提供更多的劳动，这使得人口出生率下降。在我国，延迟退休对人口出生率的正向影响大于负向影响，而其进一步对劳动力市场发展与经济增长的影响，则依赖于经济增长模式，如新古典经济增长模式将通过延迟退休提高人口出生率（严成樑，2016）。

当然，延迟退休年龄对家庭生育的影响，还取决于父母对子女数量和质量的相对重视程度。如果其对数量的重视程度较小，那么延迟退休将降低劳动力供给数量的增长率，提高质量的增长率（郭凯明、颜色，2016）。整体上，延迟退休对人口出生率的正向影响大于负向影响。

从社会福利与就业形势来看，已进入退休年龄段的人群福利会下降，其余各年龄段的福利会得到改进，而且无论是采用保持现有的缴费率不变的政策方式还是保持养老金待遇不变的政策方式，延迟退休均能提高城镇企业职工的社会福利水平。研究表明，延迟退休 5 年会使社会福利最大化（宁磊、郑春荣，2016）。

然而，这一政策效果的异质性也不可忽视，其对就业的负面影响将随着年龄的升高而逐渐增大，尤其是刚进入劳动力市场的青年，会受严峻的就业形势影响，需要付出额外的搜寻成本并造成无谓的福利损失。不过，推迟退休年龄 1 ~2 岁并不会造成总失业率的大幅上升（王天宇，2016）。

我国已进入老龄化社会，家庭储蓄率和教育投资率正处于下降阶段，随着成年子代向父代的代际转移比例越高，家庭储蓄率、教育投资率以及经济增长率会更低。尽管当前的生育政策调整与延迟退休政策能够在一定程度上减缓这些问题，但却无法从根本上扭转人口老龄化对劳动力市场的负面冲击。

（三）关于最低工资政策的争议

最低工资制度是政府对劳动力市场进行干预的一种政策选择。这项制度自出现开始，就引起了广泛关注。有人担心最低工资会对就业产生负面影响，故而反对它，但也有人认为它能够改善社会分配，维护劳动者的基本权益。

从最新的研究成果来看，大多数学者仍然认同最低工资政策无法改善整体的就业状况这一观点。杨翠迎、王国洪（2015）通过研究最低工资标准对我国就业的影响，发现最低工资对我国城镇劳动力市场的确存在着抑制作用，而且还会随着地理分布状况产生显著差别。其中，中部地区的最低工资对就业的促进作用最大，东部地区的最低工资对就业促进作用相对较小，西部地区最低工资对就业的总效应为负。

不过，在控制地区差异与时间趋势的基础上，最低工资对提升劳动者的工资水平会产生积极作用，尤其是对中低收入劳动者群体。而且，最低工资还能为中老年低技能劳动力提供重要的保障。提升最低工资有助于降低收入的不平等，但随着最低工资提升幅度的逐渐增大，其对就业的负面作用将逐渐显现。

当然，最低工资的政策效果并不局限于维持低收入者的基本生活，还能在一定条件下推进经济发展，实现“更高工资、更高消费和正规化”的均衡，至于近年来出现的制造业“逆正规化”现象，则很有可能是由市场需求恶化与 TFP 增速放缓导致的。

具体到不同的劳动群体中，最低工资对就业创造和就业侵蚀具有非对称的效应，其对就业创造的效应要显著小于其对就业侵蚀的影响，因而在考虑劳动者个人和宏观环境异质性后，最低工资通过工作机会的减少，对流动劳动者的就业存在一定的挤出效应。王光新、姚先国（2014）发现最低工资相对于社会平均工资每提高 10%，其他人员的就业比重下降约 2.3%，其就业状况明显受到了负面影响。另外，最低工资也对低收入女性就业尤其是中年女性的影响更大一些。

四、结论与建议

近年来我国经济下行压力加大，但就业增长超出预期，经济与就业的逆向运动趋势仍在延续，在这一过程中有几个问题值得关注。

首先，劳动力市场的城乡二元分割及体制内外部门的分割依然严重，甚至趋于强化，主要体现在低收入群体的平等就业机会权利被侵害、劳动力市场的流动性与开放性被抑制两方面。此外，城乡收入差距的增速已有所放缓，但由于市场行业扭曲严重、行政垄断程度高，导致行业间的收入差距持续走高，居民收入的整体差距也进一步扩大。再加上受教育机会不均等与教育代际固化，劳动力市场中的收入差距问题可能会越发严重。

其次，随着生育率的整体下降和平均预期寿命的普遍提高，我国正进入持续 40 年的高速老龄化时期，老龄化不仅会引起年轻劳动力规模的快速下降，还对劳动参与率、生产效率及科技进步有显著的负面影响。

再次，在结构转型过程中有几个不确定性因素需要澄清：一是国有企业并未承担起应有的就业稳定器功能，甚至还对其他部门的就业产生了挤出效应。二是要客观地看待供给侧改革的就业后果，其冲击可能并没有想象的那么大。三是“互联网 +”等新兴业态对就业产生了复杂的影响，熊彼特创造性破坏作用正在演绎。

最后，在人口就业政策方面，放开二孩政策并没有达到预期的效果，生育率的干预后果有待时间检验。类似地，延迟退休政策引起了巨大的社会争议，但它究竟能在多大程度上补充劳动供给仍是未知的。另外需要注意的是劳动管制政策特别是最低工资政策，如果说前几年提高最低工资标准尚未伤及就业，那么，这几年随着工资基数的提高，继续提高最低工资标准就需要警惕了，它对就业的损害作用可能会逐步显现，自 2018 年以来我国经济遇到诸多内外部因素的干扰，未来形势扑朔迷离，为防止出现较大的就业扰动，可以适当放缓最低工资的调整节奏。

参考文献

[1] 杨雪，魏洪英．就业稳定性与收入差异：影响东北三省劳动力外流的动因分析［J］．人口学刊，2016（6）．

[2] 郭豫媚，陈彦斌．收入差距代际固化的破解：透视几种手段［J］．改革，2015（9）．

[3] 童玉芬．人口老龄化过程中我国劳动力供给变化特点及面临的挑战［J］．人口研究，2014（2）．

[4] 马弘，乔雪，徐嫄．中国制造业的就业创造与就业消失［J］．经济研究，2013（12）．

[5] 夏庆杰，李实，宋丽娜，Simon Appleton．国有单位工资结构及其就业规模变化的收入分配效应：1988～2007［J］．经济研究，2012（12）．

[6] 沈煜，丁守海．去产能会引起较大的失业风险吗？[J]．上海经济研究，2016（11）．
[7] 周冬．互联网覆盖驱动农村就业的效果研究［J］．世界经济文汇，2016（3）．
[8] 张晓青，黄彩虹．单独二孩与全面二孩政策家庭生育意愿比较及启示［J］．人口研究，2016（1）．
[9] 严成樑．延迟退休、内生出生率与经济增长［J］．经济研究，2016（11）．
[10] 郭凯明，颜色．延迟退休年龄、代际收入转移与劳动力供给增长［J］．经济研究，2016（6）．
[11] 宁磊，郑春荣．延迟退休会提高社会福利水平吗？[J]．财经研究，2016（8）．
[12] 王天宇，邱牧远，杨澄宇．延迟退休、就业与福利［J］．世界经济，2016（8）．
[13] 杨翠迎，王国洪．最低工资标准对就业是促进还是抑制：基于中国省级面板数据的空间计量研究［J］．经济管理，2015（3）．
[14] 王光新，姚先国．中国最低工资对就业的影响［J］．经济理论与经济管理，2014（11）．
[15] 高安娜．金融诈骗行为亟待整治，每天平均达 5 万次［J］．经济参考报，2017（1）．

The Main Problems and Contradictions in the Current Labour Market

Ding Yang　Wu Di

Abstract: In recent years, China's economic growth has been declining, and employment has remained stable. However, there are still certain problems in this process, especially the superposition of structural contradictions in the labor market, market segmentation, widening income gap, and disappearance of demographic dividends. Future employment will still be tested by some uncertain factors. The employment stabilizer function of state-owned enterprises needs to be strengthened, and the impact of structural reforms on the supply side should be digested. The Schumpeter destructive effect of emerging markets such as "Internet +" is evolving. In the face of these problems, we need to find a solution from the policy. However, from the current point of view, the effect of liberalizing the two-child policy, delaying retirement, and raising the minimum wage standard is not satisfactory. There is still much room for improvement in the future. In this regard, we have reached the corresponding conclusions and put forward corresponding suggestions.

Keywords: Labour Market, Structural Contradiction, Uncertainty, Population Employment Policy

〔微观运行与规制〕

城市等级、家庭背景与教育回报率*

——基于明瑟模型和阶层线性模型的实证分析

杨 艳 薛富兴**

摘 要：本文从阶层关系视角考察了城市等级、家庭背景与个人教育回报率的关系及其作用机制。在此基础上，基于明瑟收入模型和阶层线性模型，运用中国家庭收入调查2013年城镇住户数据，探究了城市等级、家庭背景对教育回报率的影响。结果显示：教育回报率在不同城市间有显著差别，且城市等级越高，相应的教育回报率也越高；家庭教育背景、家庭社会背景对个人教育回报率均有显著影响，父母的教育程度越高，子代表现出的教育回报率也越高，同时父母的工作性质也对子代教育回报率有显著影响；此外，城市等级还可能作用于个人受教育程度，从而间接影响其子女的教育回报率。

关键词：城市等级 家庭背景 教育回报率 明瑟模型 HLM

一、引 言

在我国经济发展过程中，劳动收入差距扩大带来的矛盾日益凸显，而且差距扩大的趋势依然没能有效减缓。形成这种趋势的原因众多，但作为劳动者综合素质的体现，受教育程度对收入差距的影响长久以来都是学术界关注的重点；同时，地域、家庭、社会环境等与受教育程度的交互作用对收入差距的影响也越来越受到重视。

明瑟收入函数（Mincer，1974）为研究教育经历对收入的影响提供了基本框架；简单易行、可控性等诸多优点，使其成为研究此类问题的重要理论和实证方法（李实、丁赛，2003）。国内研究人力资本、教育回报等问题的

* 项目基金：本文受“四川省社会科学高水平研究团队建设计划资助”。

** 作者简介：杨艳（1971～ ），四川成都人，四川大学经济学院教师、博士生导师，研究方向：国民经济学，电子邮箱：939600@163. com；薛富兴（1990～ ），山东临沂人，四川大学经济学院硕士研究生，研究方向：国民经济学。

学者主要将重点放在明瑟方程的计量方法研究和实证研究两方面，并在研究中不断对明瑟方程进行扩展与改进。例如，赖德胜（2000）用 11 个省份的代表劳动力市场分割程度的合同制职工占全部职工的比重和国有工业总产值占全部工业总产值的比重，对 1995 年各省份的教育收益率进行回归分析，结果显示，各省份合同制比重越高，教育收益率越高，国有工业总产值的比重越高，教育收益率越低。李实、丁赛（2003），通过构造教育的虚拟变量，分析了教育收益率与劳动力市场分割的关系，并得出个人就业单位的所有制性质对教育收益率的影响变得越来越明显的结论。杨国涛等（2014）从截面数据角度，对明瑟模型提出了方程自变量之间相关性对模型扰动、方程结构稳定性、虚拟变量运用三个方面的改进方法；从跨时期数据角度分析来自教育市场的冲击对教育质量的贡献，提出了跨时期数据的明瑟方程的改进思路。

使用标准明瑟收入函数测算的教育回报率往往偏高，究其原因，一方面，是由于模型中忽略了重要的“能力”等个人因素变量；另一方面，也忽略了某些可视为非个人的“环境”变量，这些“环境”因素往往可通过与个人受教育程度的交互作用对其收入水平产生间接影响，即这些“环境”变量可能也会对个人教育回报率构成影响。首先，个人作为家庭成员，家庭背景可能对个人教育回报率存在一定的影响。例如，拉姆和舍尼（Lam and Schoeni，1993）指出发展中国家代与代之间的迁移性较低，家庭背景在决定教育回报方面起着至关重要的作用。张世伟、吕世斌（2008）基于 Griliches 收入方程和 Mincer 收入方程，运用 2005 年吉林省人口抽样调查数据探讨了家庭教育背景对个人教育回报和收入的影响，结果表明，随着父母受教育水平的提高，其对个人收入的正面影响逐渐增大，与父亲的教育背景相比，母亲的教育背景对个人收入的影响相对较大。其次，个人作为城市人群的一员，城市经济、区域等条件对个人教育回报率也存在影响。例如，王海港等（2007）使用分层线性模型估计了 1995 年和 2002 年我国居民的教育收益率，结果显示，我国城镇居民教育收益率的地区差异很大，且差异主要来源于省内各城市之间，各地劳动力市场化程度的差异在一定程度上为教育收益率的差异提供了解释。彭竞（2011）利用中国综合社会调查（CGSS）2006 年数据对我国直辖市、省会城市与其他城市进行分组估计，结果显示，直辖市的平均教育回报率最高，省会城市次之，其他城市最低，并进一步从产业生产率、人力资本积累、劳动力流动性、生活成本四个角度阐述了城市教育收益率差异的来源。

为此，本文基于明瑟收入模型和阶层线性模型，运用中国家庭收入调查 2013 年城镇住户数据，探究了城市等级、家庭背景对个人教育回报率的影响。与以往文献比较，首先，本文综合考虑了家庭背景（包括家庭教育背景、家庭社会背景）与城市变量，并从个人—家庭—城市的阶层关系视角考察了其对个人教育回报率的影响；其次，在教育回报率的城市差异研究中，本文使用阶层线性模型，并在模型中引入城市等级指标，从实证分析结果探讨了城市间教育回报率差异的来源。

二、作用机制

（一）个人—家庭—城市的阶层关系

在社会与行为科学的研究中，变量或数据经常表现出阶层结构（hierarchical structure）（Ita Kreft and Jan de Leeuw，2007），一些变量描述了个体特征，同时某些具有相同特征的个体聚集为一个组织，又有一些变量描述了这种组织。从阶层结构角度看，个人—家庭—城市关系如图 1 所示。由图 1 可见，城市、家庭与个人教育回报率的关系是，城市作用于个人、城市作用于家庭、家庭作用于个人的层级关系。这种关系中，一方面，个体嵌于家庭。家庭的教育、收入、社会背景等会对家庭中的个体产生共同影响。这意味着，同一个家庭或具有相似家庭背景的个体教育回报率可能呈现出较大的相似性，而家庭背景差别较大的个体呈现出的教育回报率差别可能也较大。另一方面，个体、家庭嵌于城市。城市经济发展水平、地域等条件会对城市中个体或家庭产生共同影响。这意味着，属于同一个城市的个体或家庭可能表现出一定的“同质性”，不同城市或环境差别较大的城市中个体或家庭可能表现出更大的“异质性”。

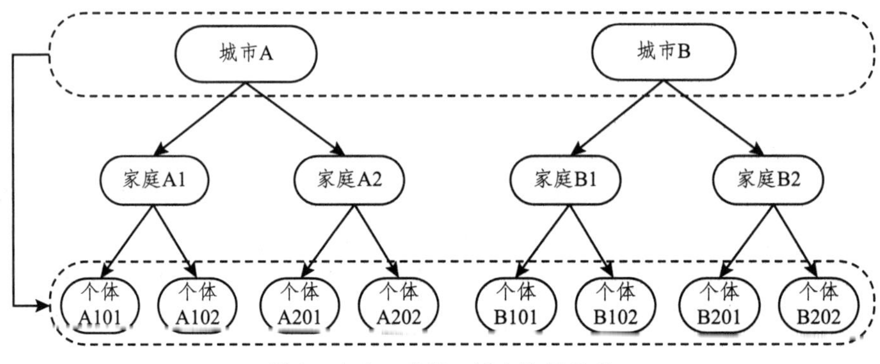

图 1 个人—家庭—城市阶层关系

正是基于这种层级关系，本文从“家庭因素”中选取家庭教育背景、家庭社会背景变量考察其对教育回报率的影响，从“城市因素”中选取城市等级变量考察其对教育回报率的影响及教育回报率在城市间的差异。

（二）家庭背景对教育回报率作用路径

1. 能力与综合素质

家庭是个体成长与学习的最初环境，稳定的家庭收入、父母良好的教育程度往往有助于子女能力及综合素质的培养；父母的智商、性格等可能通过遗传和后天教育等方式对子女智商、性格等产生影响；而个体的智商、能力等素质是影响其教育回报率的重要因素（Griliches，1997；Lam and Schoeni，1993）。

2. 就业帮助

在市场机制不完善、就业机会不平等现象普遍存在的情况下，良好的家庭背景可以在子女就业时为其提供类似于“关系户”“就业推荐”等显性或隐性的帮助；家庭社会关系网络、父母的教育程度和政治身份往往有利于子女进入高收入行业（陈钊、陆铭、佐藤宏，2009），从而使其获得更高的教育回报率。

（三）城市等级对教育回报率作用路径

1. 技能偏向型技术与产业

城市等级或发展水平高的城市通常具有较高的技术进步水平与较高的前沿技术产业比重。依据资本—技能互补性假说，高技术水平的软件、机器设备等通常需要与具有高技能的人才匹配，从而使生产过程对高质量人力资本的需求增加（王林辉、韩丽娜，2012），进而带来教育回报率的增长。

2. 人力资本集聚

城市等级越高，城市中的企业、人口的数量及密度往往越大。企业与工人聚集能促进劳动力在近距离的学习交往中形成知识共享与技术交流，加快知识传递和人力资本积累的速度（Glaeser，1997）。长期聚集后产生的知识外溢与技术外溢提高了劳动者的生产率，进而作用于教育回报率的增长效应。

3. 生活成本

等级或发展水平高的城市生活成本通常也较高。较高的生活成本，一方面使企业为留住人才提高工资水平而产生工资溢价（Glaeser and Mare，2001）；另一方面使只能获得低教育回报率的个体离开城市。这两方面的效应均对城市中个体的平均教育回报率有正向影响。

4. 家庭环境

如前所述，家庭是嵌于城市的单位，相同或相似城市的家庭可能具有更多的“同质性”。城市等级越高，其家庭的平均收入水平往往越高，其教育资源往往也会更丰富，且等级或发展水平高的城市会吸引更多高学历的人才。而较高的家庭收入水平和父代受教育程度会有助于子代的教育和能力培养，从而间接影响子代的教育回报率。

三、模型设定

（一）家庭背景对教育回报率、城市等级对教育回报率

前面已经提到，个人—家庭—城市之间表现为阶层关系，分析阶层变量或数据的适当方法是阶层数据模型，这种方法假定每一个组织有各自不同的截距或斜率，不仅能正确处理模型的参数估计问题，还能分析宏观变量对微观变量的效应及跨层交互作用。

就本文变量或数据而言，由于家庭中子女往往只有一个或两个，因此计量上子代很难稳定地表现出家庭内的“同质性”与家庭外的“异质性”，此时可将家庭背景变量视为个体所属变量；而城市中的个体或家庭数据众多，这时同城市个体或家庭聚集为一类并呈现出“同质性”。因此，在建立阶层线性模型时，适宜的方式是将家庭背景变量与个体变量置于同层，而将城市等级变量置于第二层，以检验家庭背景对教育回报率的作用、城市等级对教育回报率的作用及城市间教育回报率的差异。参考模型设置如下：

第一层，个人维度：

$$\ln y_{ij} = \beta_{0j} + \beta_{1j}sex_{ij} + \beta_{2j}exp_{ij} + \beta_{3j}exp_{ij}^2 + \beta_{4j}edu_{ij} + \beta_{5j}eduf_{ij} \times edu_{ij} + \beta_{6j}socf_{ij} \times edu_{ij} + \varepsilon_{ij} \tag{1}$$

第二层，城市维度：

$$\beta_{0j} = \gamma_{00} + \mu_{0j} \tag{2}$$

$$\beta_{1j} = \gamma_{10} \tag{3}$$

$$\beta_{2j} = \gamma_{20} \tag{4}$$

$$\beta_{3j} = \gamma_{30} \tag{5}$$

$$\beta_{4j} = \gamma_{40} + \gamma_{41}city_j + \mu_{4j} \tag{6}$$

$$\beta_{5j} = \gamma_{50} \tag{7}$$

$$\beta_{6j} = \gamma_{60} \tag{8}$$

将式（2）~式（8）代入式（1）可得到混合模型：

$$\ln y_{ij} = \gamma_{00} + \gamma_{10}sex_{ij} + \gamma_{20}exp_{ij} + \gamma_{30}exp_{ij}^2 + \gamma_{40}edu_{ij} + \gamma_{41}city_j \times edu_{ij} + \gamma_{50}eduf_{ij} \times edu_{ij} + \gamma_{60}socf_{ij} \times edu_{ij} + \mu_{0j} + \mu_{4j}edu_{ij} + \varepsilon_{ij}$$

模型第一层。被解释变量 $\ln y_{ij}$，表示 j 城市 i 个体的收入对数。解释变量 sex_{ij}、exp_{ij}、exp_{ij}^2、edu_{ij}、$eduf_{ij} \times edu_{ij}$、$socf_{ij} \times edu_{ij}$ 分别表示 j 城市 i 个体的性别、工作经历、工作经历平方、受教育程度、受教育程度与家庭教育背景交乘项、受教育程度与家庭社会背景交乘项。关键系数 β_{4j} 表示城市 j 中个体的平均教育回报率（不被家庭背景因素影响的部分），β_{5j} 表示城市 j 中家庭教育背景对教育回报率的作用，β_{6j} 表示城市 j 中家庭社会背景对教育回报

率的作用。

模型第二层。解释变量 $city_j$ 表示城市 j 的等级水平。关键参数 γ_{41} 表示城市 j 的等级水平对教育回报率的影响。系数 β_{0j}、β_{4j} 采用随机系数，即允许不同的城市具有不同的收入水平截距项与教育回报率（除去家庭背景与城市等级解释的部分）。

混合模型。混合模型包括误差项 ε_{ij} 在内共 11 项，前 8 项为固定效应，之后 2 项为随机效应。将混合模型等式两边对受教育程度 edu_{ij} 求偏微分，可得 j 城市 i 个体的教育回报率公式如式（9）所示，式（9）中包含了城市等级、家庭教育背景、家庭社会背景三个变量，系数 γ_{41}、γ_{50}、γ_{60} 分别代表了城市等级、家庭教育背景、家庭社会背景对教育回报率的作用，μ_{4j} 表示城市间教育回报率差异（不含被城市等级解释的部分）。

$$\frac{\partial \ln y_{ij}}{\partial edu_{ij}} = \gamma_{20} + \gamma_{41} city + \gamma_{50} eduf_{ij} + \gamma_{60} socf_{ij} + \mu_{4j} \tag{9}$$

（二）城市等级与“家庭背景”

如上所述，城市等级对教育回报率的影响不仅表现为直接作用，也表现为先对家庭背景产生影响进而对教育回报率产生间接影响。前述模型已经能考察其中的直接关系，本节对城市等级与家庭背景的关系建立阶层线性模型如下：

第一层，个人维度：

$$edu_{ij} / soc_{ij} = \beta_{0j} + \varepsilon_{ij} \tag{10}$$

第二层，城市维度：

$$\beta_{0j} = \gamma_{00} + \gamma_{01} city_j + \mu_{0j} \tag{11}$$

其中，被解释变量 edu_{ij}、soc_{ij} 分别表示表示 j 城市 i 个体的受教育年限和工作性质；解释变量 $city_j$ 表示城市 j 的等级水平。系数 γ_{01} 表示城市等级与受教育年限或工作性质的关系，μ_{0j} 表示允许不同城市的个体间存在受教育程度或工作性质的整体差异。

三、数据选择与处理

（一）个人与家庭数据

1. 数据来源与处理

本文使用的个人与家庭的微观数据来源于中国家庭收入调查 2013 年的城镇住户数据。之所以选择城镇住户数据是考虑到农村住户家庭教育背景和家庭社会背景数据可能集中“偏低”，同时本文城市等级的概念中城市的范围主要是市辖区，而农村地区不涵盖在内。中国家庭收入调查 2013 年城镇住户共包含 19887 个个体，本文匹配了数据库中的户主与其父母，户主配偶与其父母，户主、户主配偶与其子女共三种类型的父代—子代数据，同时，剔除了子代没有就业、工作时间低于半年、工作地点不在本市及各项数据有缺失的样本，并依据收入水平进行异常值处理。

2. 变量数据说明

个人收入水平 y 使用数据库中个体的 2013 年年收入，单位为元。性别 sex 为虚拟变量，sex =1 表示男性，sex =0 表示女性。教育程度 edu 使用个体的受教育年限数据，单位为年。工作经验 exp 使用个体当前工作的工作年数，单位为年。家庭教育背景 eduf 使用个体父母当中学历较高一人的学历水平表示，并转化为相应的受教育年限。家庭社会背景 socf 为虚拟变量，socf = 1 表示父母中至少有一人的工作单位或工作类型为党政机关团体。个人工作性质 soc 为虚拟变量，soc = 1 表示工作单位或工作类型为党政机关团体。在城市等级与家庭背景关系的实证分析中，个人受教育程度 edu 与个人工作性质 soc 被视作其下一代的家庭教育背景变量与家庭社会背景变量。

3. 统计性描述

个人及其家庭背景数据的描述性统计结果如表 1 所示。

表 1 个人及其家庭背景数据的描述性统计

变量	样本量	均值	标准差	最小值	最大值
y	7556	40328. 37	28104. 46	3400	266000
sex	7556	0. 5753044	0. 4943294	0	1
exp	7556	12. 97975	10. 12172	0	52
edu	7556	11. 81326	3. 29019	0	22
eduf	7556	7. 335892	4. 565162	0	19
socf	7556	0. 0623346	0. 2417782	0	1
soc	7556	0. 0697459	0. 2547351	0	1

（二）城市数据

1. 数据来源与处理

本文使用的城市数据来源于 2014 年《中国城市统计年鉴》。考虑到数据的可获得性、缺失值及经济意义等共选取 10 项城市指标，具体包括：年末总人口 l、行政区域土地面积 m^2、生产总值 gdp、第二产业增加值 erz、第三产业增加值 scz、工业总产值 gyc、固定资产投资 k、社会消费品零售总额 xf、公共财政收入 czs、公共财政支出 czz。各指标均采用城市市辖区数据。本文基于此 10 项指标，采用因子分析法求得各城市的城市等级指数，进一步采用聚类分析将样本中的城市分为 4 类。

2. 因子分析

基于上述 10 项指标，使用 SPSS 软件对样本中的 117 个城市进行因子分析。分析结果显示 KMO 值为 0.804，球形检验显著性 P = 0.000，表明变量间具有较强的相关性且相关系数矩阵为非单位阵，故可开展因子分析。因子得分系数矩阵如表 2 所示，依据得分系数矩阵，通过式（12）可求得各城市的城市等级得分。

$$city = 0.106l + 0.075m^2 + 0.119ecz + 0.116scz + 0.11gyc + 0.112k + 0.118xf + 0.112czs + 0.114czz \tag{12}$$

表 2　　因子得分系数矩阵

指标	l	m^2	gdp	ecz	scz	gyc	k	xf	czs	czz
因子	0.106	0.075	0.119	0.113	0.116	0.11	0.112	0.118	0.112	0.114

3. 聚类分析

基于因子分析得到的城市等级得分，采用 K – mean 聚类分析法将样本中的城市分为四类。结果如下，第一类：北京；第二类：广州、深圳、重庆；第三类：沈阳市、大连市、南京市、无锡市、苏州市、合肥市、济南市、青岛市、郑州市、武汉市、长沙市、佛山市、成都市；第四类：其他共 100 个城市。

进一步，基于城市等级划分，定义城市等级虚拟变量 city1、city2、city3；其中，city1 = 1 和 0 分别表示城市为第一类城市和其他等级城市，city2 = 1 和 0 分别表示城市为第二类城市和其他等级城市，city3 = 1 和 0 分别表示城市为第三类城市和其他等级城市。

4. 统计性描述

城市等级得分及城市级别划分数据的描述性统计如表 3 所示。

表 3　　城市等级得分与城市级别划分数据统计性描述

变量	样本量	均值	标准差	最小值	最大值
city	117	0.0000	1.00000	–0.59	6.08
city1	117	0.0085	0.09245	0	1
city2	117	0.0256	0.15874	0	1
city3	117	0.1111	0.31562	0	1

四、估计结果与分析

（一）家庭背景对教育回报率、城市等级对教育回报率

以传统明瑟模型为基础，引入代表家庭背景的变量 eduf 和 socf，引入代表城市等级的变量 city、city1、city2 和 city3 进行实证分析，模型估计结果如表 4 所示。其中，模型 1 为传统明瑟模型（加入了性别虚拟变量）。模型 2 ~ 模型 3 是在模型 1 的基础上加入了家庭背景因素；模型 4 ~ 模型 6 是在模型 2 ~ 模型 3 的基础上加入了城市因素，并使用阶层线性模型进行分析。模型 4 中未加入城市等级变量，模型 5 中城市等级变量采用因子分子法得到的城市等级得分 city，模型 6 中的城市等级变量采用聚类分析法得到的城市等级虚拟变量 city1、city2、city3。

模型 1 所示为明瑟模型的最小二乘法（OLS）估计结果。由表 4 可知，各变量系数正负符合预期，且均在 1% 的显著水平上拒绝了原假设。β_0 为 9.2120，表示没有工作经验、没有教育经历的女性工作者年平均工资估计值为 $e^{9.2120} \approx 10017$ 元。β_1 为 0.2324，表示没用工作经验、没有教育经历的男性工作者年均工资估计值比相应的女性高 $e^{(9.2120+0.2324)} - e^{9.2120} \approx 2621$ 元。β_2 为 0.0315，表明工作经验每多一年，工资平均提高 3.15%。β_4 为 0.0701，表明每多受一年的教育，工资平均提高 7.01%，即教育回报率为 7.01%。

模型 2 所示为扩展明瑟模型的最小二乘法的估计结果。考虑回归分析中使用的稳健标准误方法不能完全处理掉异方差问题，模型 3 是在模型 2 的基础上改用加权最小二乘法（WLS）估计。由表 4 可知，模型 2 和模型 3 中，截距、性别、工作经验各项系数依旧在 1% 的水平上显著，且各系数估计值与模型 1 差别很小；β_4 的估计值分别为 0.0657 和 0.0650，均低于模型 1 的水平，说明不考虑家庭背景的影响，可能会导致教育回报率的高估。另外，最小二乘法估计结果显示，家庭教育背景对教育回报率有显著的正向影响，而家庭社会背景对教育回报率影响不显著。加权最小二乘法估计结果显示，家庭教育背景和社会背景对教育回报率均具有显著的正向影响；β_5 为 0.0003，表示父母最高受教育程度每提高一年，子代教育回报率平均提高 0.0003；β_6 为 0.0005，表示父母至少一人工作单位或类型为政府机关团体的教育回报率比其他群体的高 0.0005。

表 4　　城市等级、家庭背景与教育回报率估计结果

		模型 1	模型 2	模型 3	模型 4	模型 5	模型 6
β_0	γ_{00}	9.2120 *** (324.15)	9.2308 *** (329.94)	9.2446 *** (1909.17)	9.3099 *** (228.58)	9.3311 *** (229.39)	9.3289 *** (235.94)
sex，β_1	γ_{10}	0.2324 *** (17.65)	0.2335 *** (17.74)	0.2300 *** (125.50)	0.2349 *** (17.40)	0.2355 *** (17.52)	0.2354 *** (19.44)
exp，β_2	γ_{20}	0.0315 *** (14.20)	0.0318 *** (14.30)	0.0311 *** (87.04)	0.0350 *** (11.72)	0.0352 *** (11.89)	0.0352 *** (17.57)
exp2，β_3	γ_{30}	−0.0006 *** (−10.14)	−0.0006 *** (−10.15)	−0.0006 *** (−56.29)	−0.0007 *** (−6.42)	−0.0007 *** (−6.52)	−0.0007 *** (−12.52)
edu，β_4	γ_{40}	0.0701 *** (34.88)	0.0657 *** (23.83)	0.0650 *** (150.43)	0.0470 *** (14.22)	0.0447 *** (13.75)	0.0419 *** (12.49)
	eduf，β_5 或 γ_{50}		0.0003 ** (2.31)	0.0003 *** (16.69)	0.0003 ** (1.97)	0.0003 ** (1.96)	0.0003 ** (2.83)
	socf，β_6 或 γ_{60}		0.0006 (0.28)	0.0005 ** (2.89)	0.0014 (0.88)	0.0016 (0.99)	0.0016 (0.87)
	city，γ_{41}					0.0077 *** (4.97)	
	city1，γ_{42}						0.0381 *** (3.58)
	city2，γ_{43}						0.0338 *** (5.11)
	city3，γ_{44}						0.0166 *** (4.45)
re	μ_0				***	***	***
re，edu	μ_4				***	***	***

注：*、**、*** 分别代表 10%、5% 和 1% 的显著性水平。

模型 4 所示为扩展明瑟模型和阶层线性模型的最大似然估计法估计结果。由表 4 可知，截距、性别、工作经验各项系数依旧在 1% 的水平上显著，且变量系数与模型 1 ~ 模型 3 差别较小。考虑城市因素后，平均教育回报率估计值显著低于模型 1 ~ 模型 3 的估计值，应该是教育回报率较高的城市的样本量占比高所致，表明忽略城市因素可能会导致教育回报率估计的偏误。家庭教育背景依旧对教育回报率有显著的正向影响；而家庭社会背景对教育回报率影响不显著，对比模型 2 和模型 3 可知或为未完全消除的异方差所

致。μ_0 在 1% 的水平上拒绝了原假设，表明收入水平在各城市间存在显著差异，μ_4 在 1% 的水平上拒绝了原假设，表明教育回报率在各城市间存在显著差异。

模型 5 所示为扩展明瑟模型和阶层线性模型的最大似然估计法估计结果，且城市等级变量采用因子分析得到的得分数据。由表 4 可知，城市等级对教育回报率有显著的正向影响；γ_{41} 为 0.0077，表示城市等级得分每提高一分，城市中个体的平均教育回报率提高 0.0077。μ_4 依旧在 1% 的水平上拒绝了原假设，表明除了城市等级的影响外，教育回报率在各城市间仍存在显著差异，这些差异是城市等级变量不能解释的部分。

模型 6 所示为扩展明瑟模型和阶层线性模型的最大似然估计法估计结果，且城市等级变量采用聚类分析得到的虚拟变量数据。由表 4 可知，城市等级变量对教育回报率有显著的正向影响。γ_{42} 为 0.0381，表示第一类城市平均教育回报率比第四类城市高 0.0381；γ_{43} 为 0.0338，表示第二类城市平均教育回报率比第四类城市高 0.0338；γ_{44} 为 0.0166，表示第三类城市平均教育回报率比第四类城市高 0.0166。μ_4 在 1% 的水平上拒绝了原假设，表明教育回报率在城市间存在显著差异，并且这些差异是城市等级变量不能解释的部分。

（二）城市等级与“家庭背景”

表 5 为城市等级与受教育程度、工作性质关系的估计结果。模型 1 和模型 2 以教育程度 edu 为被解释变量，模型 3 和模型 4 以工作性质 soc 为被解释变量；模型 1 和模型 3 中的城市等级变量采用因子分子法得到的城市等级得分 city，模型 2 和模型 4 中的城市等级变量采用聚类分析法得到的城市等级虚拟变量 city1、city2、city3。

如表 5 所示，模型 1 和模型 2 中，除 γ_{03} 外各城市等级变量系数均在 1% 或 5% 的水平上显著，表明城市等级越高，平均受教育程度也越高；μ_0 均在 1% 的水平上显著，表明受教育程度在城市间存在显著差异，这些差异是没被城市等级变量解释的部分。模型 3 和模型 4 中，μ_0 均在 1% 的水平上显著，表明工作单位或类型为党政机关团体的比例在城市间存在显著差异，但是各城市等级变量系数均不显著，即城市等级不能解释城市间工作性质比例的差异。

前述已经验证家庭教育背景对子代教育回报率有正向的影响，而表 5 进一步表明城市等级越高，人均受教育程度也越高。因此，城市等级可能会作用于家庭教育背景从而对个人教育回报率产生间接影响。

表 5　　城市等级与受教育程度、工作性质关系估计结果

	edu	模型 1	模型 2	soc	模型 3	模型 4
β_0	γ_{00}	11.4164 *** (97.10)	11.2636 *** (86.20)	γ_{00}	0.0805 *** (97.10)	0.0861 *** (9.75)
	city，γ_{01}	0.3934 *** (4.71)		city，γ_{01}	-0.0121 (-1.671)	
	city1，γ_{02}		2.4233 ** (2.07)	city1，γ_{02}		0.0302 (0.400)
	city2，γ_{03}		1.0923 (1.58)	city2，γ_{03}		0.0473 (-1.059)
	city3，γ_{04}		0.9367 ** (2.61)	city3，γ_{04}		0.0411 (-1.737)
re	μ_0	***	***	μ_0	***	***

注：*、**、*** 分别代表 10%、5% 和 1% 的显著性水平。

五、结　　论

教育回报率及其差异化研究是解释劳动收入差距的重要课题与研究方向。本文运用中国家庭收入调查 2013 年城镇住户数据，基于明瑟模型，并引入代表家庭教育背景的父母教育程度变量和代表家庭社会背景的父母工作性质变量，探究了家庭背景对教育回报率的影响；引入城市等级得分变量和城市等级虚拟变量，结合阶层线性模型探究了教育回报率的城市差异及城市等级对教育回报率的影响。

实证结果表明，家庭教育背景、家庭社会背景对教育回报率均有显著影响。父母的教育程度越高，子代表现出的教育回报率也越高，具体而言，父母最高受教育程度每提高一年，子代教育回报率平均提高约 0.0003。父母工作单位或类型有为政府机关团体的教育回报率要显著高于其他群体的教育回报率，具体而言，父母至少一人工作单位或类型为政府机关团体的教育回报率比其他群体的高约 0.0005。结果还表明，教育回报率在不同城市间有显著差别，城市等级可对此差异给予部分解释。城市等级得分越高，相应的教育回报率也越高，具体而言，城市等级得分每提高一分，城市中平均教育回报率提高约 0.0077。一类城市到四类城市的教育回报率依次递减，具体而言，第一类城市平均教育回报率比第四类城市高约 0.0381，第二类城市平均教育回报率比第四类城市高约 0.0338，第三类城市平均教育回报率比第四类城市高约 0.0166。此外，城市环境可能会通过作用于家庭背景从而对个人教育回报率产生间接影响，例如，城市等级越高，个体的平均受教育程度也越高，因此其子女的教育回报率也可能表现得更高。

参考文献

[1] 李实，丁赛．中国城镇教育收益率的长期变动趋势［J］. 中国社会科学，2003（6）：58－72.

[2] 赖德胜．教育与收入分配［M］. 北京：北京师范大学出版社，2001.

[3] 杨国涛，段君，刘子訸．明瑟收入方程的若干改进和思考［J］. 统计研究，2014，31（7）：81－84.

[4] 张世伟，吕世斌．家庭教育背景对个人教育回报和收入的影响［J］. 人口学刊，2008（3）：49－53.

[5] 王海港，李实，刘京军．城镇居民教育收益率的地区差异及其解释［J］. 经济研究，2007（8）：73－81.

[6] 彭竞．中国教育回报率的城市差异及原因分析［D］. 东北财经大学，2011.

[7] ItaKreft，JanDeLeeuw. 多层次模型分析导论［M］. 重庆：重庆大学出版社，2007.

[8] 陈钊，陆铭，佐藤宏．谁进入了高收入行业？——关系、户籍与生产率的作用［J］. 经济研究，2009（10）：121－132.

[9] 王林辉，韩丽娜．技术进步偏向性及其要素收入分配效应［J］. 求是学刊，2012（1）：56－62.

[10] Mincer J. Schooling，Experience and Earning［J］. Columbia University press：New York，1974：138－141.

[11] Lam D，Schoeni R F. Effects of Family Background on Earnings and Returns to Schooling：Evidence from Brazil［J］. Journal of Political Economy，1993，101：710－740.

[12] Griliches Z. Estimating the Returns to Schooling：Some Econometric Problems［J］. Econometrica，1977，45（1）：1－22.

[13] Glaeser E L. Learning in Cities［J］. Journal of Urban Economics，1997，46（46）：254－277.

[14] Glaeser E L，Mare D C. Cities and Skills［J］. Journal of Labor Economics，2001，19（2）：316－342.

City Hierarchy，Family Background and the Rate of Return on Education

—Empirical Analysis Based on Mincer Model and Hierarchical Linear Model

Yang Yan　Xue Fuxing

Abstract：This paper discusses the relationship between city hierarchy，family background and the rate of return on personal education，and the mechanism of action between them from the perspective of hierarchical relationship. On this basis, based on the Mincer income model and the hierarchical linear model, this paper uses the urban household data of China Household Income Project Survey 2013 to explore the impact of city hierarchy and family background on individual education returns. The results show that the rate of return on education is significantly different among different cities. The higher the city level, the higher the rate of return on education. The family education background and family social background both have a significant impact on the rate of return on individual education. The higher the education of parents, the higher the return on education of the offspring, and the nature of the work of parents also has a significant impact on the return on education of the offspring. In addition, city hierarchy may also have a positive impact on an individual's level of education, which indirectly affects the educational return of their children.

Keywords: City Hierarchy, Family Background, the Rate of Return on Education, Mincer Income Model, HLM

教育资源在房地产市场中的资本化研究

——基于广州市越秀区面板数据的实证分析

金 鑫 郭家虎*

摘 要： 在当今社会，人们日益重视对教育的投资，九年义务教育规定的“就近入学”的政策，使得“学区房”这一概念应运而生。相对于普通的二手房，学区房明显房价更高，涨幅更快，这体现了教育资源在房地产市场的资本化现象。近年来，为了社会的和谐稳定与住房市场及教育资源的均衡发展，政府制定了一系列政策，如多校划片，电脑派位，租售同权等，其中“租售同权”是一个有趣的尝试，广州作为租售同权政策的试点城市，它规定租房者在满足一定需求后也能享受到城市优质教育资源，那么从房价和房租的双重视角，优质教育资源究竟对房地产市场的影响几何？解决这个问题，对中国未来房地产市场的发展有着重要意义。

基于此，本文以广州市越秀区的二手房市场为研究对象，运用特征价格模型，比较学区房的教育特征对学区房房价和房租的影响，以此说明教育资源在房地产市场中的资本化情况。结果显示，优质小学对于二手房的房价均有显著影响，小学评分每变动一个单位，会给房价带来 9.1% 的溢价，而房租模型中，小学评分是不显著的，但是增加的中学数量这一变量每变动一个单位，给房租带来了 2% 的溢价。最终说明教育资源资本化的现象在二手房出售和租赁市场上均存在。

关键词： 教育资源资本化 学区房 特征价格模型 房地产市场

一、选题背景与意义

从古至今，教育始终是一个重要的话题，“知识改变命运”“再穷不能穷教育”等观念深入人心。改革开放以来，我国的教育模式从传统的重点小学精英主义的模式慢慢开始向“素质教育”转变，从 20 世纪 90 年代起，我国开始在小学和初中阶段实行“区域划片、就近入学”的政策，然而这时小学和初中在招生时仍旧有权力跨区招收看中的学生，也存在着择校费，“实验班”“艺术班”等各种名义选拔学生的现象，与此同时，“条子生”“关系

* 作者简介：金鑫（1996～ ），男，吉林白城人，北京大学软件与微电子学院研究生，研究方向：宏观经济；郭家虎（1975～ ），男，湖北荆州人，中央财经大学经济学院副教授，研究方向：宏观经济，产业经济。

户”等特殊情况的生源也在招生范围中占有着一定的比例。

21 世纪以后，人们开始对这些不公平的现象反思，并且开始更加严格地执行“就近入学”的政策，全国开始停止进行小学生的知识竞赛，叫停各学校争抢学生的行为，并且禁止任何学校收取“择校费”，“按片划分、就近入学”的政策得到了前所未有的强化。

政策的强化虽然在一定程度上抑制了教育行政权力滥用的情况，但是由于早期的重点学校政策，导致以往的重点学校仍旧具有良好的师资和教学水平，使得优质教育资源仍然存在空间分布上的不均和数量上的稀缺性。家长们的竞争从优质学校转向了优质学校所对应的学区房，这导致了“学区房”畸形高溢价现象的产生。现在，学区房所带来的一系列问题无时无刻不在吸引着大家的眼球，无论是房价的涨幅还是对教育公平性的探讨，这些问题都亟待解决。

为此，政府也制定了一系列的政策，例如多校划片，名校承办普通小学，将普通小学作为名校分校，同时将外来人口的子女纳入区域教育发展的规划当中，与此同时，也将其纳入政府财政的保障范围。最近，广州市响应中央号召，首批进行了租售同权政策的试点，基于此，本文研究广州市越秀区的房地产市场，探究该地区优质的教育资源对该地区房价和房租的影响，从微观上说，可能对消费者购房、租房具有一定的指导意义；从宏观上讲，可能对政府的租售同权以及其他改进教育资源公平性的政策的有效性检验具有一定的意义。

二、文献综述

（一）国外对教育资源资本化的研究成果

关于教育资源的资本化研究由来已久，奥茨（Oates，1969）首先运用了 Hedonic 模型，即特征价格模型分析了教育资源对于住宅价格的影响，开启了教育资源资本化理论的先河。在对教育质量的代理变量选择方面，他将数据取样范围定为美国新泽西州北部，并以投入指标表示教育资源的优劣，主要包括：学生人均支出、师生比例、少数民族比例、学校经费等，由此他得出了学生人均支出与住宅价格正相关的结论。

自此之后，国外的研究者们开始探讨教育资源会如何影响房地产市场的价格水平，以此来探讨教育资源的资本化问题。例如，罗斯（Rosen，1974）认为为了更恰当地表示学校质量，需要选择产出类的指标，如退学率以及学生各种考试的绩点等，他们的研究也证明了学校质量与房价之间的高度正相关的关系。此后的有关教育资源的资本化研究大多采用了产出指标作为教育质量的代理变量，例如瓦尔纳和沃尔科夫（Warner and Wolkoff，2001）以

ELA 的考试分数来当作教育资源的代理变量得出了城区房价对于考试分数的弹性为 0.6 ~4.7。后来，扎西洛维奇 - 赫伯特和特布尔（Zahirovic - Herbert and Turnbull，2008）以及菲戈利奥和卢卡斯（Figlio and Lucas，2004）把所研究的学校进行等级评比，能够借此来衡量教育资源的优劣，前者的研究结果显示：对于不同等级的学校来说，等级的提升可以提高该学校周围的房地产价格，而后者的研究发现“A”等级学校附近的房价要比“B”等级的高出了 20%。

对于房屋价值的变量选择，外国的研究者们每个人的衡量形式都不甚相同，例如，有些学者们令二手房的成交价格作为房屋价值的替代变量，也有人以住房价格指数来替代房屋价值或者住房销售广告的价格，还有一些作者选择了业主自己的报价当作变量，但是业主自己的报价倾向于夸大他们的住房价值，而根据阮黄方和任永杰（Phuong Nguyen - Hoang and John Yinger，2011）的研究，销售广告的价格会跟实际成交价有着不同的表现，所以学者们大多采用住房成交价格来当作房屋价值的替代变量。

而对于模型的选取上，Hedonic 模型是传统的衡量教育资源与房地产市场价格水平关系的模型，随着时代的发展，它的相关的理论和研究方法也在不断完善。但是近年来，学者们发现了 Hedonic 模型的一些不足。

第一，教育资源与治安状况、环境建设、邻里氛围等变量密切相关，而 Hedonic 模型作为特征变量模型，没有办法把观察到和衡量好住房的所有特征变量。一般来说，人们这时会采用工具变量法（IV Regression），借此来处理遗漏的变量，在不同层次的分析中，IV 法都是适用的，但是如果工具变量找不到有效的话，它就会很耗费时间和精力，也可能一事无成。而处理遗漏变量也有其他的方法，例如固定边界效应法（the boundary fixed effects，BFE），这种方法将研究区域定位为某地区的边界线的两侧，将其划分为不同的带状范围，这样，就可以假定这两个边界区域内的住宅都拥有相同邻里特征、区域特征，而它们所对应的教育特征是相同的。首先推广此方法的是布莱克（Black，1999），她的方法是分别计算离学区边界 0.15、0.25、0.35 英里，然后以此为边界范围划分为三个区域，结果发现，边界固定法得出的教育资本化系数相比之前减少了一半。

第二，如果考虑到群分效应的话，特征价格模型所做的估计就不准确了。所谓群分效应，即在理性人的理性选择之下，一个地区的聚集情况会是具有相同偏好的理性人聚集在一起，这种情况会导致邻里特征，例如周围邻居的受教育水平以及物业率的不同，久而久之，也会给学校的等级带来一定的影响，从而导致对学区房溢价的估计存在偏误。为了解决群分效应带来的麻烦，拜尔等（Bayer et al.，2007）的论文引入了收入和受教育程度作为变量，得出了群分效应会夸大学校质量对住宅价格的影响。

（二）国内对教育资源资本化的研究成果

总体来说国内对于教育资源资本化的研究少于国外，主要限制是数据的可得性，并且，由于国内的相对特殊的学区制度，国内的研究主要涉及的是学区制度和学区房的问题。

最开始的时候，大多数研究者从社会学的角度分析了学区制度和什么带来的“学区房”热，如黄道主、许锋华（2010），陈玲芬（2013），万慧颖、姚伟（2013）。也有雷少波（2002）运用个案研究和文献研究的方法对居民小区和小学教育配套发展进行了探讨。

但是从经济学角度运用 Hedonic 模型来研究教育资源对房地产市场影响的文章近年来才在国内出现。在学校的等级或者说质量的判断上，由于我国的信息保密制度，人们难以获得产出的指标，例如学生的分数，竞赛情况等有关学校评价的信息，有的人以以往的重点小学名录来判断，有的人去家长论坛来确定口碑，有的人根据国家新判定的省示范、市示范和区示范来给学校分级，在这些文献中，冯皓、陆铭（2010）的研究比较具有代表性意义。这两位学者将学校质量和学区作为自变量，来判断对二手房房价的影响，他们收集了上海市 52 个区域的房价的月度面板数据以及高中的情况，并选择政府命名的先后两个批次的示范高中作为自变量。他们的研究结果表明，首批被政府命名示范高中每增加 1 所，会给住宅价格带来 21.7% 的溢价。而此批示范高中每增加一所，给房价带来的影响为首批的 25%，这个研究说明了优质的教育资源已经资本化到房价中。但这篇文章也存在着一些不足，例如它选取高中学校为样本，而高中的入学标准与学区的关联不大，以高中来衡量教育资源的资本化可能会低估其带来的溢价。

另外，温海珍、杨尚和秦中伏（2013）的文章也有一定的创新之处，这篇文章采用的数据来源于杭州城区的房价和教育资源数据，文章中设置了 5 个教育特征变量，借此来探讨教育特征对房价的影响，这些变量有小学和初中的质量、1km 内幼儿园数目、小区周围高中的情况、小区周围大学的情况。研究表明，以小学等级作为核心自变量来衡量的优质教育资源对杭州市二手房的房价具有显著正向影响，对于其他的教育变量，比如幼儿园、高中和大学，它们的入学制度与学区制无关，所以有关变量设置为 1km 内幼儿园数目和小区周围存在高中及大学与否，结果表明幼儿园、高中和大学则通过可达性提高了周边住宅的价格。王振坡、梅林和王丽艳（2014）基于天津市和平区的实证数据研究城市公办小学教育资源资本化程度，分析了空间溢出价格形成原因，并且就资本化外部效应和基础教育资源均衡配置对策进行了讨论。张浩、李仲飞和邓柏峻（2014）采用了城市里每平方公里所拥有的优质小学的数目作为自变量，来衡量教育资源的好坏，并以此探讨教育资源在北京、上海等一线城市的资本化问题，此外，这篇文章还针对教育资源的沉淀效应进行了分析，针对温海珍、杨尚和秦中伏（2013）的结论，用自己的指标进行了进一步说明，从而得出了教育资源对于房价的增长率也有着显著的影响，哈巍、吴红斌和余韧哲（2015）的研究同样也采用了重点小学作为教育资源质量的替代变量。

以上的文献虽然对于教育资源质量所采用的指标不同，但是还都是研究的教育资源与房屋价格的关系，而周业安、王一子（2015）开创性地使用了土地价格作为研究学区房现象的替代变量，这样可以避免商品房异质性的干扰。

随着学区房问题的加重，国家开始思考能否利用租售同权来缓解“学区房”热，一直以来，由于学区制度，学区和租金之间的相关关系的研究极少。江维（2016）的研究覆盖武汉市江岸区，确定了各小学与所对应的学区范围，在此基础上，采集武汉市江岸区学区房的房价和房租，再通过将小学评级为两个层次当作自变量，借此来更好地衡量武汉市江岸区的重点小学对二手房购房和租房市场的影响大小。

如今，随着国家租购同权政策的试点，这种变化很可能会给学校对口小区的房租带来影响。根据欧阳鑫、邓益成（2017）、黄小珂（2017）以及戴甲芳（2017）的研究，虽然租售同权的政策对教育资源资本化到房租中有一定正向影响，但是房价的涨幅仍然超过租金的涨幅。租售同权能否成功，还需要时间的检验。

三、理论基础和模型构建

（一）理论基础

1. “学区房”现象与学区划分依据

“学区房”现象：21 世纪以来，就近入学政策一直在义务教育中实行，这导致了“学区房”热。何谓“学区房”？“学区房”就是口口相传的优良的初中或者小学的简章中对口招收学生的小区。作为家长，想要让孩子上对应的学校，就要通过购买对口的小区住房才能进入。随着人们对教育的重视，开发商们也通过炒作“学区房”概念来推高房价……通过数据可以看出，学区房相比于普通住房，价格更高更稳定，涨幅也更快。这表明，教育资源已经资本化，表现为优质的学校对普通住房市场房价的影响。由于房价的升高，以及一些城市规定租房者能享受到城市公共教育资源的政策，可以预测越来越多的人因为无法承担高昂的学区房房价，而选择租房来让子女享受优质学校的教育资源。

学区的划分依据：我国小学的“就近入学”政策是 1986 年所颁布的《义务教育法》确定的，我国公立小学的学区主要是以居住小区为单位划分的，并且学区在空间上不一定连续。学区的划分是动态的，由于旧小区的拆迁和新小区的建成，学区的范围每年会进行调整。

2. 供求关系理论

西方经济学家认为，在商品经济条件下，商品的供给和商品的需求存在着相互联系又相互制约的关系，供给和需求的相互作用决定了商品的价格。在房地产市场中，商品房也符合供求关系理论。商品房的供给是开发商修建而来，然后经由开发商来出售，商品房的需求是指人们主观想要购买的商品房数量。当供求达到均衡时，房地产市场的价格即是合适的商品房价格。

3. 特征价格模型理论

特征价格模型理论的基础在于消费者理论和隐含市场理论。消费者理论认为商品具有异质性，不同的效用值针对的是不同商品的特质或者针对相同商品的不同数量。消费者理论把商品的价格分解成每个特征属性对应的特征价格，所以消费者购买商品实际上购买的是商品的属性的集合。而隐含市场理论是特征价格模型成立的前提，它假设市场为完全竞争的，当市场上生产者和消费者的效用均最大化时，隐含价格的概念是边际供给价格，也是边际支付价格。我们必须要假设商品房异质性和隐含性的特点，以此来估计商品房相应特征的隐含价格。

4. 城市区位理论

城市区位理论是区域经济学中的概念，无论是杜能的农业区位论、韦伯的新古典区位理论还是克里斯塔勒的中心地理论，体现的均是区位的重要性。城市区位理论主要涉及的是住宅区位的不同对住宅价格的影响。在房地产经济中，住宅的价格和它所处的区位息息相关，不同的区位有着不同的优势，有些是交通优势，有些是经济或者文化优势，导致了不同的价格的产生。

5. 用脚投票理论

蒂伯特（Tiebout）认为，假设消费者自由流动，则其可以采用选择居住地的方式来实现对某些公共资源追求，这就是“用脚投票”理论。这主要是由于公共资源不完全的非竞争性，这类资源或者服务会由于使用者的饱和而降低使用者的效用。例如在房地产市场，人们会倾向于选择公共服务更好的小区，太多的人进行这种选择形成了竞争，会导致小区的房价上涨。教育资源即是一种公共服务，会导致人们趋向于拥有更好教育资源的地区，导致房屋价格上涨。

（二）特征价格模型的构建

1. 特征价格模型的假设

（1）商品具有异质性：指不同的商品存在不同的属性特征，这样才能运用特征价格模型来分离出商品对应的隐含价格。

（2）商品的属性特征要具有连续性。

（3）消费者效用的统一性：指消费者按照自身的偏好选择商品时，消费者对于相同的商品，并且着眼于它的同一特征属性，这时，消费者们得到的效用是相同的。

（4）市场的单一性：市场必须是单一的，并且必须保证市场所对应的单一的函数形式要表达出所要研究的课题。

（5）市场存在均衡：市场接近完全竞争市场，存在均衡的可能。

2. 特征价格模型的变量

变量的选取对于特征价格模型来说是重中之重，理论上，特征价格模型包含越多可以影响因变量的自变量，它的估计就越精确。但是由于数据的可得性，有些指标难以获得。具体到住房市场上，根据国内外文献，商品房的住宅特征主要分为三类：第一类是建筑特征，包括商品房的户数、朝向、户型、面积、所处楼层、建筑年限及装修程度等；第二类是邻里特征，包括绿化率、容积率以及物业费等；第三类是住宅的区位特征，包括交通的便利性，例如公交线路地铁线路的多寡和距离商业中心、医院等的距离。因为研究的是教育资源的资本化，所以本文将教育特征单独处理。

3. 特征价格模型的基本函数

特征价格模型的因变量是住宅的价格或租金，自变量是商品房的属性特征。基本模型可以表达为：

$$P = f(H, N, L, S) + \varepsilon$$

其中，H 为建筑特征，N 为邻里特征，L 为区位特征，S 为教育特征。

4. 特征价格模型的参数估计

特征价格模型一般采用最小二乘法来估计，它的假定是样本的解释变量和随机误差不相关，随机误差的期望为 0，随机误差具有同方差和无序列相关性。用这种方法可能存在的问题是可能会存在遗漏变量带来偏误，以及群分效应导致的各种问题，还有异方差的问题。

5. 特征价格模型的检验

进行检验的目的是确定模型的估计结果具备统计学意义，检验的项目有许多，例如对自变量进行多重共线性检验，以及拟合度 R^2 的检验、显著性检验以及 D－W 检验等。多重共线性检验可用共线性诊断表格中的特征值或条件索引列进行检验，检验标准是：特征值越接近 0，条件索引列的值越大于 10，可以说明共线性越严重。拟合度检验中，调整 R^2 即可决系数越大，则模型的拟合度越高；显著性检验通常采用 T 检验或者 F 检验，当 sig 值小于 0.05，则表示显著性较高，对于 F 检验，当 F 值大于临界值，则表示显著性较高；D－W 检验则检验残差是否具有独立性，当 D－W 的指标在 1 和 3 之间，说明残差的独立性比较强，指标越接近 0 或者 4，残差的相关性越强。

四、实证分析

（一）研究区域概况

1. 广州市越秀区概况

本文选择广州市越秀区作为研究区域，从单个商品房的层面来进行数据采集和实证分析。

广州市是广东省的省会，是国务院定位的国内四大超大城市之一，自古以来，广州市一直是华南地区的政治、经济、军事、文化和科教中心。广州市的城区常住人口占全国第三位，人均消费额全国第一。广州市面积 7434.4 平方公里，下辖 11 个市辖区。本文将研究区域定位广州市的老四区之一的越秀区，越秀区位于广州市中部，是广州市最古老的城区，也是人口密度最高的城区。越秀区的学区划分是每年进行更新的，广州市各区的教育局会在每年的一定时期发布公告，宣布本区内各小学的对应学区划分，学校也会发布招生简章，将招生范围明确为对应的学区。选择广州市越秀区的主要原因是，越秀区公共资源较为发达，市区规划较为成熟，也是最早的学区规划的范围之一，比较能体现教育资源资本化的大小。

2. 越秀区租售同权政策现状

广州市公布《广州市加快发展住房租赁市场工作方案》（以下简称《方案》），将出台 16 条措施全力推进住房租赁市场发展，《方案》明确规定需要满足以下条件：具有本市户籍的适龄儿童少年、绿卡持有人子女等政策性照顾借读生；符合市及所在区积分入学安排学位条件的来穗人员随迁子女，其监护人在本市无自有产权住房，以监护人租赁房屋所在地作为唯一居住地且房屋租赁合同经登记备案的，由居住地所在区教育行政主管部门安排到义务教育阶段学校（含政府补贴的民办学校学位）就读。

从广州市的租售同权相关政策可以看出，租售同权并不是完全的同权，而是需要满足多个条件，这也说明了广州市作为一个超大城市，是具有极其巨大的流动人口的，其租赁房源供应总体上明显紧张，所以租售同权政策不能一蹴而就，否则将造成购房和租房市场的动荡。

3. 越秀区小学分级情况

越秀区共有 56 所公立小学，学校分为省级、市级、区级三个级别。

省级小学有：东风西路小学东风西校区、桂花岗小学、培正小学、铁一小学、清水濠小学、小北路小学、朝天小学、署前路小学、农林下路小学、文德路小学、八一实验学校、旧部前小学、育才小学、东风东路小学、黄花小学、东山实验小学、登峰小学、东川路小学、中星小学、先烈中路小学、华侨外国语实验学校、中山三路小学、东风西路小学盘福校区、东风西路小学流花校区、云山小学。

市级小学有：瑶台小学、建设大马路小学、八旗二马路小学、回民小学、净慧小学、环市路小学、大沙头小学、八一希望学校、雅荷塘小学、水荫路小学、豪贤路小学、秉正小学、珠光路小学、真光小学、海珠中路小学、执信南路小学、五羊小学、建设六马路小学、满族小学、铁四小学、养正小学、永曜北小学。

区级小学有：大南路小学、红火炬小学、广中路小学、教育路小学、七株榕小学、沙涌南小学、天秀小学、杨箕小学、中山二路小学。

（二）数据的来源

本文中有关房屋的数据从国内最大的商品房交易网站搜房网上搜集所得，利用搜狗地图的测距功能搜集有关距离的区位特征。相关二手房的房价数据涉及越秀区的 211 个小区，剔除掉无效样本后，共包含 436 个数据样本，每个住房样本的数据包括区位特征、邻里特征、建筑特征和教育特征四类 11 种数据。而二手房租赁的相关数据涵盖了越秀区 173 个小区，主要计算的是户型为二室一厅的租房信息，剔除无效样本后，共计 324 个数据样本，每个租房样本的数据包括 13 种数据。

房价和房租的有关数据的时间搜集均为 2017 年 8 月至今，在这一期间，学区与学校的对应划片政策基本没有改变，可以认为搜集的数据具备较高的可信度和可行性。

对于学区信息的搜集，笔者选取小学作为基础教育资源对象，基于搜房网、链家在线等平台，收集了越秀区 56 所公立制小学信息并结合主要学校的招生简章，最终得到“学区—小区—学校”的对应数据。

（三）变量的设置和量化

1. 因变量的设置和量化

本文的因变量是房屋价格和房屋租金。一般来说，人们采用挂牌价格或者成交价格来度量房价，二者各有优劣，挂牌价格是指在网站上还未售出的价格，而成交价格是指交易达成后网站记录的价格。度量房租的指标即租赁挂牌价格。本文采用的数据是住房的成交价格和住房的租赁挂牌价格。度量的普通住房价格的最优指标为成交价格。

2. 自变量的设置和量化

（1）与二手房房价对应的自变量的选取。基于特征变量模型，自变量可以分为四种。在这里，笔者的变量选择如下：建筑面积、楼层、朝向、房龄等建筑特征，容积率、绿化率、物业费等邻里特征，小区与地铁站的距离、小区与三甲医院的距离、小区与所属重点小学的直线距离等区位特征以及核心自变量学校评分。

（2）与二手房房租对应的自变量的选取。在房价自变量选取的基础上，房租自变量增加了装修情况和周围 1km 的中学数量两种。因为对于租房者来说，房子的装修状况相对比较重要，因为购房者一般会对房子进行重新装修，来改善自己的居住环境，而租房者一般会保持租房的原本装修形式，所以装修状况并没有纳入房价自变量的选择范围而进入了房租自变量的选择范围。

另外，广州的学校有九年一贯制和完全中学两种较特殊形式的学制，使得广州的初中和高中受学区政策影响较小，从政策上来看，广州初中的招生也有一定的新颖之处，比如广州市的首个立体学区在越秀区成立，立体学区的优势，是增加了八所学校的名额，这八所学校可以招收直升生，并且与此同时实行“自主招生 + 电脑派位 + 附属小学直招”模式。并且一所初中对应的小学有多所，高中招生更是全市统一招生，所以租房者可能会选择租房来使自己比较接近心仪的中学，所以把 1km 之内中学的数量这一变量纳入其中，当作房租价格模型的核心教育变量来处理。

（3）自变量的量化及描述性统计。本文的自变量的量化主要采用了实际数值法、二元虚拟变量法和等级赋值法三种。在本文中，建筑面积、房龄、绿化率、容积率、物业费及小区距离地铁站、医院和所属重点小学的距离均采用实际数值法；朝向和中学情况两个变量均采用二元虚拟变量法；楼层和小学评分则为等级赋值法，楼层中层评分为 3，低层为 2，高层为 1，而小学中省示范为 2，市示范为 1，区示范为 0。具体变量的分类和量化指标见表 1。表 2 和表 3 分别为房价类和房租类变量的描述性统计。通过描述性统计可以发现，在房价方面，在所取样本中，最高房价为 58480 元/m^2，最低房价为 7266 元/m^2；房租方面，最高房租为 8500 元/月，最低房租为 1500 元/月。

表 1　　住宅特征向量描述与量化

特征类别	变量名称	变量代码	变量描述定义	预期符号
因变量	住房出售价格	P1	单套住宅成交单价（元/m^2）	
	住房租赁价格	P2	单套住宅租赁单价（元/月）	
建筑特征	楼层	Floor	相对楼层，中层为 3，高层 2，低层 1	+
	建筑面积	Area	单套住宅的总面积（m^2）	+
	朝向	Orient	朝南为 1，其余为 0	+
	装修情况（房租）	Decorate	精装为 1，普装为 0	+
	房龄	Age	2017 年减去住宅小区的建成年份	-

续表

特征类别	变量名称	变量代码	变量描述定义	预期符号
邻里特征	容积率	R1	小区容积率	-
	绿化率	R2	小区绿化率（%）	+
	物业费	Fee	小区物业费（元/平方米·月）	+
区位特征	地铁情况	Dis1	最近地铁站的距离（m）	-
	医院情况	Dis2	最近三甲医院的距离（m）	-
教育特征	所属重点小学直线距离	Dis3	小区与最近对口学校距离（m）	-
	中学情况（房租）	Mid	1km 之内中学数量	+
	小学评分	Score	对口学校评分，省级记为 2，市级记为 1，区级记为 0，若有两所对口学校则分数累加	+

表 2 样本描述统计量（房价）

	N	极小值	极大值	均值	标准差
住房出售价格	436	7266	58480	26239. 59	8615. 389
楼层	436	1	5	2. 04	0. 871
建筑面积	436	8. 5100	198. 0000	69. 257454	29. 3351645
朝向	436	0	1	0. 40	0. 490
房龄	436	0	117	22. 05	16. 378
容积率	436	0. 0000	32. 0000	3. 037179	3. 8637091
绿化率	436	0. 0000	60. 0000	24. 984495	14. 2270777
物业费	436	0. 0000	15. 0000	1. 122339	1. 2357569
地铁情况	436	20	1258	439. 97	197. 852
医院情况	436	85	2001	794. 87	387. 733
所属重点小学直线距离	436	16	2600	389. 89	331. 763
小学评分	436	0	4	1. 72	0. 970
有效的 N（列表状态）	436				

表 3 样本描述统计量（房租）

	N	极小值	极大值	均值	标准差
住房租赁价格	324	1500	8500	3866. 32	1045. 389
楼层	324	1	3	2. 29	0. 878
建筑面积	324	18	100	65. 29	12. 540
朝向	324	0	1	0. 65	0. 478

续表

	N	极小值	极大值	均值	标准差
装修情况（房租）	324	0	1	0. 62	0. 486
房龄	324	3	117	24. 18	20. 556
容积率	324	0	12	2. 61	2. 080
绿化率	324	0	60	27. 31	12. 847
物业费	324	0	15	1. 30	1. 890
地铁情况	324	20	1258	433. 52	192. 795
医院情况	324	85	2001	752. 07	369. 290
所属重点小学直线距离	324	44	1334	380. 76	238. 434
中学情况（房租）	90	1	1	1. 00	0. 000
小学评分	324	0	4	1. 76	1. 006
有效的 N（列表状态）	90				

对房价模型的各个自变量进行共线性检验发现，绿化率与物业费两个自变量之间具有较强的共线性，地铁距离和三甲医院距离之间存在较强的共线性，见表 4 和表 5。这说明一般绿化率好的小区物业费也较高，交通区位比较有优势的地区也拥有着比较好的公共医疗配置。故在这里我们选择物业费和地铁距离进行房价模型的回归。

表 4　　房屋价格模型的共线性诊断

模型	维数	特征值	条件索引	方差比例		
				（常量）	绿化率	物业费
1	1	2. 233	1. 000	0. 00	0. 00	0. 06
	2	0. 754	1. 721	0. 00	0. 00	0. 92
	3	0. 013	13. 280	0. 99	0. 99	0. 02

注：a. 因变量：lnP1。

表 5　　房屋价格模型的共线性诊断

模型	维数	特征值	条件索引	方差比例		
				（常量）	地铁距离	医院距离
1	1	2. 988	1. 000	0. 00	0. 00	0. 00
	2	0. 009	17. 735	0. 00	0. 44	0. 48
	3	0. 003	33. 199	1. 00	0. 55	0. 52

注：a. 因变量：lnP1。

对房租模型的各个自变量分别进行共线性检验发现，房龄、建筑面积与楼层变量之间存在很强的共线性，检验结果见表 6。经过逐步的试验与反复检查，将房龄和楼层两个变量剔除，选择面积自变量进入房租模型的回归方程。

表 6 房屋房租模型的共线性诊断

模型	维数	特征值	条件索引	方差比例			
				（常量）	房龄	面积	楼层
1	1	3.880	1.000	0.00	0.00	0.00	0.01
	2	0.100	6.233	0.00	0.03	0.00	0.97
	3	0.019	14.309	0.01	0.86	0.03	0.02
	4	0.001	61.372	0.99	0.11	0.97	0.00

注：a. 因变量：lnP2。

（四）模型的估计和检验

1. 模型形式

Hedonic 模型一般来说有三种函数形式，分别是线性函数、半对数函数以及对数函数。线性函数，即自变量和因变量均以线性形式出现在方程中。而对数函数中，连续数字形式的因变量和自变量均以对数形式出现，0～1 虚拟变量和等级变量不做改变，在半对数函数中，有两种可能性：因变量取对数或者自变量取对数。0～1 虚拟变量和等级变量不做改变。比较四种模型的拟合优度，最后本文选择了对数形式建立模型，并且利用最小二乘法进行回归估计。笔者将连续型的自变量取对数处理，二元虚拟变量和非连续变量保持最初形式，以小区的房价和房租的对数为因变量，所选的对数公式为：

$$\ln P = \beta_0 + \sum \beta_H \ln X_H + \sum \beta_N \ln X_N + \sum \beta_L \ln X_L + \alpha S + \varepsilon$$

S 是教育变量，在房屋模型中为小学对应评分，在房租模型中是小学评分和中学情况两个变量，X_H 为建筑特征变量、X_N 为邻里特征变量、X_L 为区位特征变量，β_H、β_N、β_L 分别为住房建筑特征、邻里特征和区位特征的系数，α 为小学评分的系数，ε 是误差项。

2. 模型的估计和检验

本文利用的统计软件是 SPSS 20.0。回归结果如下①。

① 注：a、b 是序号 1、2 的意思。

（1）房价模型的整体回归结果

表 7　　房价回归模型的模型汇总

模型	R	R^2	调整 R^2	标准估计的误差	Durbin - Watson
1	0.508[a]	0.258	0.235	0.29786	1.554

注：a. 因变量：lnP1；b. 预测变量：（常量），楼层，朝向，lnarea，lnage，lnR1，lnFee，lnD1，lnD3，小学评分。

表 8　　房价回归模型的方差分析

模型		平方和	df	均方	F	Sig.
1	回归	8.989	9	0.999	11.258	0.000b
	残差	25.819	291	0.089		
	总计	34.808	300			

注：a. 因变量：lnP1；b. 预测变量：（常量），楼层，朝向，lnarea，lnage，lnR1，lnFee，lnD1，lnD3，小学评分。

从表 7 和表 8 中可以看出，回归结果中 R 为 0.508，R^2 为 0.258，调整后的可决系数 R^2 为 0.235，F 值为 11.258，Sig 值为 0.000，说明进入方程的自变量在整体上统计显著，这些自变量联合起来对因变量的影响是成立的。D - W 检验结果为 1.554，说明残差之间的独立性较强。

从表 9 方程的整体回归结果可以看出，在控制了区位特征、邻里特征和建筑特征等变量的情况下，核心自变量小学评分每提升一点，对学区房房价的贡献达到了 9.1%，说明人们确实偏好优质的教育资源，并且愿意为此付出更高的价格。

对于其他变量，笔者在尽量排除了共线性以后，并非所有自变量的回归参数均小于 0.1，说明不是所有自变量在 $\alpha = 0.1$ 水平上均具有显著性。可以发现楼层、朝向和所属重点小学距离均统计不显著。楼层变量是用等级赋值法设置，中层为 3，低层为 2，高层为 1，它统计不显著的可能原因是搜房网上登记的楼层均为相对楼层，而不同小区的楼层总数不均。当总楼层数不同时，人们对相对楼层的偏好也不同，根据私下进行的访谈笔者了解到，当小区是六层以下时，人们可能更偏好 3 或 4 等中层，其次偏好低层，最不喜欢顶层。而当楼层数增加时，光线的好处和低层多噪音的坏处以及电梯的普及使得人们又可能偏好高层。所以房屋出售网站上的相对楼层数据对此模型可能并不是特别有效。朝向这一变量不仅不显著，而且符号与预测的相反。这可能的原因是数据的不完全可得以及偏好的不同。在以往的相关文献中，变量的设置一般是朝南为 1，其他为 0。但是在广州，由于地处偏南以及对日出的偏好，人们可能对朝东南的房子的偏好也很强，这就导致了此变量的不显著。所属重点小学距离这一变量不显著的原因可能是越秀区作为广州老四区之一，公共服务设施特别发达，在东山区取消设置后，该区的学校一半分到了越秀区，导致小学非常密集，各个小区距离对口的小学基本都在 500 米以内。

表 9 房价回归模型的系数

模型		非标准化系数		标准系数	t	Sig.
		B	标准误差	试用版		
1	(常量)	9.337	0.290		32.141	0.000
	楼层	0.006	0.020	0.014	0.276	0.782
	朝向	-0.048	0.037	-0.068	-1.301	0.194
	lnArea	0.104	0.037	0.152	2.795	0.006
	lnAge	-0.065	0.037	-0.094	-1.752	0.081
	lnR1	0.118	0.033	0.198	3.603	0.000
	lnFee	0.154	0.041	0.225	3.791	0.000
	lnDis1	-0.054	0.029	0.095	1.866	0.063
	lnDis3	-0.010	0.023	-0.022	-0.422	0.673
	小学评分	0.091	0.019	0.256	4.863	0.000

注：a. 因变量：lnP1。

总的来说，房龄和地铁站的距离在 $\alpha = 0.1$ 的水平上均具有显著性，建筑面积在 $\alpha = 0.05$ 水平上具有显著性，容积率、物业费和核心自变量小学评分在 $\alpha = 0.01$ 的水平上均具有显著性。最后进入方程的变量为房龄、建筑面积、容积率、物业费、地铁站的距离和核心自变量小学评分。

(2) 房租模型的整体回归结果

从表 10 和表 11 中可以看出，回归结果 R 为 0.646，R^2 为 0.418，调整后的可决系数 R^2 为 0.386，F 值为 13.165，Sig 值为 0.000，说明进入方程的自变量在整体上统计显著，这些自变量联合起来对因变量的影响是成立的。D-W 检验的值为 1.444，可以说残差之间的独立性较强。

表 10 房租回归模型的模型汇总

模型	R	R^2	调整 R^2	标准估计的误差	Durbin-Watson
1	0.646[a]	0.418	0.386	0.20834	1.444

注：a. 因变量：lnP2；b. 预测变量：（常量），lnarea，朝向，装修情况（房租），lnR1，lnR2，lnFee，lnD1，lnD2，lnD3，中学情况（房租），小学评分。

表 11　房租回归模型的方差分析

模型		平方和	df	均方	F	Sig.
1	回归	6.286	11	0.571	13.165	0.000[b]
	残差	8.768	202	0.043		
	总计	15.054	213			

注：a. 因变量：lnP2；b. 预测变量：（常量），lnarea，朝向，装修情况（房租），lnR1，lnR2，lnFee，lnD1，lnD2，lnD3，中学情况（房租），小学评分。

从表 12 方程的整体回归结果可以看出，核心变量小学评分的系数为 0.005，它在预测中应该对房租有一定的正向影响，但可能由于广州在 2017 年 7 月才开始实行了租售同权政策，笔者搜集的数据是 2017 年 8 月至今，而政策的实施的时间过短，还没有显著效果，此政策可能要到 2018 年暑期新学年开始效果才会显现，所以它统计不显著。

表 12　房租回归模型的系数

模型		非标准化系数		标准系数	t	Sig.
		B	标准误差	试用版		
1	（常量）	5.329	0.431		12.378	0.000
	lnarea	0.565	0.081	0.406	6.961	0.000
	朝向	-0.019	0.030	-0.034	-0.617	0.538
	装修情况（房租）	0.164	0.031	0.276	5.236	0.000
	lnR1	0.165	0.031	0.299	5.251	0.000
	lnR2	-0.026	0.038	-0.042	-0.673	0.501
	lnFee	0.109	0.030	0.218	3.611	0.000
	lnD1	-0.051	0.026	0.112	1.980	0.049
	lnD2	-0.016	0.030	0.031	0.527	0.599
	lnD3	0.017	0.020	0.049	0.873	0.384
	中学情况（房租）	0.020	0.006	0.210	3.401	0.000
	小学评分	0.005	0.014	0.019	0.350	0.726

注：a. 因变量：lnP2。

另外统计不显著的原因可能有：政策的受众并不广泛，对享受租售同权的人的要求过于苛刻。例如，广州“租售同权”的政策要求承租人必须满足持有人才绿卡、子女拥有广州户籍、符合积分安排入学条件等三个条件的一条。此外，如果所谓“重点学校”的招生名额有限，购房者的子女数量已经远远超过该学校的招生名额，那么租房者即使租到学区房，也不一定能在和购房者的竞争中占有优势。购房者和租房者之间行使选择学校权利的大小的衡量还有待商榷。

对于另一核心教育变量中学情况，一开始笔者设置的是对口小区 1km 之内是否有中学，但是越秀区高度发达的教育资源导致每个小区的 1km 之内均存在中学，导致该变量没有进入方程，因此笔者将中学情况这一变量改为 1km 之内的中学数量。虽然小学评分这一核心变量未进入方程，但是中学情况这一核心变量是显著的，并且小区周围的中学每增加 1 所，使得房租增加 2%，这也表现出了教育资源的资本化现象。

对于其他自变量，朝向、绿化率、三甲医院距离、所属重点小学距离以及小学评分均统计不显著。朝向这个变量不显著的原因同房价模型中朝向不显著的原因，绿化率不显著的原因可能是由于租房的短期性。区位特征中三甲医院距离和所属重点小学距离不显著的原因可能仍旧是越秀区公共服务设施发达，三甲医院和小学均很密集，各个小区的附近基本均存在三甲医院和对口的小学。而地铁站距离这个区位特征在 $\alpha=0.05$ 的水平上具有显著性，可能原因是越秀区学区房密集，租房者选择在此租房可能不仅偏好于学区的分布，也可能是由于工作上的便利性，这样地铁站距离就相对比较重要。

综上，最后进入方程的变量为装修情况、建筑面积、物业费、容积率和中学情况和地铁站距离六个变量。

（五）结果分析

在房价的回归模型中，小学评分作为核心自变量，它的 Sig 值为 0.000，说明了优质小学对于二手房的房价均有显著影响，小学评分每变动一个单位，会给房价带来 9.1% 的溢价，而房租模型中，小学评分是不显著的，但是增加的中学数量这一变量每变动一个单位，会给房租带来 2% 的溢价。

本文存在的问题是设定的特征价格模型不够精确，并且由于很多数据是比较微观且私人的，所以数据可得性也有一些问题，对变量的遗漏可能会导致内生性问题，但是总的来说，我们可以得出以下结论：教育资源资本化到了房地产市场中，人们愿意为了优质的教育资源而付出更高的代价，在房屋出售市场，优质小学的教育资源资本化的现象尤其显著。而在租房市场，由于租售同权政策的试点，我们原本认为租房市场上优质小学会带来溢价这种可能性并没有充分的证据，这说明租售同权的效果可能还需要时间的检验以及政府对此政策可能还需要进行其他的改进。

五、结论与政策建议

本文以广州市越秀区的二手房售卖和租赁市场为例，运用特征价格模型，从房价和房租双重视角来探讨优质小学对房屋出售市场和房屋租赁市场的影响，借此来说明教育资源资本化的情况。本文先进行理论的叙述，又介绍了特征价格模型的构建，最后采用各网站上的信息收集数据并进行房租和房价双重视角的实证分析，结果验证了以“就近入学”规则为主的学区房的政策导致了学区房的溢价，总结以上的分析可以发现，教育资源的资本化已经深深影响着人们对买房和租房的选择。

在我国现阶段，义务教育虽然已经普及到千家万户，并且作为社会的一种公共品而存在，但是由于优质学校的稀缺性，义务教育的公平性始终被扭曲，随着经济的发展，学区房问题一定是未来房地产市场发展的重点解决对象之一，“以房择校”这一现象使得不同社会阶层之间在义务教育阶段受到的教育差距拉大，不利于实现社会公平和公共资源的优化配置，该如何解决这一问题，政府也在逐步尝试当中。无论是多校划片还是电脑派位抑或是最近出台的租售同权政策，都是政府逐步尝试解决学区房问题的手段。租售同权本意是增强自有和租赁之间的替代性，然而真正实现租售同权，并使之在房地产市场起到应有的作用，还有很长的路要走。

为了推进教育资源空间上分配更加均衡，使义务教育真正地实现公正和公平，政府必须要加大教育改革的强度和力度，同时也要推进各种相关政策的改革和试点，全方位、多层次地解决学区房溢价问题。从短期来看，“就近入学”这一政策必须更加收紧限制，严格规定户籍和居住地的要求，以免出现“人户分离”以及其他的投机现象出现。长远来看，首先要打破就近入学的户籍限制，不断完善租房市场的法律和权益保护，逐步实现“租售同权”，让租房家庭可以享受买房家庭同等的入学机会，降低购房需求。其次，实现教育资源均衡化，保证学校间教育资金投入的均衡性，比如对普通小学提供师资和教育方法上的帮助，或者以名校分校的名义改造普通小学。另外，还可以对老师实行轮岗制，加强教师间的区域流动，增强学校与学校之间的交流。再次，政府可以建立更加清晰透明的学区房的价格管控机制和购买租赁信息平台，让学区房市场上信息不对称的现象得以解决。最后，应该尽快建立完善而科学的教育评价体系，鼓励所有公众参与对学校的全方位的质量评估，加强多元化教学模式的创新，促进义务教育均衡、公平、和谐发展。

参考文献

[1] 黄道主，许锋华．扣问教育公平——从学区房现象谈起［J］．基础教育，2010，7（11）：7 - 10.

[2] 陈玲芬．城区学区房需求现状调查：以浙江省海宁市为例［J］．江苏商论，2013（11）：20 - 24.

[3] 万慧颖，姚伟．学前经济潮背后的理性分析［J］．社会科学家，2013（11）：59 - 62.

[4] 雷少波．城市新建居民小区小学教育配套发展研究［D］．西南师范大学，2002.

[5] 冯皓，陆铭．通过买房而择校：教育影响房价的经验证据与政策含义［J］．世界经济，2010，33（12）：89 - 104.

[6] 温海珍，杨尚，秦中伏．城市教育配套对住宅价格的影响：基于公共品资本化视角的实证分析［J］．中国土地科学，2013，27（1）：34 - 40.

[7] 王振坡，梅林，王丽艳．基础教育资源资本化及均衡布局对策研究：以天津为例［J］．现代财经（天津财经大学学报），2014，34（7）：92 - 102.

[8] 张浩，李仲飞，邓柏峻．教育资源配置机制与房价——我国教育资本化现象的实证分析［J］．金融研究，2014（5）：193 - 206.

[9] 哈巍，吴红斌，余韧哲．学区房溢价新探——基于北京市城六区重复截面数据的实证分析［J］．教育与经济，2015（5）：3 - 10.

[10] 周业安，王一子．教育资源、教育政策对城市居住用地价格的影响——基于北京市土地市场的数据分析［J］．中国人民大学学报，2015，29（5）：79 - 89.

[11] 江维．优质小学对普通住房市场房价及房租影响的研究［D］．华中师范大学，2016.

[12] 欧阳鑫，邓益成．租购同权对我国住房市场的影响分析［J］．当代经济，2017（27）：100 - 101.

[13] 黄小珂．小议“租售同权”对学区房的影响［J］．经贸实践，2017（20）：60.

[14] 戴甲芳．“租购同权”对房地产市场的影响［J］．中国市场，2017（29）：108 - 109.

[15] Oates W E. The effects of property taxes and local public spending on property values: An empirical study of tax capitalization and the Tiebout hypothesis [J]. Journal of Political Economy, 1969, 77 (6): 957 - 971.

[16] Rosen S. Hedonic prices and implicit markets: product differentiation in pure competition [J]. Journal of Political Economy, 1974, 82 (1): 34 - 55.

[17] Weimer D L, Wolkoff M J. School performance and housing values: Using non-contiguous district and incorporation boundaries to identify school effects [J]. National Tax Journal, 2001: 231 - 253.

[18] Zahirovic - Herbert V, Turnbull G K. Public school reform, expectations, and capitalization: what signals quality to homebuyers? [J]. Southern Economic Journal, 2009: 1094 - 1113.

[19] Figlio D N, Lucas M E. What's in a grade? School report cards and the housing market [J]. The American Economic Review, 2004, 94 (3): 591 - 604.

[20] Nguyen - Hoang P, Yinger J. The capitalization of school quality into house values: A review [J]. Journal of Housing Economics, 2011, 20 (1): 30 - 48.

[21] Black S E. Do better schools matter? Parental valuation of elementary education [J]. The Quarterly Journal of Economics, 1999, 114 (2): 577 - 599.

[22] Bayer P, Ferreira F, McMillan R. A unified framework for measuring preferences for schools and neighborhoods [J]. Journal of Political Economy, 2007, 115 (4): 588 - 638.

Research on Capitalization of Education Resources in the Real Estate Market

—An Empirical Analysis Based on Guangzhou Yuexiu District Panel Data

Jin Xin　Guo Jiahu

Abstract: In today's society, people pay more and more attention to the investment in education. The "school district house" concept has come into being because of the policy of "near enrolment" stipulated in the nine year compulsory education. Compared with the ordinary second-hand housing, school district housing prices are higher and faster, which reflects the capitalization of educational resources in the real estate market.

In recent years, the government has formulated a series of policies for the harmonious stability of the society and the balanced development of the housing market and educational resources. Among them, "Tenants enjoy the same rights as home buyers" is an interesting attempt. Guangzhou, as a pilot city for renting and selling the same rights policy, stipulates that the renters can enjoy the quality of the city's high quality education after satisfying the demand. From the dual perspective of housing price and rent, what is the impact of high quality educational resources on the real estate market? Solving this problem is of great significance to the development of China's future real estate market.

Based on this, this paper, taking the second-hand housing market in Yuexiu District of Guangzhou as the research object, uses the characteristic price model to compare the influence of the educational characteristics of the school room to the housing price and rent in the school district, and to expound the capitalization of the educational resources in the real estate market. The results show that the high quality primary school has a significant impact on the housing price of the second-hand house. The primary school score per unit will bring a premium of 9.1% to the house price, and the primary school score is not significant in the rent model, but the increase in the number of secondary schools varies a unit of each variable, bringing a premium of 2% to the rent. Ultimately, the phenomenon of capitalization of educational resources is capitalized in the sale and rental market of second-hand housing.

Keywords: the Capitalization of High Quality Education Resources, School District House, Hedonic Price Model, Real Estate Market

外来人口自雇创业的工资效应*

——基于广州市微观数据的实证分析

詹秋泉　孟凡强**

摘　要：自我雇佣一直都是外来流动人口进城务工的一种重要就业选择。本文选用2015年全国流动人口动态监测调查数据，考察外来人口自我雇佣对其工资水平的影响。由于自我雇佣存在的样本选择偏差问题，采用倾向得分分析方法分别进行近邻匹配、卡尺匹配和核匹配对样本进行处理。研究结果显示：一方面，自我雇佣者的收入比受雇者高14.5%，存在明显的收入溢价；另一方面，人力资本的不断积累可以显著地提高外来人口的工资收入，而家庭的负担以及长期居住意愿则会逆向促使外来人口获得更高的工资水平。

关键词：外来人口　自我雇佣　工资效应　倾向得分匹配

一、引　言

我国工业化、城市化的快速发展带动了城乡剩余劳动力的转移，使大量外来务工人员涌入城市自由择业，城市的本地劳动力与外来务工人员的就业机会及工资收入差异逐渐引起人们的关注。陈宇琳（2015）以北京为例，表明大城市尤其是特大城市的外来就业人口中，有相当部分从事自雇经营。有研究表明，自1993年以后的城市自雇者可能主要来源于社会边缘群体，而农民工群体在其中占比最大（解垩，2012；曹永富、杨梦婕等，2013）。

农民工在进城务工期间，由于欠完善的市场机制和一系列的城市政府的制度性歧视，使进城农民工的就业环境和收入状况并不乐观。户籍制度及与之相关的政策壁垒使农民工在城市的发展受限，不能很好地提高自身素质和获取社会资源，最终只能大量聚集于次级劳动力市场而不能进入城市正规劳动力市场。随着农民工群体的发展演变，逐渐衍生出一个新的劳动群体，即外来务工人员演变为自雇创业人员。自雇创业在大城市中并不少见，具有流

---

* 本研究得到广东省自然科学基金博士启动项目“户籍制度改革背景下的劳动力市场户籍歧视问题研究”（2016A030310297）和广州市哲学社会科学发展“十三五”规划课题“‘双创’背景下广州市外来人口自雇创业问题研究”（2017GZYB26）资助。

** 作者简介：詹秋泉（1991～　），男，广东饶平人，广东财经大学经济学院数量经济学专业研究生；孟凡强（1982～　），山东德州人，广东财经大学国民经济研究中心副研究员，电子邮箱：fanqiangmeng@126.com。

动性高、市场准入低、灵活性高、自由度高等特点，主要形式包括流动商贩，散工，街头烧烤，自营从事批发、零售贸易，自营餐饮等。作为一种特殊的就业方式，自雇创业是劳动者基于自身人力资本禀赋和资本禀赋所做出的理性选择，是一种因不完善的劳动力市场而必然会产生的劳动方式，自雇形成的经济也是一种因市场需要而自发形成的经济形式，其力量不容小觑。

本文利用国家卫生和计划生育委员会 2015 年流动人口动态监测调查数据，考察广州市外来务工人员自雇创业行为对个人收入的影响。本文安排如下：第一部分为引言；第二部分对有关自雇创业及其对收入影响的文献进行回顾；第三部分介绍本文研究使用的数据、变量和研究方法；第四部分对广州市外来务工人员自雇创业群体的基本社会经济特征进行描述性分析，然后利用倾向匹配得分法控制样本选择偏差，在此基础上分析广州外来务工人员自雇创业的工资效应；第五部分总结全文。

二、文献回顾

自雇创业是劳动力就业的一种特殊形式。劳动力市场不是一个十分完善的市场，信息不完全及各种交易费用的存在使得异质的劳动力个体在市场中不一定能找到合适的受雇形式，自雇创业是完善劳动力市场的一种重要形式。不同于受雇、非就业者，自雇创业者在非农产业部门为自己工作，获取部分或全部的收入。

影响个体选择自雇创业的原因众多：个体可能受到失业环境的驱动，在政府扩大就业政策的帮助下选择自雇创业以实现自我雇佣、提高收入；或受企业家文化和崇尚自由的精神驱动，为实现自我价值和才能而选择自我雇佣（石丹淅、赖德胜，2013）；或由于个人的社会资本不同而选择自雇或他雇，个体拥有的社会网络越多，其选择自雇创业的倾向越大（孔思亮，2015）。应用耐特（Knight，1921）的相对收入理论——个体受失业、自雇创业、受雇三种状态的相对效用（价格）的影响以选择最终就业状态，个体会因自雇创业有更高的相对收入而选择将自我雇佣作为就业形式。有研究表明，区域经济环境越发达、产权保护制度越完善、受教育程度越高，个体越有可能从事自我雇佣。与工资收入者相比，自雇创业者有更高的收入，收入差异主要来自能力等因素（叶静怡、王琼，2013）。

显然，自雇创业现象已经引起学者的关注，但国内学者对自雇创业者的研究仍大多集中于自雇行为本身，例如：分析影响自雇的社会经济因素（陈立兵，2011）、比较社会资本在受雇者和自雇者间的差异（邹宇春、敖丹，2011）、分析自雇过程中的社会网络效应（王文彬、赵延东，2012），鲜少研究自雇创业的收入效应。宁关杰（2012）用两步回归法控制样本选择偏差，初步探讨了这个问题，得出以下结论：自我雇佣者的小时收入比短期工资获得者的小时收入高，但不如长期工资获得者的高。解垩（2012）进一步分析了自雇群体间的收入差距和贫困问题，发现自雇者之间的收入不平等呈持续上升态势，且贫困率居高不下。

研究外来人口自雇创业的工资效应，对认识自雇群体在本地劳动力市场中的地位和作用有深刻影响。王美艳（2005）的研究表明，外来务工人员中自雇创业者的经营性收入高于受雇者的工资收入，农民工选择自我雇佣优于选择受雇于他人。从已有文献来看，这方面的研究较为薄弱。由于现实中有很多不可观测的因素（例如社会资本、经商能力等）会影响个体的自雇创业选择，但是，由于影响个体选择自雇还是受雇的因素不一致且有些难以测量，使得在测度自雇创业与受雇的工资效应时可能存在样本选择偏差问题。因此，必须使用计量经济学工具克服这种偏差，得到自雇创业的工资效应的无偏估计，从而更好地分析外来人口自雇创业者的生存环境和收入状况是有必要的。

三、数据与方法

（一）数据来源

本文的研究对象为广州市外来人口，包括农业户籍外来人口和非农户籍外来人口，具体是指在广州市居住一个月以上、非广州市户籍且 2015 年 5 月时年龄为 15～59 周岁的外来人口。所用数据来自国家卫生和计划生育委员会 2015 年流动人口动态监测调查，采用重点抽样与多阶段和规模成比例抽样的方法，为广州市 12 个市区，涵盖香港、台湾地区共 30 个省（区、市）（北京、天津、西藏除外）的外来人口数据，为横截面调查数据。调查内容包含流动人口就业、收入等信息，共有 2000 个数据样本。

（二）实证分析方法

1. 工资决定方程

为了研究广州市外来人口自雇创业的工资效应，本文首先建立如下工资决定方程：

$$W = \alpha + \beta Z \gamma X + \varepsilon \tag{1}$$

式（1）中，W 表示劳动者每月平均工资的自然对数（若为自雇创业者，则指其自雇创业所带来营业净收入的自然对数；若为受雇就业者，则指其税后工资收入的自然对数）；α 表示参加工作的最低收入，为常数项；Z 代表劳动者就业身份是否为自雇创业的二值选择变量；β 为选择自雇创业所带来的边际收入效应；X 为其他控制变量，表示其他将会对工资收入产生影响的因素；γ 为控制变量对应的影响系数；ε 为误差项。劳动者的收入主要取决于人力资本以及人力资本积累（曹永福，2013），因此方程纳入了年龄、受教育水平等变量；方程纳入流动范围、时间及原因和离开户籍时间及原因等变量，以反映流动人口相关的因素；此外，方程还纳入性别、婚姻状况、居住意愿、户籍情况以及家庭特征等控制变量。

本文首先对上述的工资决定方程进行普通最小二乘回归，得到各个解释变量对流动人口月收入的影响情况。线性回归模型是定量分析中最常用的识别因果关系的方法，但它是有适用前提的，其中最重要的一个前提就是：回归模型中的解释变量必须是外生的，即解释变量与误差项不相关。一旦模型中的某个解释变量具有样本选择偏差，那么，采用普通最小二乘回归得到的系数估计将会是有偏的。

2. 倾向得分分析

根据以往的研究经验，上述工资决定方程中的自我雇佣决策变量很可能具有样本选择偏差，原因在于外部环境、家庭因素和自身条件均有可能影响农民工的自我雇佣决策。例如，从事自我雇佣往往需要一定的初始资本，个人的家庭经济资源将起到一定的作用；同时，劳动者的创业精神、风险偏好等也会影响其自我雇佣决策，但这些因素难以度量。因此，在现实的劳动力市场上，每一名劳动力选择自我雇佣的可能性并不是完全相同的。也就是说，在外来人口群体中，是否从事自我雇佣具有选择偏差，这意味着，一个外来人口成为受雇者或者自我雇佣者的概率不是随机的，因而工资决定方程中的就业方式就变成了一个内生解释变量。此时，直接通过普通最小二乘回归得到的自我雇佣决策对工资的影响就会是有偏的。为了解决这个问题，本文采用倾向得分分析方法来纠正样本选择偏差。

倾向得分分析（propensity score analysis）是一种基于观测数据（observational data）分析变量间因果关系并且能够有效控制样本选择偏差的数据处理方法（Rosenbaum & Rubin，1983）。在本文中，倾向得分可以理解为在给定一系列可能影响因素的情况下外来人口选择某种就业方式（自雇或受雇）的条件概率。本文想要探讨的是自我雇佣对外来人口工资的影响，最理想的方法是获得每一名外来人口分别作为自我雇佣者和受雇者时的工资水平，这两者之间的差距就是自我雇佣的工资效应。然而，现实中只能观测到每个外来人口作为自我雇佣或作为受雇者其一的工资水平，简单地用一名自我雇佣者和另一名受雇者之间的收入差距来衡量自我雇佣的工资效应，将会带来较大的误差。这是因为二者不仅就业方式不同，而且在年龄、受教育水平、流动类型等诸多因素上都可能存在很大差别，这些差异会在不同程度上影响他们的就业方式选择。只有在控制了这些差异后，样本中存在的选择偏差才有可能被控制住。倾向得分分析法将在这些因素转化为接受干预（treatment）的条件概率，依据这个倾向得分，该方法在整体样本中为每一个自我雇佣者样本匹配一个与之相似的受雇者样本作为对照，这就使本文通过测量二者之间的收入差距来估计自我雇佣的收入效应成为可能。通过回归得到每一个劳动者从事自我雇佣的倾向得分，这样可以将自我雇佣者和受雇者在解释变量上的差异通过一个倾向得分展示出来，而后将每一名自我雇佣者和与其倾向得分最接近的那些受雇者做对比，就可以最大限度地消除样本中存在的选择偏差。

外来人口是否选择自我雇佣为一个二分类变量，本文使用 Logistic 回归模型来预测每一个外来人口选择自我雇佣的条件概率，即每一个样本的倾向得分，Logistic 概率分布函数的具体公式如下：

$$p_i = P(Z_i \mid X_i = x_i) = E(Z_i) = \frac{1}{1 + e^{-y_i}} = \frac{1}{1 + e^{-(\alpha + \beta X_i)}} \tag{2}$$

式（2）的估计式为：

$$\ln \frac{p_i}{1 - p_i} = y_i = \alpha + \beta X_i + \mu \tag{3}$$

式（2）和式（3）中，p_i 为第 i 个外来人口选择自我雇佣的条件概率；β 为估计系数；X_i 为纳入模型的解释变量，这里包括性别，年龄，婚姻状况，受教育水平，户籍类型，流动时间，原因及类型，离开户籍时间及原因，居住意愿，家庭是否有老人、小孩以及就业人数和同住人数，其中家庭就业人数不包含自我雇佣人数；μ 为误差项。

对于一名外来人员，有很多潜在因素影响其自我雇佣决策。本文提取出尽量多能够表述这些因素的变量，把它们作为解释变量纳入自我雇佣的 Logistic 回归模型中。本文认为，个人特征、流动情况和家庭环境都会影响外来人口从事自我雇佣的可能性。流动情况会影响个人自我雇佣偏好的原因在于：若长期流动于不同的城市，见识了多个城市之间的发展与异同，经历了经济、社会发展推动的过程，那么，这种流动经历也会带给流动人口自我雇佣提供更多的选择机会。而个人特征和家庭环境则从个人条件及家庭条件两方面影响自我雇佣选择偏好。关于指标的选取，在本文中，个人特征用性别、年龄、婚姻、受教育水平、户籍类型来衡量；流动情况选用本次流动类型、时间和原因以及首次离开户籍地的时间和原因进行衡量；家庭环境以家中是否有小孩、老人及家中就业人数、同住人数进行衡量。

在获得倾向得分后，常见的处理方法主要分为两种：一是近邻匹配法，包括 K 近邻匹配、卡尺匹配（也称半径匹配）和卡尺内最近邻匹配，即基于所估计的倾向得分对干预组（自我雇佣者）和控制组（受雇者）进行匹配，使每个自我雇佣者都有一个倾向得分大致相同的受雇者与之对应，这样，自我雇佣的选择偏差将在很大程度上被消除，就可以像在随机实验中那样进行上述的普通最小二乘回归（Guo and Fraser，2012）；二是整体匹配法，包括核匹配、局部线性回归匹配和样条匹配，其原理是不直接进行匹配，而使用倾向得分作为权重进行多元回归分析，将外来人口自我雇佣的条件概率作为权重纳入工资回归模型中，这样做也可以起到消除样本选择偏差的作用，并且避免卡尺匹配法只纳入部分样本的缺陷，能更好地利用样本总体。

在近邻匹配法中，假设 R_m 和 R_n 分别是自我雇佣者和受雇者的倾向得分，I_1 和 I_0 分别是自我雇佣者和受雇者的集合，σ 为近邻值，即所设定的两个样本之间倾向得分的绝对距离。当两个样本之间倾向得分的绝对距离小于所设定的近邻值时，即选取 n 作为 m 的一个匹配：

$$\|R_m - R_n\| < \sigma, \ m \in I_1, \ n \in I_0 \tag{4}$$

近邻匹配法的优点在于，可以对匹配后的样本使用几乎所有类型的多元分析进行后续分析。但是，由于近邻匹配时按照倾向得分对干预组和控制组实行一对一匹配纳入分析，部分样本会因未成功匹配而丢失。

然而，在整体匹配法中可改善近邻匹配法的样本丢失问题，在核匹配中，依据权重（ω）对每个样本进行加权后再进行回归①，将权重定义如下（Guo and Fraser，2012）：

$$\omega(Z, x) = \frac{Z}{\hat{e}(x)} + \frac{1 - Z}{1 - \hat{e}(x)} \tag{5}$$

每个干预组的权重是其倾向得分的倒数，而控制组的权重等于 1 减去其倾向得分后的倒数。$\hat{e}(x)$ 为通过二元 Logistic 回归得到的预测值，Z 为就业方式二分类变量。

当 $Z = 1$（即自我雇佣者）时，式（5）变为：

$$\omega(Z, x) = 1/\hat{e}(x) \tag{6}$$

当 $Z = 0$（即受雇者）时，式（5）变为：

$$\omega(Z, x) = 1/(1 - \hat{e}(x)) \tag{7}$$

近邻匹配法和整体匹配法是匹配原理不同的两种倾向得分分析方法，二者在各种数据条件下的适用性也并不相同（Guo and Fraser，2012）。本文在实证分析中将分别应用这两个方法，以印证模型估计结果的可靠性。

3. 数据平衡性检验

在进行倾向得分分析之前，有必要对样本数据进行平稳性检验。如果干预组（自我雇佣者）和控制组（受雇者）在可观测变量上均没有显著差异，即数据是平衡的，可认为样本不存在选择偏差，此时，倾向得分分析就无实施的必要。如果二者在可观测变量上存在显著差异，即数据是不平衡的，就可认为样本存在选择偏差，此时，就需要对数据进行一定的处理，以改善数据的平衡性，并消除样本选择偏差。同时，在做近邻匹配及整体匹配之前检验数据的平衡性，可以了解样本是否存在选择偏差；在做近邻匹配及整体匹配之后再次检查数据的平衡性，可以看出消除样本选择偏差的效果。

---

① 此处，权重并不作为一个单独的自变量进行回归，而是将该权重分别与每个样本的解释变量和被解释变量相乘后再进行回归分析。

本文选用了近邻匹配、卡尺匹配和核匹配三种方法进行倾向得分分析，在这三种方法分析之前，均进行了数据的平衡性检验。通常的做法是，用所关注的干预变量（即是否自我雇佣）分别与其他各解释变量进行双变量卡方检验（如果该解释变量为分类变量）或独立样本 t 检验（如果该解释变量为连续变量），若 p 值或 t 值较小，则存在样本选择偏差。在匹配之后检验数据的平衡性，则是将干预变量（是否自我雇佣）作为解释变量，分别与原各解释变量进行单变量回归（即自我雇佣 Logistic 回归模型中的解释变量为被解释变量）：对连续型解释变量（例如年龄）使用普通最小二乘回归，对二分类解释变量（例如婚姻状况）使用二元 Logistic 回归，对多分类变量（例如受教育水平）使用多项 Logistic 回归。然后，以各个回归中自我雇佣变量的显著性（p）值来判断数据的平衡性，如果自我雇佣变量不显著，则匹配后自我雇佣样本和受雇样本在该解释变量上不存在显著差异。

（三）变量的设置

本文模型变量的设置、定义以及取值见表 1。

表 1　　变量说明

变量	取值及含义
性别	男性为 1，女性为 0
年龄	取 2017 年的实际岁数
婚姻状况	已婚 =1，未婚 =0
受教育水平	未上过学设置为对照组，引入虚拟变量
小学或初中	是 =1，否 =0
高中或中专	是 =1，否 =0
大学及以上	是 =1，否 =0
户口类型	农业户口设置为对照组，引入虚拟变量
非农业	是 =1，否 =0
农业转居民	是 =1，否 =0
非农业转居民	是 =1，否 =0
本次流动类型	跨省流动 =1，省内流动 =0
本次流动时间	截至 2017 年本次的流动时间，以年为单位
本次流动原因	因工作流动设为 1，其他设为 0
首次离开户籍时间	截至 2017 年总的流动时间，以年为单位
首次离开户籍原因	因工作流动设为 1，其他设为 0
是否想好长期居住	是 =1，否 =0

续表

变量	取值及含义
是否打算长期居住	是 =1，否 =0
是否有小孩	是 =1，否 =0
是否有老人	是 =1，否 =0
家庭就业人数	家庭成员在本地工作的人数
家庭同住人数	家庭成员在本地同住的人数
是否自雇	是 =1，否 =0

四、分析结果

（一）描述性分析

表 2 描述了匹配前总体样本的基本情况。在剔除收入异常值后，本文共获得 1821 个有效样本，其中，自我雇佣者 730 人，受雇者 1091 人，农民工自我雇佣的比例达到 40.09%。自我雇佣者在年龄、婚姻、受教育水平、流动经历等方面都与受雇者有明显差异。自我雇佣者平均年龄为 37 岁，高出受雇者将近 4 岁。90.7% 的自我雇佣者已婚，其比例比受雇者高出 43.3%。在人力资本方面，外来人口的受教育程度集中于初中，同时受雇者的平均受教育水平高于自我雇佣者，且受雇者中高中及以上学历的比重均高于自我雇佣者。户口类型方面，自我雇佣者与受雇者多数均为农业户口，差异不明显。流动时间方面，包括本次流动时间与首次离开户籍时间，自我雇佣者均高于受雇者，自我雇佣者本次流动时间平均为 5.5 年，首次离开户籍时间为 12.2 年。且自我雇佣者的长期居住意愿高于受雇者，在家庭方面，同住人口、小孩及老人的数量自我雇佣者均高于受雇者。

表 2 样本的描述性统计分析

	全部样本		自我雇佣者		受雇者	
	均值	标准差	均值	标准差	均值	标准差
性别	0.532	0.499	0.540	0.499	0.526	0.500
年龄	34.97	8.588	37.19	8.120	33.49	8.575
婚姻状况	0.743	0.437	0.907	0.291	0.633	0.482
受教育水平						
小学或初中	0.556	0.497	0.666	0.472	0.482	0.500
高中或中专	0.312	0.463	0.275	0.447	0.336	0.473

续表

	全部样本		自我雇佣者		受雇者	
	均值	标准差	均值	标准差	均值	标准差
大学及以上	0.126	0.332	0.0548	0.228	0.174	0.379
户口类型						
非农业	0.124	0.329	0.101	0.302	0.138	0.345
农业转居民	0.00494	0.0701	0.00274	0.0523	0.00642	0.0799
非农业转居民	0.00384	0.0619	0.00274	0.0523	0.00458	0.0676
本次流动类型	0.375	0.484	0.377	0.485	0.373	0.484
本次流动时间	5.284	4.203	5.507	3.888	5.135	4.396
本次流动原因	0.985	0.121	0.984	0.127	0.986	0.117
首次离开户籍时间	10.86	6.875	12.23	6.745	9.940	6.811
首次离开户籍原因	0.918	0.275	0.934	0.248	0.907	0.291
是否想好长期居住	0.577	0.494	0.644	0.479	0.532	0.499
是否打算长期居住	0.445	0.497	0.534	0.499	0.386	0.487
是否有小孩	0.946	0.227	0.966	0.182	0.932	0.252
是否有老人	0.560	0.497	0.638	0.481	0.507	0.500
家庭就业人数	0.271	0.581	0.0384	0.279	0.427	0.671
家庭同住人数	2.107	1.056	2.475	1.020	1.860	1.008
样本量	1821		730		1091	

（二）数据平衡性检验

在倾向匹配处理之前，全体样本的多数观测变量在均值上存在显著差异，由此可知数据非平稳，可认为样本存在选择偏差。如果不控制样本选择偏差，对自我雇佣者和受雇者的收入水平进行比较，其结果将会是有偏的。因此，为了消除样本选择偏差所带来的偏误，本文采取了多种匹配处理的方法对数据的平稳性进行改善，分别选取了近邻匹配、卡尺匹配和核匹配的方法对数据进行处理。从倾向匹配处理之后来看，三种方法都较好地改善了样本数据的平稳性。近邻匹配和核匹配的处理结果较为接近，尽管近邻匹配的处理方法采用一对一且无放回的匹配，核匹配采用整体匹配的方法，数据结构均得到改善。卡尺匹配方法处理后的结果最为明显，在 5% 的显著性水平上，自我雇佣者和受雇者在全部变量上的差别均不显著。这表明卡尺匹配方法在处理样本选择偏差上效果最理想。具体的处理结果如表 3 所示。从倾向得分分析前后来看，三种方法都很好地改善了数据的平稳性，可认为倾向匹配处理之后的数据为平稳的。

表 3 数据平衡性检验结果和预测倾向得分的 Logistic 模型回归结果

	全部样本均值		p 值	近邻匹配均值		p 值	卡尺匹配均值		p 值	核匹配均值		p 值	自我雇佣倾向得分 Logistic 回归系数
	自雇	受雇		自雇	受雇		自雇	受雇		自雇	受雇		
性别	0.54	0.53	0.569	0.54	0.52	0.467	0.54	0.54	0.929	0.54	0.53	0.577	0.0179
年龄	37.20	33.49	0.000	37.12	31.16	0.000	37.10	37.35	0.541	37.12	34.12	0.000	0.0138
婚姻	0.91	0.63	0.000	0.91	0.46	0.000	0.91	0.92	0.456	0.91	0.69	0.000	1.103 ***
受教育水平													
小学及以下	0.08	0.07	0.398	0.08	0.50	0.047	0.08	0.09	0.589	0.08	0.08	0.628	
初中	0.59	0.42	0.000	0.59	0.37	0.000	0.58	0.56	0.293	0.59	0.44	0.000	0.4372 **
高中或中专	0.28	0.34	0.006	0.28	0.38	0.001	0.28	0.30	0.411	0.28	0.34	0.011	0.0074
大学及以上	0.05	0.17	0.000	0.06	0.20	0.000	0.06	0.06	0.986	0.06	0.15	0.000	-0.937 ***
户口类型													
农业	0.89	0.85	0.009	0.89	0.83	0.005	0.89	0.89	0.831	0.89	0.86	0.033	
非农业	0.10	0.14	0.019	0.10	0.16	0.006	0.10	0.11	0.726	0.10	0.13	0.045	-0.137
非农业转居民	0.003	0.005	0.534	0.003	0.006	0.477	0.003	0.002	0.635	0.003	0.004	0.724	0.6352
农业转居民	0.003	0.006	0.273	0.003	0.003	0.998	0.003	0.002	0.703	0.003	0.005	0.528	-0.8363
本次流动类型	0.38	0.37	0.874	0.38	0.42	0.150	0.37	0.37	0.874	0.37	0.37	0.777	0.162 *
本次流动时间	5.51	5.13	0.064	5.52	4.14	0.000	5.52	5.67	0.511	5.52	5.18	0.116	-0.051 ***
本次流动原因	0.98	0.99	0.642	0.98	0.99	0.480	0.98	0.98	0.904	0.98	0.98	0.881	-0.3889

续表

	全部样本均值		p 值	近邻匹配均值		p 值	卡尺匹配均值		p 值	核匹配均值		p 值	自我雇佣倾向得分 Logistic 回归系数
	自雇	受雇		自雇	受雇		自雇	受雇		自雇	受雇		
离开户籍时间	12.23	9.94	0.000	12.16	8.20	0.000	12.14	12.28	0.703	12.16	10.15	0.000	0.0242 **
离开户籍原因	0.93	0.91	0.035	0.93	0.91	0.102	0.93	0.94	0.637	0.93	0.91	0.120	-0.0493
是否想好长期居住	0.64	0.53	0.000	0.64	0.48	0.000	0.64	0.66	0.531	0.64	0.54	0.000	0.1085
是否打算长期居住	0.53	0.39	0.000	0.53	0.34	0.000	0.53	0.53	0.845	0.53	0.40	0.000	0.3683 **
是否有小孩	0.97	0.93	0.002	0.97	0.89	0.000	0.97	0.97	0.454	0.97	0.93	0.006	0.6356 **
是否有老人	0.64	0.51	0.000	0.64	0.48	0.000	0.64	0.63	0.765	0.64	0.53	0.000	0.0395
家庭就业人数	0.04	0.43	0.000	0.04	0.19	0.000	0.04	0.05	0.533	0.04	0.29	0.000	-2.038 ***
家庭同住人数	2.48	1.86	0.000	2.46	1.55	0.000	2.45	2.52	0.238	2.46	1.96	0.000	0.2541 ***
样本量	1821			1452			1812			1816			1821
自雇样本	730			726			722			726			730
受雇样本	1091			726			1090			1090			1091

注：*** 表示 $p<0.01$；** 表示 $p<0.05$；* 表示 $p<0.1$。

正如前面讨论所指出的，若将自我雇佣者与受雇者直接进行比较，将会因无法观测的与自我雇佣决策相关的能力、偏好等因素而出现估计偏误。数据平衡性检验亦发现，外来人口自我雇佣行为存在样本选择偏差。表 3 的最后一列展示了外来人口自我雇佣倾向得分 Logistic 模型的回归结果。

（三）实证分析结果

1. 回归结果

表 4 第 1 列展示的是匹配前对全部样本的工资决定方程的回归结果。在未控制样本选择偏差的情况下，自我雇佣者的收入高于受雇者存在明显的收入溢价。因此，本文在估计外来人口自我雇佣倾向得分（见表 4）的基础上采用近邻匹配、卡尺匹配和倾向得分加权三种匹配方法控制样本选择偏差后，重新估计工资决定方程，结果见表 4 第 3 列至第 5 列。

表 4 农民工收入决定方程的普通最小二乘回归结果
（因变量：月收入自然对数）

	匹配前	近邻匹配	卡尺匹配	核匹配
常数项	7.504***	7.585***	7.520***	7.524***
就业方式（自雇 =1）	0.1458***	0.1430***	0.1454***	0.1455***
年龄	-0.00641***	-0.00836***	-0.00673***	-0.00681***
性别（男 =1）	0.146***	0.123***	0.150***	0.149***
婚姻（已婚 =1）	0.0972***	0.114***	0.107***	0.110***
小学或初中	0.171	0.0878**	0.167	0.165
高中或中专	0.268**	0.203	0.265*	0.264*
大学及以上	0.451***	0.388**	0.449***	0.448***
非农业	0.197***	0.196***	0.189***	0.190***
非农业转居民	0.212	0.144	0.210	0.210
农业转居民	0.214*	0.217	0.251	0.252
本次流动类型	0.0187	0.00879	0.0157	0.0170
本次流动时间	-0.00460	-0.00153	-0.00368	-0.00345
本次流动原因	0.248**	0.261**	0.249**	0.248**
首次离开户籍时间	0.00697***	0.00741***	0.00619***	0.00614***
首次离开户籍原因	0.0269	0.0315	0.0226	0.0220
长期居住（想好 =1）	0.00923	0.0134	0.00785	0.00797
长期居住（打算 =1）	0.114**	0.0926**	0.115***	0.114***
是否有小孩（有 =1）	-0.00676	0.0292	-0.00158	-0.000458

续表

	匹配前	近邻匹配	卡尺匹配	核匹配
是否有老人（有 = 1）	0.0523**	0.0463	0.0521**	0.0512**
家庭就业人数	-0.0452**	-0.0450	-0.0423**	-0.0425**
家庭同住人数	0.0536***	0.0555***	0.0497***	0.0485***
R^2	0.160	0.151	0.158	0.157
样本量	1821	1452	1812	1816

注：*** 表示 $p < 0.01$；** 表示 $p < 0.05$；* 表示 $p < 0.1$。

为进一步展示倾向得分匹配的效果，本文将匹配前后受雇者和自我雇佣者倾向得分值的概率密度分布做比较（见图 1）。很明显，在匹配之前，两者选择自我雇佣的倾向得分的概率分布存在明显差异；在匹配之后，两者选择自我雇佣的倾向得分的概率分布已经非常接近。这表明，自我雇佣者和受雇者在各方面的特征非常接近，匹配效果较好。

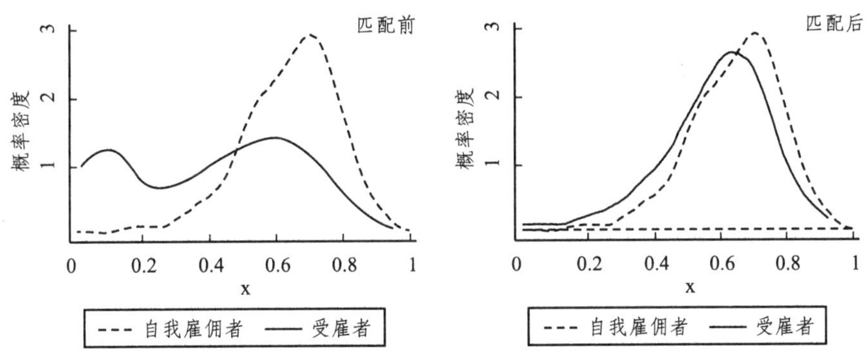

图 1　匹配前后自我雇佣倾向得分的概率密度比较

2. 回归结果分析

本文采用近邻匹配和整体匹配两种匹配方式，选用了 3 种匹配方法纠正样本选择偏差。结果表明，在控制样本选择偏差的情况下，自我雇佣对外来人口收入的影响依旧显著。但是，自我雇佣的收入效应比匹配前分别低了 0.28%、0.04% 和 0.03%。这说明，基于未处理的原始样本得到的估计结果在一定程度上高估了自我雇佣对农民工收入的正向影响。

农民工的其他特征对其收入也有显著的影响，与匹配前回归相比，采用近邻匹配、卡尺匹配以及核匹配后回归的结果相差不大。例如：（1）外来人口月收入存在显著的性别差异，男性收入比女性高约 15%，这在一定程度上反映了劳动力市场上的性别不平等。（2）随着年龄的增加，外来人口的工资收入将会减少，但因年龄引起的工资差异并不大。（3）教育回报率为正，同时随着学历的提高，外来人口的工资收入也将提高，且收入的增幅也将提高，这说明，人力资本的不断积累可以带来外来人口经济收入的提高。(4) 外来人口跨省流动将比省内流动获得更高的收入。这是因为长距离的流动能进一步扩展劳动力市场，突破地区经济发展和产业结构的限制，使农民工获取更多就业机会，从而带来更高的就业回报。(5) 从家庭情况以及长期居住意愿来看，打算长期居住于广州的外来人口获得更高的工资收入，很大的原因可能是长期居住于广州的生活成本较高，必须要有足够的经济收入来支撑这一居住意愿，进而逆向促使外来人口付出更多的劳动，以获得相对较高的收入。家庭就业人数越多将会减轻外来人口家庭的经济负担，同时家庭同住人数以及老人将会增加家庭的生活负担，进而促使外来人口不得不提高自身的工资收入，才能够承担家庭相应的负担，这与以往经验研究的结果是一致的。

五、结　　论

中国正在经历经济转型，市场经济理念逐步渗透到社会经济生活的方方面面，外来人口就业也不例外。自我雇佣已经成为外来人口就业的一种重要形态，但对外来人口自我雇佣行为决策及其对收入的影响以及面临的问题等，研究还远远不够。本文利用 2015 年全国流动人动态监测调查数据进行了描述性分析，并通过倾向得分分析法控制样本选择偏差分析了外来人口自我雇佣对其收入的影响。

与真正意义上的自主创业模式不同，目前城市中外来人口的自我雇佣更多是在城市劳动力市场就业机会受限后的次优选择。一方面，外来人口往往面临分割的劳动力市场，进入规范就业部门存在诸多限制；另一方面，企业用工普遍“掐尖式”用工，存在年龄歧视，随着年龄增加，外来人口进入付酬劳动力市场更为困难，自我雇佣成为外来人口在多重限制下的就业选择。

与受雇者相比，自我雇佣者承担更大的生产经营风险和更高的社会保障购买成本，理应得到更高的风险贴水。本文分析发现，外来人口自我雇佣者确实能得到更高的收入回报，但影响有限。在控制了样本选择偏差之后，自我雇佣仅能将流动人口月收入提高。但外来人口自我雇佣者往往以加大劳动强度、延长劳动时间来换取更高的收入。外来人口自我雇佣者大量集中在批发零售业等典型的劳动密集型行业，这些行业进入门槛较低，他们也难以得到小企业主应得到的风险贴水、经验贴水等回报。如果企业家精神禀赋是以更长的劳动时间而非更高的效率来得到回报，外来人口自我雇佣不一定比受雇获取工资更有吸引力。

参考文献

[1] 陈立兵．国外自雇理论研究述评［J］．全球视野理论月刊，2011（1）：160－163.

[2] 陈宇琳．特大城市外来自雇经营者市民化机制研究［J］．广东社会科学，2015（2）：204－213.

[3] 曹永福，杨梦婕，宋月萍．农民工自我雇佣与收入：基于倾向得分的实证分析［J］．中国农村经济，2013（10）：30－41.

[4] 黄志岭．人力资本、收入差距与农民工自我雇佣行为［J］．农业经济问题，2014，35（6）.

[5] 黄志岭．城乡户籍自我雇佣差异及原因分析［J］．世界经济文汇，2012（6）：111－119.

[6] 黄志岭．农民自我雇佣行为的决策因素及其特征分析［J］．农业经济问题，2016（1）：103－109.

[7] 解垩．中国城市居民自雇者的收入不平等与贫困：1989～2009［J］．中国人口·资源与环境，2012，22（12）：165－168.

[8] 孔思亮．农民工的自雇创业与社会流动［D］．北京：中央民族大学，2015：1－68.

[9] 宁关杰．自我雇佣还是成为工资获得者？［J］．管理世界，2012（7）：54－66.

[10] 石丹淅，赖德胜．自我雇佣问题研究进展［J］．经济学动态，2013（10）：143－151.

[11] 石丹淅，吴克明．教育促进劳动者自我雇佣了吗？——基于 CHIP 数据的经验分析［J］．中南财经政法大学学报，2015，No. 210（3）：19－26.

[12] 王美艳．城市劳动力市场上的就业机会与工资差异［J］．中国社会科学，2005（5）：36－46.

[13] 王文彬，赵延东．自雇过程的社会网络分析［J］．社会，2012，32（3）：78－97.

[14] 叶静怡，王琼．农民工的自雇佣选择及其收入［J］．财经研究，2013，39（1）：93－102.

[15] 邹宇春，敖丹．自雇者与受雇者的社会资本差异研究［J］．社会学研究，2011（5）：198－246.

[16] 郭申阳，马克·弗雷泽著，郭志刚等译．倾向值分析：统计方法与应用［M］．重庆大学出版社，2012.

[17] Rosenbaum，P. R. and Rubin，D. B.：The Central Role of the Propensity Score in Observational Studies for Causal Effects，Biometrika，1983，70（1）：41－55.

Self－Employment's Wage Effect of Migrant Workers in Guangzhou

Zhan Qiuquan　Meng Fanqiang

Abstract：Self-employment has always been an important employment option for migrant workers. This article selects the 2015 national floating population monitoring survey data to investigate the impact of self-employment of migrant workers on their wage levels. Due to the problem of bias of sample selection in self-employment, we use the propensity score analysis method to process the samples respectively, such as neighbor matching, caliper matching and kernel matching. The results show that on the one hand, self-employed people earn 14. 5% more than their employees and there is a clear income premium. On the other hand, the continuous accumulation of human capital can significantly increase the wage income of migrants while the burden on families and long-term living willingness in reverse will enable migrants to obtain higher wages.

Keywords: Migrant Population, Self-employment, Wage effects, Propensity Score Matching

环境规制对清洁技术创新的影响研究

——基于中国区域对比的实证分析

曹艳秋　姜艺婧*

摘　要：面对我国当前日益凸显的环境问题，完善实施环境规制政策是解决我国当前环境问题的重要途径。本文将基于费用型和投资型这两种环境规制类型，建立理论模型并提出假设，进一步利用我国2008～2015年30个省份的面板数据，对环境规制对于清洁技术创新的影响进行实证研究，并得出以下结论：环境规制强度与清洁技术创新之间呈现倒U型的变化关系，所有制结构以及良好制度环境对清洁技术创新具有显著促进作用。环境规制强度对清洁技术创新影响的倒U型关系在东部地区显著，费用型环境规制在中部地区显著，投资型环境规制在西部地区显著，而环境规制对于清洁技术创新的影响在东北地区不显著。最后根据实证分析结果提出相关建议，两种类型环境规制相结合，因地制宜制定环境政策，进一步推进国企改革，优化区域制度环境从而更好地推动我国清洁技术创新水平的进步。

关键词：环境规制　费用型与投资型　清洁技术创新　区域对比

一、引　言

改革开放以来，我国经济社会建设取得了巨大成效，同时环境保护工作也越来越积极地进行，不论是环境保护意识还是环境保护实践方面都发生了重大转变。党的十八大提出“五位一体”总体要求，进一步将生态文明建设提升到更重要的地位。环境规制作为我国生态文明建设的重要保障，其重要性日益增加。党的十九大提出，建设生态文明是中华民族永续发展的千年大计，把坚持人与自然和谐共生作为新时代坚持和发展中国特色社会主义基本方略的重要内容，把建设美丽中国作为全面建设社会主义现代化强国的重大目标，把生态文明建设和生态环境保护提升到前所未有的战略高度，集中体现了习近平总书记生态文明建设重要战略思想。习近平总书记指出，只有实行最严格的制度、最严明的法治，才能为生态文明建设提供可靠保障。面对

---

* 作者简介：曹艳秋（1969～　），女，河北昌黎人，辽宁大学经济学院经济学系副教授，经济学博士，研究方向：规制经济学、信息经济学、马克思主义经济学，电子邮箱：caoyanqiu2011@126. com；姜艺婧（1996～　），女，山东烟台人，中国人民大学环境学院硕士研究生，研究方向：人口资源与环境经济学，电子邮箱：296062257@qq. com。

我国伴随粗放型经济发展方式导致的日益严重的环境问题，近年来，清洁能源的使用和清洁技术的创新与发展备受关注。环境规制政策的严格实施和强化是当下改变中国环境现状的必然需要，清洁技术创新与政府环境规制到底存在怎样的关系？如何更好地发挥环境规制政策对清洁技术创新的激励作用？由此引发学术界的激烈讨论。

在传统观点看来，环境规制提高了受管制企业的生产成本，不利于企业技术创新水平的提高，二者之间是此消彼长的关系，即“挤出效应”。而“波特假说”提出，适度合理的环境规制政策利于技术创新。目前学术界关于环境规制与技术创新之间效应的观点莫衷一是，笔者认为，环境规制与经济发展之间并非零和博弈，环境保护与技术创新之间可以实现“双赢”，在分析过程中还应当注意二者之间相互作用的时间和区域效应。

中国“四维一体”的环境政策体系主要包括命令—控制型、市场激励型、公众参与型以及自愿行动型环境规制工具。近年来，我国环境污染治理投资额和排污费收入大致呈波动上升趋势，国家对于环境保护和污染治理的重视程度逐渐加大。因此，更好地发挥环境规制政策对清洁技术创新的推动作用具有十分重要的意义。本文将重点研究市场激励型环境规制的两种类型环境规制工具对于清洁技术创新影响的效果，并根据实证结果的地区差异提出相关政策建议。

二、文献综述

（一）环境规制与技术创新的研究

国内外学者从不同角度对环境规制与技术创新的关系进行了研究，其中主要有两类观点。传统经济理论认为环境规制与技术创新之间并非呈现完全的正相关关系。首先，从企业成本的角度考虑，在某些特定的条件下，环境规制的实施会提高企业的生产成本，挤压企业用于创新的人力或者技术研发资金，进而抑制被企业的技术创新（Gray，1987）。尤其是对于环境成本占企业总成本比重较高的企业而言，实施环境规制政策对于技术创新的负面影响要远远超过其促进效应（Gonrad & Wastl，1995）。其次，“波特假说”在中国不具有一般性，环境规制应当因地制宜，不能完全迷信“波特假说”（徐士春，2007）。沈能（2012）指出，环境规制对于技术创新的影响存在地区性差异，各个地区的经济发展水平决定了环境规制政策对于技术创新的效果。另一类观点则支持“波特假说”，认为环境规制对与技术创新具有促进作用。拉诺伊克（Lanoic，2008）实证检验发现在一定条件下，环境规制会降低企业的生产成本，激励企业进行技术创新。于同申、张成（2010）认为环境规制具有创新补偿效应和优化效应，适度的环境规制是可以促进经济增长的。卡门·罗伯特（Carmen Robert，2006）利用企业污染物排放量定量表示环境规制政策的强度，指出污染物排放量和环保型技术专利之间存在显著的负相关关系。还有一类观点认为环境规制对于技术创新的影响是不确定的，环境规制对技术创新的影响具有两面性和区域差异性（刘玉飞，2013）。

（二）环境规制工具的效果与选择

关于环境规制对技术创新的影响，不少学者从环境规制工具的角度进行研究。其中，王红梅（2016）采用贝叶斯模型平均方法进行实证分析，研究结果表明命令控制型和市场激励型工具是 2004 ~ 2014 年间中国最为有效的环境治理工具。占佳（2015）研究指出市场激励型规制在短期内会抑制技术创新，但这种抑制效果会逐渐减弱并在滞后三期促进技术创新。张平等（2016）基于费用型与投资型两种类型环境规制，研究环境规制对企业技术创新的影响，费用型环境规制对企业技术创新产生了显著的“挤出效应”；投资型环境规制降低了企业技术创新的风险，并进一步研究三种类型的环境投资对于企业技术创新的效果差异，但并未对环境规制类型对于不同地区技术创新的效果进行比较分析。

（三）清洁技术创新定义与研究

国内有关清洁技术创新概念的研究和相关界定较少，国外学者肯普和皮尔森（Kemp and Pearson，2007）将清洁技术创新定义为：商品、服务、生产过程、组织结构，或是商业管理方式的创新、应用与推广，这种创新对企业来说是新颖的，相对于传统的方式，能够减少企业整个生命周期内的环境风险，以及污染和资源利用的负面影响。由此可见，与传统创新方式相比清洁技术创新更加注重对环境的保护与环境质量的改善。相对于治污技术创新等末端治理手段而言，清洁技术创新对企业清洁生产以及经济发展与环境保护的意义更大。清洁技术创新由于其概念范围没有准确定义并且涵盖范围较广，对其难以进行准确度量。其中，约翰斯顿等（Johnstone et al.，2010）在研究中采用可再生能源的专利数量对清洁技术创新水平进行衡量并对六种不同环境规制工具对清洁技术创新的影响差异进行比较分析。布伦纳迈尔等（Brunnermeier et al.，2003）用环境治理和控制支出水平表示环境规制强度，以大气污染治理、酸雨防治、固体垃圾处理等环境相关专利的申请数量表示清洁技术创新水平，并得出结论：环境规制与清洁技术创新之间呈正向关系，环境治理支出的小幅增加就能大幅促进清洁技术创新水平的提高。曹婧璇、蔡闻佳（Jingxuan Hui and Wenjia Cai，2016）在研究中从区域对比角度研究补贴与清洁技术创新发展。乔尔·马伦和阿尔弗雷德·A. 马库斯（Joel Malen and Alfred A. Marcus，2017）研究考察了政治、社会和经济因素对清洁能源技术创业的影响，指出政府政策和清洁能源市场的发展为其创造了机会。内文卡·赫多瓦汀等（Nevenka Hrovatin et al.，2016）分析了经济、组织和监管对提高企业能源效率和清洁技术投资的影响，并指出能源成本、市场份额和出口导向大大增加了能源效率和清洁技术投资的可能性。

综上所述，国内外学者关于环境规制对技术创新影响的结论并不一致，同时，国内关于环境规制政策对于清洁技术创新的影响研究并不多。基于市场激励型环境规制政策是我国当前最为有效的环境规制工具之一，并且该政策工具更能体现政府环境规制政策对企业创新行为的激励效果，本文将在这些文献研究的基础之上，实证研究费用型和投资型两种市场激励型环境规制政策对于清洁技术创新的影响，利用我国 2008～2015 年 30 个省份的面板数据进行实证分析。同时，将我国 30 个省（区、市）分为东部、中部、西部以及东北四大区域，根据各个地区的实证结果比较分析得出结论并提出建议。

三、环境规制下企业进行绿色技术创新的数理模型构建与分析

（一）模型基本假定

企业是经济的基本细胞，本部分从微观企业的视角构建理论模型，分别研究费用型和投资型两种类型环境规制对于清洁技术创新的影响并提出本文假设，提出本部分的假设如下：

（1）假设在某一行业当中，只有两家企业分别是企业 1 和企业 2，生产同质产品并依靠技术创新获得竞争优势。同时，对各个企业而言，尽可能获得多的利润是其进行生产活动的唯一目标。

（2）面对政府的环境规制，企业 1 和企业 2 可以选择的技术创新类型有两种，分别是生产技术创新和清洁技术创新。其中，企业通过生产技术创新，提高生产率水平，可以降低企业生产成本，从而增加企业利润；还可以通过清洁技术创新，利用清洁技术进行生产，提高资源利用率，进而减少企业生产的污染排放。

（3）假设企业 1 和企业 2 创新投入成本均为 c（其中 $0<c<1$），同时，企业 1 和企业 2 可以利用 c 单位的成本进行创新活动。当企业进行一般性的生产技术创新时，可以降低 c 单位的生产成本，即企业利润提高 c 单位；若企业选择进行清洁技术创新，则可以通过增加清洁技术创新投入降低 c 单位的污染排放。

（4）环境污染是企业进行生产活动产生的一种负外部性结果。假设企业 1 和企业 2 的产量分别为 q_1 和 q_2。同时，企业每单位产量的排污系数为 e，若企业进行一般性生产技术创新，则有污染排放函数 $PT_i = eq_i$；若企业选择进行清洁技术创新，则企业的污染排放函数为 $PT_i = eq_i(1-c)$，其中 c 代表

用于清洁技术创新的成本投入。其中，i 表示政府进行第 i 种类型的环境规制政策，在这里 $i=1$，2。

（5）假设该市场的逆需求函数为 $P=a-bQ$，其中 a，b 均为大于 0 的常数，市场总需求为 $Q=q_1+q_2$，市场价格为 $P=a-b(q_1+q_2)$。假设企业 1 和企业 2 进行正常生产活动每单位的生产成本均为 ϕ，其中包括企业的创新投入成本 c。

根据以上假设条件，假设企业 1 选择进行一般性生产技术创新，企业 2 选择进行清洁技术创新。此时企业 1 和企业 2 的利润函数分别为：

$$\pi_1=[a-b(q_1+q_2)-(\phi-c)]q_1 \tag{1}$$

$$\pi_2=[a-b(q_1+q_2)-\phi]q_2 \tag{2}$$

（二）两种类型环境规制下企业进行技术创新的选择

接下来，本文将分别讨论征收排污费与进行减排补贴两种类型的环境规制下企业 1 和企业 2 的利润情况，进而分别分析企业面对两种类型环境规制政策将做出的创新行为选择。

1. 排污费对清洁技术创新的作用机制

排污费是指政府根据排放到环境中污染物的质或量（或者两者都考虑）按照一定的费率向排污的单位或个人征收的费用。为了简化分析，本文在此只考虑污染物的排放量进一步进行分析。假定政府规定对每单位污染物排放征收排污费额为 t_1，则企业 1 和企业 2 两家企业的利润函数分别变为：

$$\pi_1=[a-b(q_1+q_2)-(\phi-c)]q_1-q_1t_1 \tag{3}$$

$$\pi_2=[a-b(q_1+q_2)-\phi]q_2-q_2(1-c)t_1 \tag{4}$$

此时，对上述方程进行联立，解得企业 1 和企业 2 的均衡产量分别为：

$$q_1=\frac{a-\phi-t_1+2c-ct_1}{3b} \tag{5}$$

$$q_2=\frac{a-\phi-t_1-c+2ct_1}{3b} \tag{6}$$

将式（5）和式（6）代入企业的利润函数式（3）和式（4），分别得出排污费环境规制政策下企业 1 和企业 2 的最终利润如下：

$$\pi_1=\frac{(a-\phi-t_1+2c-ct_1)^2}{9b} \tag{7}$$

$$\pi_2=\frac{(a-\phi-t_1-c+2ct_1)^2}{9b} \tag{8}$$

为考察排污费政策对清洁技术创新的激励效果，令式（7）减去式（8）得到下式：

$$\Delta_1\pi=\pi_2-\pi_1=\frac{c(t_1-1)(2a-2\phi-2t_1+c+ct_1)}{3b} \tag{9}$$

当 $\Delta_1\pi>0$ 时，表示企业进行清洁技术创新的利润高于进一步进行生产技术创新获得的利润，说明排污费征收对清洁技术创新具有激励作用，并且在保证企业获得经济利润的前提下，$\Delta_1\pi$ 越大，则排污费征收对清洁技术创新的激励效果越明显。满足 $\Delta_1\pi$ 取得最大值，是政府针对企业排污行为设计最优排污费政策的条件。本文假设 c 为企业的创新投入成本，为满足经济意义，有 $0<c<1$，此时 $\frac{\partial^2\Delta_1\pi}{\partial^2 t_1}=-4c+2c^2=-2c(2-c)<0$。当 $\frac{\partial^2\Delta_1\pi}{\partial^2 t_1}=0$ 时，$\Delta_1\pi$ 取得最大值，可以得到最优排污费征收率 $t_1=\frac{a-\phi+1}{2-c}$。

当 $\Delta_1\pi<0$ 时，排污费征收则会对清洁技术创新产生阻碍作用，继续增加排污费征收会增加企业负担，企业会选择进行生产技术创新而不再进行清洁技术创新。

2. 环境补贴对清洁技术创新的作用机制

减排补贴政策是政府为了鼓励企业减少污染排放，对企业所减少的排放量或者为减少排放量采取的措施提供一定数量的补贴。在补贴的环境规制工具下，为了简化分析，在此我们假设政府主要针对企业减少的污染排放量进行补贴。

假设政府对清洁技术创新的企业提供的单位减排补贴为 t_2。继续假设企业 1 选择继续进行一般性生产技术创新，企业 2 选择进行清洁技术创新。则企业 1 和企业 2 的利润函数分别为：

$$\pi_1=[a-b(q_1+q_2)-(\phi-c)]q_1 \tag{10}$$

$$\pi_2=[a-b(q_1+q_2)-\phi]q_2+q_2ct_2 \tag{11}$$

此时，联立上述方程，解得均衡产量分别为：

$$q_1=\frac{a-\phi+2c-ct_2}{3b} \tag{12}$$

$$q_2=\frac{a-\phi-c+2ct_2}{3b} \tag{13}$$

将均衡产量 q_1，q_2 分别带入企业的利润函数式（10）、式（11），解得企业 1 和企业 2 的利润：

$$\pi_1=\frac{(a-\phi+2c-ct_2)^2}{9b} \tag{14}$$

$$\pi_2=\frac{(a-\phi-c+2ct_2)^2}{9b} \tag{15}$$

同上述方法，为考察补贴政策对清洁技术创新的激励效果，令式（14）减去式（15），得到：

$$\Delta_2\pi=\pi_2-\pi_1=\frac{c(t_2-1)(2a-2\phi+c+ct_2)}{3b} \tag{16}$$

当 $t_2>1$ 时，$\Delta_2\pi>0$，减排补贴政策对清洁技术创新具有激励作用。并

且随着 t_2 的增加，对清洁技术创新的激励效果越好，在这种情况下不存在最优补贴率。由于存在$\frac{\partial^2 \Delta_2 \pi}{\partial^2 t_1} = 2c^2 > 0$，因此 $\Delta_2 \pi$ 为减排补贴率的单调递增函数，故政府可以通过增加减排补贴的方式提高企业清洁技术创新水平。实际中，考虑到过高的补贴会增加企业的管理成本，并可能导致资源配置无效率的情况，政府应根据实际情况制定合理的减排补贴率。

（三）提出假设

根据本部分对两种类型环境规制对于企业清洁技术创新影响机制的理论分析，在此提出本文的假设如下。

假设一：政府实行费用型环境规制政策在一定程度下可以激励企业进行清洁技术创新，但环境规制水平达到一定程度时会对清洁技术创新产生阻碍作用，因而清洁技术创新可能与费用型环境规制水平呈倒 U 型关系。

假设二：政府实行投资型环境规制政策可以激励企业进行清洁技术创新，进而提高清洁技术创新水平。

四、环境规制对清洁技术创新影响的实证分析

（一）模型的假定

根据内生增长理论的观点，技术创新的本质是一种经济现象，它的表现形式是一种产出。环境规制变量作为本文考察的主要变量，将其视作一种要素投入，并根据本文研究目的将其分为费用型和投资型两种环境规制类型，纳入模型当中。

本文将借鉴柯布—道格拉斯生产函数对清洁技术创新进行实证研究，清洁技术创新生产函数表示如下：

$$CI = a \cdot ER^{\beta} OS^{\kappa} M^{\upsilon}$$

其中，CI 表示清洁技术创新，ER 表示政府环境规制，OS 表示所有制结构，M 表示市场化指数。在此，为了避免异常项和异方差对数据平稳性的影响对上述生产函数取对数得到下式：

$$\ln CI = a + \beta \ln ER + \kappa \ln OS + \upsilon \ln M + \varepsilon$$

本文主要研究的是两种类型环境规制对于清洁技术创新的影响，继续引入环境规制变量 ER，分别构造两种类型环境规制的模型进一步研究。在关于环境规制对技术创新的影响趋势的分析当中，张成（2011）研究发现在东部和中部地区环境规制强度和企业生产技术进步之间存在 U 型关系，而在西部地区则不成立。蒋伏心（2013）采用江苏省制造业面板数据进行实证分析，结果表明环境规制与企业技术创新之间呈现先下降后提升的 U 型特征。

殷宝庆（2013）认为环境规制强度与技术创新效应在西部地区呈现倒 U 型关系。鉴于本文的理论模型中环境规制对清洁技术创新的非线性影响假设以及上述学者的研究，本文在此引入两种类型环境规制的二次项进一步考察环境规制对于清洁技术创新影响的非线性趋势，得到计量模型如下：

$$\ln CI_{it} = a + \beta_1 \ln ER_{it} + \beta_2 \ln ER_{it}^2 + \kappa \ln OS_{it} + \upsilon \ln M_{it} + \varepsilon_{it}\quad（其中\ i=1,\ 2）$$

其中，ER_1 表示费用型环境规制，ER_2 表示投资型环境规制，β_1 和 β_2 分别表示环境规制一次项和二次项的系数，κ 和 υ 分别表示所有制结构 OS、市场化指数 M 的带（待）估参数，ε 表示随机误差项。

（二）变量选取与描述

1. 清洁技术创新（CI）

国内目前并无关于清洁技术创新水平测度的相关统计数据。在进行清洁技术创新相关研究中选取的衡量指标也不尽相同，主要几种衡量指标包括与清洁生产技术相关的专利数据（刘海英，2016），新产品销售收入和能源消耗量的比值（王锋正，2015）等。其中，王芳玲（2014）采用工业固体废物综合利用率作为衡量清洁技术创新的指标，以反映企业的环境保护意愿、环保新工艺、新技术的产生与应用，并且指标值越大代表清洁技术水平越高；反之则越少。当前我国环境污染问题严重，其中，主要的环境污染来自工业“三废”的排放。基于理论上的合理性和数据方面的可获得性，本文借鉴王芳玲（2014）的做法，采用工业固体废物综合利用率即工业固体废物综合利用量与工业固体废物产生量的比值与作为衡量清洁技术创新水平的指标（见图 1）。

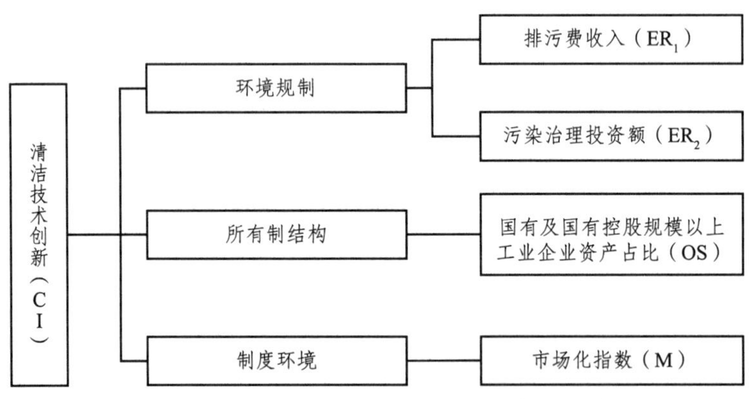

图 1　影响清洁技术创新水平的变量描述

资料来源：①樊纲，王小鲁，朱恒鹏．中国市场化指数——各地区市场化相对进程 2019 年报告［M］．北京：经济科学出版社，2009；②2009～2016 年《中国环境年鉴》《中国环境统计年鉴》《中国统计年鉴》．

2. 环境规制（ER）

张坤民（2007）在研究中建立分类标准将环境规制政策工具分为四种类型，即命令—控制型工具、市场激励型工具、公众参与型工具和自愿行动型工具。其中，市场激励型工具是通过收费或补贴的方式，运用显性经济激励，推动企业在排污的成本和收益之间进行自主选择，进而决定企业的生产技术水平和排污量（王红梅，2016）。本文研究的是两种市场激励型环境规制对清洁技术创新的影响，其中，费用型环境规制只有短期影响并且未能形成固定资产的资金，而投资型环境规制指存在长期影响并且最终形成固定资产的资金（原毅军、刘柳，2013）。在此选取 2005 ~ 2014 年我国各省（区、市）排污费收入总额以及环境污染治理投资总额，分别作为费用型环境规制和投资型环境规制的衡量指标。

3. 所有制结构（OS）

本文选取各地区国有及国有控股规模以上工业企业资产在规模以上工业企业资产中所占比重作为所有制结构变量的衡量指标，比值越大，所有制结构中国有企业占比越高。

4. 市场化指数（M）

杨代刚（2015）把制度环境分为金融发展水平、法治水平、政府干预程度和科技成果市场化程度，探讨了制度环境与科技创新能力的关系。实证结果显示以上因素当中除政府干预程度不利于科技创新能力的提升之外，其他因素均对科技创新水平具有积极促进作用。制度要素是影响企业清洁技术创新的间接因素，一般通过市场竞争使创新主体调整创新投入，进而影响企业清洁技术创新。本文依据樊纲《中国市场化指数——各地区市场化相对进程 2009 年报告》当中各省份的市场化指数作为衡量区域制度环境的指标。通常来说，区域市场化指数越高，越有利于企业进行清洁技术创新。

需要说明的是，由于西藏地区部分统计数据缺失，本文剔除西藏自治区的相关数据，利用我国 2008 ~ 2015 年全国 30 个省（区、市）的面板数据进行实证分析，总体样本的统计性描述如表 1 所示。

表 1　总体样本各变量描述性检验

变量名称	变量符号	单位	均值	标准差	最小值	最大值
绿色技术创新	CI	%	69. 12	18. 36	31. 14	99. 81
费用型环境规制	ER_1	万元	62642. 76	50400. 35	3000. 00	250698. 80
投资型环境规制	ER_2	亿元	221. 99	177. 09	22. 20	952. 50
所有制结构	OS	%	50. 78	17. 35	14. 00	82. 67
市场化指数	M	—	0. 76	0. 13	0. 40	0. 99

资料来源：同图 1。

从表 1 中可以看出，我国费用型环境规制的强度要低于投资型环境规制，我国更倾向于政府出资治理污染，而非通过向企业征收费的方式。

（三）平稳性检验与模型选择

本文采用 2008 ~ 2015 年全国省际面板数据进行回归分析，为避免虚假回归或伪回归的情况，在回归之前首先对相关面板数据进行平稳性检验。本文采用广泛应用于计量经济学当中的 ADF 单位根以及 PP - Fisher 检验方法对变量进行检验。经过平稳性检验，被解释变量 CI、解释变量 ER、控制变量 OS、M 的 P 值均小于 0. 01，各变量的面板序列均拒绝了存在单位根的原假设，即面板数据并不存在单位根，各变量的面板序列为平稳序列，可以继续进行回归分析。

（四）计量结果与分析

通过 F 检验和霍斯曼（Hausman）检验，本文相关面板数据适合建立固定效应模型进行分析。本部分将以全国面板数据为样本，实证检验费用型和投资型两种市场激励型环境规制对清洁技术创新的影响。由于我国各个地区发展不平衡，各个地区污染状况也不尽相同。考虑到我国地域间的明显差异，本文将对我国 30 个省（区、市）分为东部、中部、西部和东北地区四大地区，其中东部地区包括北京、天津、河北、上海、江苏、浙江、福建、山东、广东、海南；中部地区包括山西、安徽、江西、河南、湖北、湖南；西部地区包括内蒙古、广西、四川、贵州、云南、陕西、甘肃、青海、宁夏和新疆；东北地区包括黑龙江、吉林、辽宁。实证结果见表 2。

表 2 环境规制对清洁技术创新的回归结果

变量	全国	东部地区	中部地区	西部地区	东北地区
c	0. 449612 *** (5. 037646)	0. 663727 *** (5. 496049)	0. 340258 ** (1. 847856)	1. 047793 *** (3. 884608)	0. 630561 *** (3. 026903)
$\ln ER_1$	1. 077809 *** (4. 156299)	1. 102092 *** (2. 345786)	1. 489710 *** (2. 715794)	1. 127152 (0. 619581)	-1. 045611 (-0. 147051)
$\ln ER_1$	-0. 107028 *** (-3. 172765)	-0. 149297 *** (-3. 331444)	-0. 304865 *** (-2. 305755)	-0. 041716 (-0. 548750)	0. 043286 (0. 210446)
$\ln ER_2$	0. 358362 ** (2. 120193)	0. 398738 *** (2. 781057)	0. 678233 (0. 940834)	0. 866491 *** (2. 066688)	-0. 104662 (-0. 055508)
$\ln ER_2$	-0. 049857 (-1. 302810)	-0. 078436 *** (-2. 216504)	-0. 108128 (-0. 666773)	-0. 641937 *** (-2. 017241)	0. 197173 (0. 224507)

续表

变量	全国	东部地区	中部地区	西部地区	东北地区
lnOS	0.014992*** (2.858979)	-0.060060 (-1.378599)	0.014304** (1.221223)	0.117736*** (2.577149)	-0.077889*** (-2.295940)
lnM	0.527740** (2.589161)	0.563266*** (2.891305)	0.356794** (2.104944)	0.083044 (1.560434)	0.237726** (2.138621)

注：(1) ***、**、*分别表示在1%、5%和10%水平上显著；(2) 括号内为t统计值。

从表2的回归结果来看，费用型（ER_1）和投资型（ER_2）两种环境规制变量的一次项系数均为正，平方项的系数均为负，表示我国环境规制对于清洁技术创新的影响效果呈现倒U型，即在环境规制强度较低的情况下，清洁技术创新水平随着环境规制的加强而逐渐提高，验证了“波特假说”，而当环境规制强度达到一定程度之后，随着环境规制强度的提高，清洁技术创新的发展将会受到抑制，这一点与本文在理论模型部分的预期相符，本文将分别对于两种类型环境规制与对清洁技术创新的影响效果进行解释。

费用型环境规制（ER_1）对清洁技术创新的影响呈现倒U型关系，表示当政府对企业污染行为进行规制的时候，企业会进行成本与收益关系分析。随着政府环境规制程度的逐渐加强，以致企业进行清洁技术创新的成本低于需要缴纳的排污费时，企业会选择进行清洁技术创新从而减少污染排放，减少排污费用的缴纳。然而，随着环境规制程度的进一步加强，清洁技术创新的边际效率会递减，直到企业进行清洁技术创新的边际收益不足以抵消环境规制这一边际成本时，追求利润最大化的企业会选择缴纳排污费用而不再进行清洁技术创新；同时企业会寻求其他方式增加产出、降低成本，进一步将资金投向生产率的提高，提高利润水平从而应对政府高强度的环境规制，因此高强度的费用型环境规制会抑制清洁技术创新水平的提高。综上所述，费用型环境规制与清洁技术创新之间呈现倒U型关系，验证了本文理论分析部分提出的假设。

投资型环境规制变量的一次项系数在5%的水平下显著，相对于费用型环境规制（ER_1）显著性水平降低。投资型环境规制的二次项系数不显著，表明随着政府投资型环境规制强度的增加，企业应用于减少污染排放和废物循环利用等清洁技术创新的资金增加，同时污染治理基础设施得以改进，有助于企业进行清洁技术创新，运用清洁技术推动生产。投资型环境规制二次项系数不显著说明投资型环境规制（ER_2）对清洁技术创新的影响不存在倒U型关系，这表明政府可以通过直接出资治理环境污染问题进而有效地促进企业清洁技术创新，与理论模型部分提出的假设相符。

所有制结构（OS）对于清洁技术创新具有正向推动作用，并且在统计意义上显著，说明国有及国有控股企业面对政府环境规制更倾向于进行清洁技术创新。本文推断原因可能面对国家清洁生产，减少污染物排放的相关政策要求，相对于民营企业、三资企业，以及外资企业而言，国有及国有控股企业会更加积极地实施。一般而言国有企业接受的补贴较多，应用于清洁技术创新的资金较充足。

上述检验结果可以看出，良好的制度环境（M）对于企业进行清洁技术创新是十分有利的，并且在1%的统计水平下显著。这说明中国的区域制度环境因素确实影响了企业的清洁技术创新行为，良好的区域制度环境创造了良好的市场竞争氛围，调动创新主体积极投入到清洁技术创新当中。

（五）基于区域对比的回归结果分析

对于东部地区和中部地区而言，费用型环境规制（ER_1）的一次项系数均为正，二次项系数均为负，并且统计意义上均显著，说明费用型环境规制（ER_1）对清洁技术创新的影响存在显著的倒 U 型关系。投资型环境规制（ER_2）对清洁技术创新的影响在中部地区不显著，需要清洁技术创新激励机制的进一步改善。在西部地区费用型环境规制（ER_1）对清洁技术创新的影响的一次、二次项均不显著，投资型环境规制（ER_2）的一次项和二次项均显著。原因可能为，一方面西部地区企业多以国有及国有控股企业为主，因此具有政策支持优势，相对于其他类型企业更易受到优待，同时排污费征收要求相对宽松；另一方面相对于东部地区而言，西部地区经济发展水平较低，创新研发人才和资金较为欠缺，因此政府投资型环境规制对于清洁技术创新的促进效果较明显。在东部地区和西部地区投资型环境规制的二次项系数显著为负的原因可能随着政府直接出资的提高、环境污染的改善使得企业将部分资金投入到直接提高企业利润的生产环节，而不继续进行清洁技术创新投资；同时，随着政府干预的增强，企业主动进行清洁技术创新的积极性可能会减弱。

对东部地区而言，国有企业在所有制结构当中占比较高不利于清洁技术创新水平的提高，并对清洁技术创新具有负向的阻碍作用，原因可能为东部地区市场竞争比较激烈，企业为适应消费需求与政策导向会主动投入到清洁技术创新当中，而相对于外资、三资和民营企业而言，国有企业由于体制等原因，在清洁技术提升速度与效率方面还是有一定的差距。而在中部和西部地区则发挥了国有及国有控股企业在政策实施方面的优势，所有制结构与清洁技术创新呈现正相关关系。制度环境对清洁技术创新的影响在四大区域中均显示为正向的促进作用，尤其在制度环境较为完善的东部和中部地区，良好的制度环境对清洁技术创新的推动作用在统计意义上显著。

东北地区环境规制对于清洁技术创新的影响在统计意义并不显著，说明东北地区环境规制政策相对而言不合理，环境规制政策对清洁技术创新的激励效果一般。东北地区所有制结构（OS）对清洁技术创新水平的影响效果显著为负，可能由于东北地区国有及国有控股企业比重较大，然而该地区国有企业清洁技术创新效率比较低，不利于清洁技术创新水平的提高。制度环境对清洁技术创新的推动作用仍在统计意义上显著。

五、结论与建议

关于环境规制对于企业创新影响研究在学术界观点众多，传统观点认为政府的环境规制政策增加了企业的成本，对技术创新具有“挤出效应”，波特假说则认为环境规制有利于促进企业进行技术创新。本文通过建立理论模型推导出费用型与投资型两种类型环境规制对于清洁技术创新的影响，并且利用我国 2008 ~ 2015 年间 30 个省（区、市）的面板数据进行实证分析，对我国两种类型环境规制政策对清洁技术创新的影响进行检验，同时分地区进行回归分析，得出以下结论与建议。

（一）结论

1. 我国环境规制对于清洁技术创新的影响效果呈现倒 U 型关系

在环境规制强度较低的情况下，清洁技术创新水平随着环境规制水平的加强而逐渐提高，一定程度上验证了“波特假说”，而当环境规制强度达到一定程度之后，随着环境规制强度的提高，清洁技术创新的发展将会受到抑制。

2. 不同类型环境规制对清洁技术创新的影响效果不同

首先，费用型环境规制（ER_1）对清洁技术创新的影响呈现倒 U 型关系，当政府向企业征收排污费时，企业会进行成本与收益关系分析，推动企业进行清洁技术创新；随着环境规制程度的进一步加强，清洁技术创新的边际效率会递减，追求利润最大化的企业会选择缴纳排污费用而不再进行清洁技术创新。其次，投资型环境规制（ER_2）二次项系数不显著说明对清洁技术创新的影响不存在倒 U 型关系，政府可以通过直接出资治理环境污染问题进而有效地促进企业清洁技术创新。

3. 所有制结构对于清洁技术创新具有正向推动作用

国有企业在所有制结构中占比较高有利于清洁技术创新，并在统计意义上显著。国有及国有控股企业面对政府环境规制更倾向于进行清洁技术创新，相对于民营企业、三资企业，以及外资企业而言，国有及国有控股企业会更加积极地实施相关导向性政府政策，同时国有及国有控股企业接受的政府补贴相对而言较多。叶琴、曾刚等（2018）在研究中发现命令型环境规制工具对技术创新的促进作用要大于市场型环境规制工具，并指出，出现这种结果的原因是由于我国当前进行节能减排技术创新的主体是国有企业和公共研究机构，进一步印证了本文观点。

4. 良好的制度环境有利于企业进行清洁技术创新

中国改革开放至今已经积累了一定的建设创新型企业的区域制度基础，中国的区域制度环境因素确实影响了企业的清洁技术创新行为，良好的区域制度环境创造了良好的市场竞争氛围，调动创新主体积极投入到清洁技术创新当中。本文采用市场化水平作为制度环境的衡量指标，市场化程度越高越有利于清洁技术创新水平的提高。

（二）建议

1. 适当提高环境规制强度

通过实证部分的检验结果我们可以看出，两种类型的环境规制政策对于清洁技术创新水平有显著的正向作用。要提高清洁技术创新水平，政府必须树立正确观念，充分认识到适度环境规制政策对于清洁技术创新的积极影响，而不是仅仅把环境规制政策当作治理污染和保护环境的任务来执行，而忽略环境规制政策本身制定方面的正确性以及可能带来的经济效益。因此，政府应当进行适当的环境规制，实施积极合理的环境政策，有效提高清洁技术创新水平，从而最终促使社会形成清洁技术创新先行、植物技术创新进行补充的模式，早日高效完成“十三五”提出的重要目标，推动生产以及生活方式的绿色化，引领生态环境质量的改善，促进我国经济社会协调发展，完善建设“五位一体”总体布局。

同时，鉴于两种类型环境规制工具对于清洁技术创新的影响机制以及效果的差异，以及二者对于清洁技术创新影响的时间和空间效应，政府应当合理制定环境规制政策，利用费用型与投资型两种类型环境规制对企业排污行为进行规制。对于费用型环境规制工具，由于随着时间推移企业利润水平会发生变化，有关部门应当注意实时监测市场情况，制定合理适度的排污费征收标准，并且根据行业制定各自适宜的标准，充分发挥费用型环境规制的“创新激励”效应。对于投资型环境规制而言，要注意滥用补贴情况的发生，加强督查与监管，尽可能充分发挥投资的降污减排效果，为清洁技术创新提供较好基础设施等环境。

2. 因地制宜制定适合地区发展的差异化环境规制政策

环境规制政策应当与地区经济发展水平与实际特点相结合，制定最优环境规制政策。一方面，我国地区差异明显，从实证分析部分的结果可以看出环境规制对清洁技术创新的影响在几大区域之间存在较大差异。因此，在环境规制工具与政策的选择与制定中，应当拒绝不顾地区差异的“一刀切”方式，贯彻“分区引导，分类控制”（马中、石磊、崔格格，2009）的原则，根据各地特点，灵活运用环境规制工具也要考虑实施的可行性与实用性。同时，应当加强地区间的协调合作，相互借鉴成功经验，例如开展区域论坛等，共同推进环境污染治理，提高清洁技术创新水平，并切实将创新成果转化为企业可以灵活运用的清洁技术，防治工业污染，改善生态环境。另一方面，不同的环境规制工具对企业清洁技术创新影响的差异较明显，对于环境规制工具的选择还是应当协调优化各类环境规制政策，充分调动企业清洁技术创新的积极性。

3. 进一步推动国企改革

有关所有制结构对于清洁技术创新的影响方面的研究有很少学者予以关注，在部分学者对所有制结构对于技术创新的研究中均指出国有及国有控股企业在地区企业中占比越高则会对生产技术创新产生负向制约作用，国有及国有控股企业在技术进步的提升速度上和外资企业、三资企业和民营企业相比仍相对较低（张成，2011），部分学者认为对于大型国有企业来说，其本身存在分配体制、管理模式和人才使用机制等问题，使得高端创新人才引进困难、人才流失严重现象，这种情况会阻碍清洁技术创新的发展（邢炜，2016）。而值得注意的是，国有及国有控股企业接受的补贴较多，应用于清洁技术创新的资金较充足，同时常常具有政策支持优势。当前推动国企改革是我国工作重心之一，深化国企改革有助于创新模式的转变，自主创新能力的提高，弱化政企关联，提高市场化程度，提高国有资本的质量、效率，优化政府补贴并充分发挥其激励作用更有利于清洁技术创新的进步。尤其对于东北地区而言，环境规制政策对清洁技术创新的影响效果并不明显，其中，在东北地区所有制结构中占比较大的国有企业效率低下可能是产生这种现象的主要原因。因此，对于东北地区而言，确定国有企业的市场主体地位，发挥市场资源配置作用，进一步增加企业研发投入，推动企业技术创新尤为重要。除此之外，东北地区国有企业应当完善国有企业创新人才引进制度，在人才引进的同时为人才提供发展平台，真正留住人才，发挥创新人才对清洁技术创新的推动作用。

4. 优化区域制度环境

良好的市场制度利于企业进行清洁技术创新活动，有效利用资源，促进创新成果转让和市场健康竞争。中国目前已经在一定程度上构建了支持企业开展技术创新的制度环境，但是，保障企业进行清洁技术创新的区域制度依然不够完善。政府需要进一步加大对完善的制度环境的建设力度，完善相关法律法规，进一步构建优化知识产权保护、生产者权益保护制度，改善区域制度环境的不良问题，大力提高市场化程度，营造良好区域竞争氛围，进而有效推动企业进行清洁技术创新，促进清洁技术创新成果有效地应用于清洁生产并满足市场需求的变化。同时，应当注意的是我国当前处于经济新常态，投资是经济持续健康发展的重要推动力。发展绿色金融，利用绿色金融工具，结合绿色 PPP 模式，充分利用社会资本，进一步满足绿色资金投资需求（马中、陆琼、昌敦虎，2016）。推动清洁技术创新，并运用于清洁生产是不可阻挡的潮流。

参考文献

[1] 徐士春．环境规制与企业竞争力——基于“波特假说”的质疑［J］．国际贸易问题，2007（5）：78－83.

[2] 沈能．环境规制对区域技术创新影响的门槛效应［J］．中国人口·资源与环境，2012（6）：12－16.

[3] 于同申，张成．环境规制与经济增长的关系——基于中国工业部门面板数据的协整检验［J］．学习与探索，2010（2）：131－134.

[4] 刘玉飞．环境规制对我国区域创新能力影响的门槛效应——基于中国 30 省市区面板数据的研究［D］．南京：南京财经大学，2013（5）：36－37.

[5] 占佳，李秀香．环境规制工具对技术创新的差异化影响［J］．广东财经大学学报，2015（6）：24－25.

[6] 黄清煌，高明．中国环境规制工具的节能减排效果研究［J］．科研管理，2015（6）：25－26.

[7] 王红梅．中国环境规制政策工具的比较与选择——基于贝叶斯模型平均（MBA）方法的实证研究［J］．中国·人口资源与环境，2016（9）：136－137.

[8] 张平，张鹏鹏，蔡国庆．不同类型环境规制对企业技术创新影响比较研究［J］．中国人口资源与环境，2016（4）：12.

[9] 张成，陆旸，郭路，于同申．环境规制强度和生产技术进步［J］．经济研究，2011（2）：121－122.

[10] 蒋伏心，王竹君，白俊红．环境规制对技术创新影响的双重效应——基于江苏省制造业动态面板数据的实证研究［J］．中国工业经济，2012（7）：53－54.

[11] 殷宝庆．环境规制对企业技术创新效率的影响——基于三大经济区域面板数据的实证检验［J］．鄱阳湖学刊，2013（2）：94－95.

[12] 刘海英，谢建政．排污权交易与清洁技术研发补贴能提高清洁技术创新水平吗——来自工业 SO_2 排放权交易试点省份的经验证据［J］．上海财经大学学报，2016（5）：85.

[13] 王锋正，郭晓川．环境规制强度对资源型产业绿色技术创新的影响——基于 2003～2011 年面板数据的实证研究［J］．中国人口资源与环境，2015（5）：44.

[14] 王芳玲．我国环境规制对清洁技术创新的影响研究［D］．吉林大学，2014.

[15] 徐晨．我国环境规制对环保技术创新的影响研究［D］．暨南大学，2016.

[16] 原毅军，刘柳．环境规制与经济增长：基于经济型分类的研究［J］．经济评论，2013（1）：27－33.

[17] 张坤民，温宗国，彭立顺．当代中国的环境政策：形成、特点与评价［J］．中国人口·资源与环境，2007（2）：1－6.

[18] 杨代刚．制度环境与区域科技创新能力的关系研究［D］．东北财经大学，2015.

[19] 江珂．环境规制对中国技术创新能力的影响及区域差异分析——基于中国 1995～

2007 省际面板数据分析 [J]. 中国科技论坛, 2009 (10): 30 - 32.

[20] 樊纲, 王小鲁, 朱恒鹏. 中国市场化指数——各地区市场化相对进程 2009 年报告 [M]. 北京: 经济科学出版社, 2009.

[21] 邢炜, 周孝. 国企改革与技术创新模式转变 [J]. 产业经济研究, 2016 (6): 22 - 32.

[22] 叶琴, 曾刚, 王丰龙. 不同环境规制工具对中国节能减排技术创新的影响——基于 285 个地级市面板数据 [J]. 中国人口 · 资源与环境, 2018 (28): 115 - 122.

[23] 马中, 石磊, 崔格格. 关于区域环境政策的思考 [J]. 环境保护, 2009 (13): 20 - 22.

[24] 曹琪格, 任国良, 骆雅丽. 区域制度环境对企业技术创新的影响 [J]. 财经科学, 2014 (1): 71 - 80.

[25] 马中, 陆琼, 昌敦虎. 绿色金融需求与绿色金融工具 [J]. 环境保护, 2016 (7): 72 - 73.

[26] Gray W. B. The cost of regulation: OSHA, EPA and productivity slowdown [J]. American Economics Perspectives, 1995, 9 (4): 98 - 118.

[27] Conrad K., Wastl D. The impact of environmental regulation on productivity in German industries [J]. Empirical Economics, 1995, 20 (4): 615 - 633.

[28] Lanoic P, Patry M, Lajcunesse R. Environmental regulation and the competitiveness of US manufacturing: what does the evidence tell us? [J]. Journal of Economic literature, 1995: 132 - 136.

[29] Kemp R, Pearson P. Final report of the MEI project mearsuring eco innovation [J]. UM MERIT, Meaastricht, 2007.

[30] Johnstone N. Popp D. Renewable Energy Policies and Technological Innovation Evidence based on Patent Counts [J]. Environmental and Resource Economics, 2010, 45 (1): 133 - 155.

[31] Brunnermeier S B, Cohen M A. Determinants of environmental innovation in US manufacturing industries [J]. Journal of environmental economics and management, 2003 (2): 278 - 293.

[32] Jingxuan Hui, Wenjia Cai, Can Wang, Minhua Ye. Analyzing the penetration barriers of clean generation technologies in China's power sector using a multi-region optimization model [J]. Applied Energy, 2016 (10).

[33] Joel Malen, Alfred A. Marcus. Promoting clean energy technology entrepreneurship: The role of external context [J]. Energy Policy, 2017 (102).

[34] Nevenka Hrovatin, Nives Dolšak, Jelena Zorić. Factors Impacting Investments in Energy Efficiency and Clean Technologies: Empirical Evidence from Slovenian Manufacturing Firms [J]. Journal of Cleaner Production, 2016 (10).

Study on the Impact of Environmental Regulation on Clean Technology Innovation

—An Empirical Analysis Based on China's Reginal Comparison

Cao Yanqiu Jiang Yijing

Abstract: Facing the increasingly prominent environmental problems in China, perfecting the implementation of environmental regulation policy is an important way to solve the current environmental problems. Based on the two types of environmental regulation: cost-based and investment-based, this paper establishes a theoretical model and puts forward hypotheses. Further, using the panel data of 30 provinces from 2008 to 2014, this paper makes an empirical study on the impact of environmental regulation on clean technology innovation, and comes to the following conclusions: there is an inverted U - shaped relationship between the intensity of environmental regulation and clean technology innovation. The ownership structure and good institutional environment have a significant impact on clean technology innovation. The inverted U - shaped relationship of the impact of environmental regulation intensity on clean technology innovation is significant in the eastern region, the cost-based environmental regulation is significant in the central region, the investment-based environmental regulation is significant in the western region, and the impact of environmental regulation on clean technology innovation is not significant in the northeastern region. Finally, according to the results of the empirical analysis, the paper puts forward suggestions, combining the two types of environmental regulation, formulating environmental policies according to local conditions, further promoting the reform of state-owned enterprises, optimizing the regional institutional environment so as to better promote the level of clean technology innovation in China.

Keywords: Environmental Regulation, Cost-based and Investment-based Regulation, Clean Technology Innovation, Regional Contrast